北京市教育科学“十二五”规划2015年度重点课题（优先关注）
基础教育学校课堂教学实验研究课题研究成果（课题编号ABA15010）

中学英语活力课堂

ZHONGXUE YINGYU
HUOLI KETANG

主　编：李　艳
副主编：陈林林
参　编（排名不分先后）：
郝　静　刘鹏程　韩雪敏　孙小梅　黄乐佳　张　辉　刘桂秋
陈　耀　何　明　张　媛　顾俊所　尹欲宏　曹向前　陈　青
杨健雅　丁　丽　秦春梅　毕　勤　李　和

EDUCATION AND RESEARCH

北京师范大学出版集团
BEIJING NORMAL UNIVERSITY PUBLISHING GROUP
北京师范大学出版社

图书在版编目(CIP)数据

中学英语活力课堂/李艳主编．—北京：北京师范大学出版社，2019.9
ISBN 978-7-303-25166-7

Ⅰ．①中…　Ⅱ．①李…　Ⅲ．①英语课—课堂教学—教学研究—中学　Ⅳ．①G633.412

中国版本图书馆 CIP 数据核字(2019)第 212932 号

营销中心电话　010-57654738　57654736
北师大出版社职业教育分社网　http://zjfs.bnup.com
电子信箱　zhijiao@bnupg.com

ZHONGXUE YINGYU HUOLI KETANG
出版发行：北京师范大学出版社　www.bnup.com
北京市西城区新街口外大街 12-3 号
邮政编码：100088
印　　刷：天津旭非印刷有限公司
经　　销：全国新华书店
开　　本：889 mm×1194 mm　1/16
印　　张：14
字　　数：300 千字
版　　次：2019 年 10 月第 1 版
印　　次：2019 年 10 月第 1 次印刷
定　　价：38.80 元

策划编辑：易　新　　责任编辑：李云虎　冯　倩
美术编辑：焦　丽　　装帧设计：焦　丽
责任校对：康　悦　　责任印制：陈　涛

前　言

课堂一直是教与学的主阵地，也是教育改革关注的焦点。一直以来，我们都重视高效、充实、严谨的教学风格，但是如何让学生在课堂上发挥主观能动性，主动学习，热爱学习，如何激发学生的思维、激发教师的热情，也就是如何使学生、教师和学习内容在课堂上都具有生命力，是我们一直以来想要达到的目标。

从课堂本质特征来看，课堂是一个丰富、复杂的具有生命特质的生态系统：它既可以是一个知识传授的活动空间，又可以是一个充满智慧和活力的生活乐园；课堂既可以是一个自我领会潜心思考的学习场所，又可以是一个思想不断交融且时时焕发生命光彩的情感世界。但在传统的课堂中，往往重视学习内容大于重视对思维能力的培养，重视语法操练大于语言实际应用，重视语言理解大于对语篇意义的关注，而且对情感态度价值观的培养也多是浅尝辄止，未能落到实处，并且在引导学生发展运用英语分析问题和解决问题方面，引导得还不够。而现在的学生所需要的是一个充满生命活力的课堂。他们需要体验、激励、唤醒，需要释放自己的潜力和能量，需要放飞自己。相比之下，传统课堂已经不能满足学生的需求。因此，我们要对课堂进行深入的研究以满足新形势的要求。

早在1997年，华东师范大学叶澜教授发表了《让课堂焕发出生命活力》一文，提出了“活力课堂”的概念。在课改之初，这一概念被淹没在“有效课堂”“高效课堂”的话语体系中，直到近几年，教育界人士开始重新审视课程价值观，从生命和活力方面来理解和规划课堂上师生的教学过程和教学行为。活力课堂构建成为课堂教育改革的热点之一。

本书通过探索在课堂教学中活力的定义和英语学科核心素养的要求，基于众多学者对生命活力及课堂活力的理论分析和深入研究，同时也对大量的英语优质课进行了分析、归纳和总结，聚焦于富有生命活力的课堂教学样态分析，最终提炼出英语活力课堂的维度和相应的表现特征，并提出了建设性的构建方法。

关于如何定义活力课堂，我们的基本理解是：课堂的活力最终要体现在师生的语言活力、资源活力、思维活力、情感活力。在这几个维度下分别有相应的课堂表现特征，包括语言流畅、课件有效、自主探究、理解尊重，等等。

在研究维度和构建方法之后，本书又从教学实践的角度出发，对听、说、读、写等课堂基本的教学模式进行了探索，并举出了具有代表性的教学案例。

在活力课堂的多角度评价研究方面，本书从教师、学生角度提出了评价建议，探讨了什么样的课是一堂好课。此外，本书进行了活力课堂的分项专题研究，讨论如何从思维培养角度打造活力课堂；如何在阅读课中激发学生的活力；如何在写作中提高学生的主观能动性；如何通过其他手段挖掘课堂活力。

总之，英语活力课堂的研究是在宏观理论指导下的一次实践探索，是自下而上的课堂教育教学创新。希望本书的英语活力课堂的理念和相关拓展能够为中学英语课堂教学减负增效，以及通过英语课堂促进学生的全面发展提供指导和借鉴。最终使课堂充满生机，挖掘师生的生命潜力，释放师生的生命活力，为我们的英语课堂教学贡献绵薄之力。

目 录

第一章　活力课堂的理论基础与建构

>> 第一节　英语活力课堂研究：背景与视角 <<

一、时代背景

改革开放以来，英语教学始终是人们关注的焦点。特别是从20世纪80年代起，随着我国国际地位的提升，国际交流需求的日益增大，英语人才培养的需求也与日俱增。在这样的大背景下，英语课堂教学，作为基础教育的重要构成部分，有着重要意义。因此，长时间以来，一线教师、研究者以及政策制定者都在对中学英语课堂教学中面临的问题与挑战进行反思(陈宝喜，1987；程晓堂、但巍，2012)。

近十年，是我国基础教育改革的重要时期。基础英语教育的调整引起了极高的社会关注，成为一线教师、高校研究者特别关注的议题。2013年和2014年北京市教委分别推出了中考、高考改革方案以及《北京市中小学英语学科教学改进意见》。这些方案和意见对中学英语教学的要求有了明显的调整。中考英语改革方案要求突出语言的实际应用，加大听力考查比重；高考英语改革方案要求突出语言的实际应用，使英语回归到工具学科应有的位置上，突出基础知识、基本能力的要求。《北京市中小学英语学科教学改进意见》强调初中英语教学要注重发展学生的语言基本技能，使其初步形成综合语言运用能力；高中英语教学要注重提高学生用英语交流表达、获取信息、处理信息、分析问题和解决问题的能力。鼓励学生尝试运用英语进行思考、做事，为学生在英语学习平台上的全面发展创造条件。

此外，英语学科核心素养的提出，给课堂教学实践和研究带来了新的思考。核心素养中包含的语言能力、文化品格、思维品质和学习能力这几方面，进一步明确了英语学科在大教育观的指导下，学科育人的价值。这也给新时代的英语课堂教学提出了挑战(程晓堂、但巍，2012；程晓堂、赵思奇，2016；陈新忠，2017)。

这些改革内容，本质上都要求通过英语教学实现学生英语知识的掌握、语言运用能力的提升和积极价值观的塑造。换言之，课程改革要求教学回归并尊重以学生为本的教育理念。作为英语学习发生的重要场域，外语课堂有着极为重要的意义。

当前，大量的教学经验、教学反思以及多维度的英语教学研究使研究者对英语课堂以及英语课堂教学都有了更加深刻的认识，一线教师对于学生以及英语课堂的认知也在不断调整和变化。在这样的时代背景下，对于英语课堂教学的探索与讨论，就成了提升英语课堂品质、发现英语教学过程中的问题、探索英语课堂教学规律的重要基点。在广义教育观的指导下，英语课堂不仅仅是注重英语知识传授以及英语技能训练的平台，更是培养学生基本素养的育人场域。因此，如何让英语课堂教学具有英语学科特点，服务于学生学习兴趣的培养，提高学生的能力，塑造学生的价值观，探索和体现学生和教师的生命价值，就显得尤为重要。

二、理论视角

西方学界提出的第二语言习得理论对我国研究者和一线教师理解课堂和外语教学起到了不可忽视的指导作用。第二语言习得视角下的外语学习/习得研究数量可观，为课堂教学的研究打下了坚实的理论基础。“输入”“互动”“输出”的概念以及基于它们提出的三项假设——输入假设(Input Hypothesis)、互动假设(Interaction Hypothesis)、输出假设(Output Hypothesis)(Krashen，1985；Long，2003；Swain，2005，2008)——不仅能被用来解释学习的过程，还能作为课堂教学的基本参照。从20世纪70年代至今，关于这三项假设的讨论始终受到研究者的关注，也为广大一线教师提供了非常有力的理论指导。

早期的第二语言习得研究可大致被分为两个阶段。20世纪40年代至50年代，第二语言习得研究较注重事实性研究，重在描述和总结第二语言习得过程中的现象；之后，尤其是20世纪60年代至80年代，第二语言习得的理论研究得到较快的发展，关注点不再局限于现象本身，而更加注重通过逻辑推论对现象进行解释。输入假设、互动假设和输出假设就是这一时期第二语言习得理论研究的经典成果。

输入假设由克拉申(Krashen，1985)提出后，就引起了广泛关注。在克拉申提出的五大假设中，输入假设是最为重要的一个，也是克拉申第二语言习得理论体系的核心。输入假设指出(Krashen，1985：2)：“… human acquires language in only one way—by understanding messages, or by receiving ‘comprehensible input’.”即人只通过一种方式习得语言——理解信息或获取“可理解性输入”。克拉申认为，若使习得发生，学习者必须浸入包含稍高于其现有语言能力的语言项目的可理解性输入中(Krashen，1985；Long，2003；Swain，2005，2008；Larson-Freeman，2008；Richards，Schimidt，2005)。若学习者现有水平为“i”，可理解性输入则为“i+1”。

互动假设的提出是对输入假设中可理解性输入获取方式不明确这一缺陷的质疑，同时在一定程度上也是输入假设的延展。Long(2003：451—452)在互动假设中认为：“… negotiation for meaning, and especially negotiation work that triggers interactional adjustments by the NS or more competent interlocutor, facilitates acquisition because it connects input, internal learner capacities, particular selective attention and output in productive ways.”即意义协商，特别是触发本族语者或水平更高的说话者互动调整的协商，可促进习得，因为意义协商以有利(习得)的方式连接了输入、学习者的内在能力、特定的选择性注意和输出。

输出假设虽然在形式上与输入假设对应，但其内涵与输入假设有较大的区别。输出假设不局限于语言维度的讨论，还对语言与思维的联系进行了探讨，同时强调了输出在第二语言习得中的过程性特征。输出假设指出(Swain，2008：471)："… the act of producing language (speaking or writing) constitutes，under certain circumstances，part of the process of second language acquisition."即语言产出的行为(说或写)在特定情况下是习得过程中的一部分。

这三项假设自提出至今，对二语习得研究产生了极大的影响，给英语教学实践带来了很多启发。然而，二语习得视角下的理论解读以及以其作为参考的教学实践也存在一些问题。有研究者(刘鹏程，2015)指出，认知视角下的习得过程是被理想化的过程，是学习者在习得过程中认知变化的普遍规律，但这种视角无法呈现课堂中复杂的动态教学过程以及师生、生生间的微观人际互动等。因此，认知视角不利于很好地解释英语课堂教学中的具体现象。此外，英语课堂是学生语言学习发生的最主要的场域，仅以"学"作为考查视角，往往不能反映具有鲜明动态特征的英语课堂中的实际情况，同时也在客观上忽略了英语课堂中习得过程的整体性和非线性特征。

输入假设、互动假设、输出假设的提出，人为地将二语习得的过程切分为三部分。在英语课堂中考察二语习得这样一个复杂的整体性过程时，将其中紧密相连的环节、相互作用的维度单独考察，用脱离有机整体大背景的视角研究不同的子过程，难免会受到质疑，引发问题，带来局限。二语习得这个复杂的过程，由紧密联系的不同环节构成。笔者认为，二语习得本质上是过程性连续体。输入、互动、输出是这个连续体中三个不可拆分的环节。三者的划分仅限于概念层面，在习得过程中没有明确界限且在一定程度上互为彼此的过程性外延。因此，以单纯的认知视角分别考察输入、互动、输出，打破了这个连续体的整体性，其过程的动态特征也因此无法得到充分体现。此外，在课堂这样一个复杂的场域中，二语习得过程包含不同的微观环节，这些环节在相互关联的不同维度上共同构成了习得的复杂系统，并始终在其中以动态的形式相互作用。孤立地考察习得过程的某一环节，并不能完整地反映各习得环节的联系和各维度间的相互影响，因此无法呈现英语课堂中习得过程的全貌。

为了能够打破认知视角带来的局限，刘鹏程(2015)提出要以课堂教学的视角将"输入—互动—输出"视为一个过程性连续体，并对其概念性内涵、过程性内涵以及整合性内涵进行了具体说明。与认知视角相比，课堂教学视角下提出的"输入—互动—输出"模型以建构主义作为哲学基础，在本质上更加符合英语课堂教学的实践品质，更加真实、立体地还原英语课堂教学过程，更加有利于揭示微观层面上课堂教学中各环节的联系以及在该场域中的人际互动。

英语课堂是一个由复杂系统构成的场域，贯穿其中的教学过程的复杂性是由各环节紧密的联系和复杂的互动关系决定的。本质上，英语课堂教学是一个整体的过程性连续体。需要明确的是，连续体并不一定是按照输入、互动、输出三个环节的刻板顺序构成的，而可能会在某些环节间循环重复。因此，连续体的本质是过程性的，而不是顺序性的，与完整的习得过程中所经历的不同环节以及内容的顺序无关。从以往的视角单独讨论教学过程中的局部操作和认知内容时，我们得出的结论对认识教学有一定的帮助，但也容易忽视环节之间的联系。毕竟，对局部认知的简单叠加并不等同于整体性认知。课堂教学视角对"输入—互动—输出"这个过程性连续体的考察不只限于实际教学中的具体环节，还考察了习得过程中各环节之间的关联和互动影响。这样的视角有助于我们从较宏观的层面对英语课堂中的习得过程形成整体性认识。课堂教学视角下的英语课堂教学研究，关注课堂中基本要素间的联系。每个要素并不是孤立的个体，而是一组有所侧重的关系的集中外在体现。同时，课堂教学的视角还注重对英语课堂微观环节的考察，因为这些微观环节是习得过程中宏观体系的实现形式。由于不同的微观局部是紧密联系的，在考察一个具体的局部时，我们不应仅限于对这个局部变化的本体认识，还应关注其与其他局部发生的互动及其对整体产生的“蝴蝶效应”。因此，在课堂教学视角下提出“输入—互动—输出”这样一种倡导，符合英语课堂中教学行为和习得过程的基本特征，同时也在认知视角下的二语习得研究和教学实践之间搭建了一座桥梁。

英语课堂研究，较其他学科的课堂研究，有着明显的跨学科属性。英语课堂教学是应用语言学中二语习得研究的主要研究场域。构成英语课堂的各个要素也是教育学、社会学以及其他具有跨学科属性的领域中非常重要的研究对象。因此在这样的背景下，诸多关于有效课堂、高效课堂的研究如雨后春笋般涌现。特别是课程改革的要求、新课程标准的颁布与实施、核心素养的推行，让大量的研究者，甚至一线教师聚焦于英语课堂教学实践的反思和研究。此外，作为基础教育和高等教育的衔接学段，中学教育不仅是学科素质培养、知识积累、能力训练的关键阶段，也是学校育人、学生成长的重要阶段。因此，中学英语课堂教学除了肩负着传授英语学科知识、培养学生语言能力的使命，还是大教育观下重要的育人场域。唤醒学生生命活力，促使学生全人成长是英语课堂教学非常重要的意义。因此，活力课堂的提出不仅顺应了时代背景下人们对英语课堂的要求和期待，而且符合以建构主义作为哲学基础、以“输入—互动—输出”作为基本模型的课堂教学视角下的具有动态特征、连续体特征的英语课堂教学实践的内涵。

北京师范大学附属实验中学　刘鹏程

北京师范大学实验华夏女子中学　韩雪敏

>> 第二节　英语课堂研究现状及英语活力课堂研究的成果与局限 <<

一、英语课堂研究现状

英语课堂研究是一线教师热议的话题，在学界也引发了研究者的诸多思考，成为近年来备受关注的研究焦点。20 世纪 80 年代，大量西方主流的第二语言习得理论引进国内，给国内的英语课堂教学带来了很大的冲击和启发。对教学法的探讨在早期成为英语课堂研究讨论的主导，特别是在方法时代(pedagogical era)，英语课堂研究主要围绕具有不同模型和理论基础的教学法展开。例如，交际法的基本使用原则是什么；合作学习法的主要授课形式是怎样；在任务教学法的指导下，教师应该如何创设真实的情境；语法翻译法在哪些教学过程中能够体现最大价值。

进入后方法时代(post-pedagogical era)后，研究和探索的焦点逐渐从对教学方法的考察转移到对教学效果的考察，淡化了对具体教学形式的追求。“教无定法”的理念开始广泛影响基础教育和高等教育阶段英语课堂教学实践。研究者和一线教师的关注点逐渐转向构成英语课堂教学的各个要素。在英语课堂研究焦点转型的背景下，英语教师、英语学习者等重要英语课堂要素都成了重要的研究对象或研究内容。

作为英语课堂教学中的重要构成，教师话语是广大学者和一线教师关注的焦点。在英语课堂中，目标语既是课堂教学的内容，又是教学过程中最重要的信息载体。因此，教师话语也是英语课堂研究的焦点。教师话语研究包括教师话语在英语课堂中所占比例的研究。多数研究者认为，在高效的英语课堂中，教师话语的比例应该适度，不能过量，让课堂教学变成“一言堂”；要充分调动学生的积极性，提高学习者的课堂参与度。还有研究者指出，比例合理和高质量的教师话语不仅能给学生提供高质量的语言输入和语言示范，而且对于学生的学习评价、课堂管理、师生关系的建立与维护、学生语言能力的培养、课堂学习氛围的营造都具有重要的意义(周燕，2013；周燕、张洁，2014)。

教学中的语言输入类型也是英语课堂研究的重要内容(顾伟勤，2010)。研究者就英语课堂中母语的使用情况进行了调查。有些结论显示，为了保证学生能够在有限的课堂学习中浸入式地接触目标语，目标语的使用比例越多越好，全英教学的课堂更加有利于学生学习目标语，并促进附带习得。也有研究指出母语使用的必要性，特别是在给出复杂的学习活动指示语或学习对学习者认知挑战比较大的教学内容时，母语的使用可以帮助学习者更好地理解学习内容，提高学习效率，有效避免学习焦虑。

特别是近十年，关于教师话语的研究更加微观，也更加能够关照教学过程中的微观层面(林正军、周沙，2011；杨华、文秋芳，2013)。教师反馈(teacher feedback)和教师提问(teacher questioning)作为教师话语中更加微观的研究内容，给教学实践带来了很多启发，同时也为课堂观察、课堂情景的还原提供了更加有利的视角。与此同时，对教师角色、教师认知(Borg，2006)、教师信念的研究数量也在2000年以后大幅增长。丰富的研究成果和不同的研究结论不仅为教师教育提供了很多启发，也为教学实践和一线教师提供了很多反思的抓手。

作为英语课堂的另一个重要构成以及教学实施过程中不可或缺的另一个主体，英语课堂中的学习者也是近年来英语课堂研究中的重要研究对象和内容。研究的焦点主要在于英语课堂中学生对学习策略的使用。有部分研究者关注学生的信念(宋志燕、王耘、侯怀银，2008)，讨论了学习信念对英语课堂中学生学习行为的影响。还有研究聚焦于学生在英语学习过程中的学习焦虑，指出了学生在英语课堂学习过程中所经历的不同种类的焦虑，如写作焦虑、阅读焦虑、口语焦虑；同时还通过量化的研究方法考察了不同类型的焦虑对学生不同课堂表现和考试表现的影响，提出了教师在课堂内外帮助学生降低英语学习焦虑的重要性。

二、英语活力课堂研究的成果与局限

随着学界以及一线教师对于英语课堂教学认识的不断深入，英语课堂研究的焦点也在不断更新。研究焦点的变化带来了研究者和教学实践者对英语课堂以及英语课堂教学实践的反思。在这样的背景下，以往的研究成果也暴露了一些局限性。以往的研究多以理论思辨为主，主要探讨第二语言习得视角下与英语教学相关的关键概念的内涵，并对其做出不同的解读。除此之外，还有相当一部分的研究聚焦于理论的对比与回顾。

不可否认，这些研究成果对教学有很大启发，同时也帮助一线教师更新了对课堂教学、第二语言习得、教师，以及学习者的认识，拓宽了教学实践者的研究视野。但是，这些研究成果与教学实际仍然有一定距离。一线教师很难直接将宏观层面的理论与英语课堂教学实际有机结合，这些理论对教学的实际帮助十分有限。

首先，以往的多数研究结论是基于结构主义视角展开的。作为重要的认识论和解释框架，结构主义对很多英语课堂研究有巨大影响。因此，很多研究都将英语课堂以及课堂教学解构为可以分割的结构体，这不利于揭示具有动态和互动特征的教学过程的规律。结构主义视角下的英语课堂研究更加倾向于英语课堂、教师、学习者、课堂互动等重要的核心概念的结构化，即一个具有鲜明动态特征的、以人际互动为核心的、以信息传递和交流为形式的英语课堂被客体化。这种视角下的英语课堂研究将英语课堂以及英语课堂教学过程中的不同构成视为静态的、可以解构的实体。被客体化的课堂教学过程以及教师、学生则失去了作为能动者应具备的主观能动性，这就不能体现教师、学生作为生命体的社会属性。因此，在进行英语课堂研究时，这种去中心化的解构使研究取向不利于研究者对复杂的英语课堂环境以及动态的教学过程形成整体性的认识；同时，在揭示课堂教学现象和问题时，由于视角的局限，也不利于研究者呈现真实的动态教学过程。因此，在指导教学实践时，大多数宏观或中观的研究和解释没有办法还原和解读微观的、复杂的课堂教学过程。

其次，近十年，学界和一线教师对于“有效课堂”“高效课堂”以及“活力课堂”的关注，从研究成果的数量上可见一斑。仅2010年至2017年，以“活力课堂”为关键词的研究成果就有2000余篇。其中关于英语活力课堂的文章有近百篇，数量之多令人惊叹。但是鲜有研究清晰地界定了怎样的课堂是“有效课堂”，何为“高效课堂”，或者说明了“活力课堂”和前面两者在概念层面以及操作层面上的区别。对于“有效课堂”“高效课堂”“活力课堂”的模糊界定，使很多研究者聚焦于对“活力课堂”的讨论中，淹没在对“有效课堂”“高效课堂”等不同称谓的探讨中。客观的研究数量背后更多的是对于新术语提出的“盲目”追随，或是对于新术语的“盲目”界定。大多数关于“有效课堂”和“高效课堂”的讨论基点也是一些结构化的外显指标，缺少基于实证研究的定性描述。

朱曙光和夏蕴(2006)认为，具有活力的英语课堂是能够激发学生兴趣的课堂，是和谐、民主、充满活力的。而营造英语课堂的活力取决于教师的人格魅力、课堂活动的合理设计、课堂互动形式的多样化、别致的座位安排以及现代多媒体技术的运用。刘子鸣(2012)则将活力等同于兴趣，并以此解读活力课堂，认为活力课堂的基本特质是可以激发学生的学习兴趣。刘华天(2005)认为，课堂的生命活力是精心做好教学设计，合理营造民主、和谐的教学氛围，善于引导，强化自我反思，培育教学智慧后的结果，而非课堂的过程性特质。不难看出，现阶段关于活力课堂的研究，以及对于活力课堂的讨论，层次较浅。这些研究的核心大多集中于外部描述。由于没有明确的核心概念界定，多数讨论本质上没有清晰的研究焦点，也缺少学科属性的论证。换言之，活力课堂到底是什么，活力课堂具有怎样的概念性内涵和操作性内涵，都是需要进一步探讨的重要问题。

最后，当下对于英语活力课堂讨论的研究范式单一。研究视角作为整个研究的哲学基础，起着至关重要的作用。研究视角的选择体现着研究者对研究内容的理解，也对研究中涉及的核心概念的理论界定起着决定性作用。此外，研究视角的局限带来的另一个问题就是研究方法比较单一。研究视角的选择决定了研究者在开展研究时所采取的研究范式以及具体的研究手段。现阶段关于活力课堂的研究多集中于对活力课堂特征的外围讨论，在有些研究中，研究者甚至简单地以课例分享代替对活力课堂的探索。部分研究采取了实证研究的手段，但是并未充分挖掘有价值的量化数据并进行进一步分析。值得注意的是，在讨论英语活力课堂的研究中，鲜有研究者结合学科特点深入探讨活力课堂。换言之，关于英语活力课堂的探讨是否应该体现英语学科独特的学科属性和英语教学研究中相对独立的理论基础，都是目前对英语活力课堂的讨论中的空白。这既是研究英语活力课堂的难点，又是倡导英语活力课堂的基点。

综上所述，现阶段关于活力课堂的研究数量众多，也为研究者和教学实践者认识课堂以及课堂教学提供了很多思路。第一，由于视角的问题，现阶段的活力课堂研究解构化、客体化、去中心化的倾向明显，在分析复杂的动态课堂时有较大的局限性。第二，活力课堂涉及的核心概念没有被清晰地界定。不少研究存在“偷换概念”的现象，回避了对活力课堂的定义；还有部分研究运用大量隐喻来“定义”活力课堂，在本质上也没有解释其概念性内涵，不利于进一步的思辨讨论，也不利于后续的实证研究。第三，对于英语活力课堂学科属性的讨论在理论层面和实践层面都有所欠缺，不利于我们形成对英语活力课堂的系统性认识。

北京师范大学附属实验中学　刘鹏程
北京师范大学华夏女子中学　韩雪敏

>> 第三节　重新定义英语活力课堂：视角与概念 <<

一、“建构观”下的英语活力课堂

截至目前，活力课堂研究虽然具有一定的规模，对英语课堂研究和教学实践也有一定的启发，但是多以文献研究的形式展开讨论，或是以课例的形式进行分享。特别是在我国，相关的实证研究较少。此外，由于视角的局限性，当下的英语活力课堂研究并不利于深入地探索英语课堂教育教学活动中复杂的师生互动，真实还原教学过程，这就导致英语活力课堂研究“失真”，脱离了课堂中教师和学生丰富而具有特殊性的真实生活世界，不利于进一步发掘和解决英语课堂教育教学活动中以及师生人际互动过程中的问题。由于研究上的局限性是由视角带来的，为了突破当前英语活力课堂研究的发展瓶颈，我们不妨更新其理论视角，并相应地对研究的范式进行调整。目前，英语课堂研究仍然处于尚未成熟的发展阶段。视角上的更新不仅可以拓展英语课堂研究的视野，更重要的是，新的视角在理论导向上能为我们提供新的思路。对研究焦点的选择以及对研究范式的进一步调整，对突破当下“结构观”带来的局限性有重要意义。

“结构观”与“建构观”看待事物、认识世界的方式大相径庭。“建构观”认为，世界和现实都是多元的、复杂的、动态的，并不存在固定不变的、具有普遍适用性的结构性实体。因此，

"建构观"往往与相对主义紧密联系。"建构观"认为，现实是被具体地建构出来，且具有本土特征的。相应地，研究结果是在互动中被创造出来的，而不是预置在世界中的。英语课堂研究在本质上是以作为人的教师、学生以及两者之间的真实互动为核心的深刻讨论。而"结构观"将教师、学生以及两者之间的人际互动物化，对作为物的教师、学生以及课堂互动进行讨论，因此，"结构观"的局限性在不更新视角的前提下是难以被突破的。相比之下，"建构观"恰恰突出了教师和学生两个英语课堂中的主体作为人的属性，以及英语课堂教学过程中人际互动和信息交流的复杂、多元、发展的特征；同时，建构观对具体的社会文化环境给予了足够关注，可以充分体现教育活动中的局部特征。因此，在英语课堂研究中，"建构观"能够更加立体、真实地呈现课堂教学过程中的师生互动以及师生在个体发展过程中的状态。在描述和解释课堂教学过程中的真实事件和微观现实时，"建构观"是更加有力的理论视角。

在漫长的发展过程中，"结构观"衍生出不同流派，具有相异的侧重点。激进的建构主义强调人在建构过程中发挥的能动作用，而社会建构主义则强调人与社会文化因素的互动。本书所倡导的建构观是两者的结合，既强调人作为能动者在建构过程中的积极作用，又关注社会文化因素的外部作用。

二、英语活力课堂的生命观

1997 年，叶澜发表了《让课堂焕发出生命活力——论中小学教学改革的深化》一文。文章提出，将课堂教学简化为学科学习的特殊认知活动是传统课堂教学观的根本缺陷。在这样的课堂中，学生和教师的创造力被制约，教学过程程式化，缺乏生气。而想要改变这种状态，就必须突破"特殊认知活动论"的传统框架，以"生命的层次"，用动态生成的观念，重新全面地认识课堂教学。此文发表后，生命活力成为课堂教学研究的新焦点。课堂教学的"生命观"强调：①课堂教学是师生人生中一段重要的生命经历；②课堂教学以学科知识作为载体，目标应着眼于促进学生的全面发展而非局限于某一学科的认知发展；③教师对学生的培养以及教师自身的成长依赖于师生在课堂中表现出的生命力。

与此类似，谢利民(2001)指出，课堂教学是教师和学生生命活力和生命价值的体现；在课堂上，知识传播的过程本质上是知识的生成和生长过程；课堂教学的关键在于教师与学生共同参与，相互合作，共同发挥主体作用。

不难看出，英语活力课堂的生命观，与传统认知相比较，更加关注三方面。一是教师和学生在课堂教学中作为人的作用，即在参与课堂教学的过程中，教师与学生都是有主观能动性的能动主体，其情感因素和人际交往因素在课堂互动中起着不可忽视的作用。二是课堂教学是一个复杂而丰富的动态过程，而非一个静态的、可解构的实体。在这个动态过程中，不同的因素交互作用于课堂教学、教师和学生。动态特征还意味着课堂的不可预测性。三是课堂教学是一个共建的生成性过程。复杂的双主体互动、学生与课堂教学内容的情感互动、人际互动以及以知识流通为形式的智力活动，不仅为新认知的生成提供了丰富的物质基础，还使其在方式上具有了多样性。

三、英语活力课堂的核心概念

不难看出，以教育学为背景提出的课堂教学的生命观，本质上十分契合本书倡导的探讨英语课堂教学的新视角——“建构观”。英语课堂是复杂的、多元的、具有动态特征的，而不是静态的、固定不变的。它的存在不是预设的，而是通过复杂的交互方式建构生成的。

按照这样的思路，活力课堂则应是一个由师生共同构建的，以学科知识、技能以及情感、态度、价值观的生成为目的，以教学事件为载体的，具有生态特征的，具有时间和空间延展性的动态系统。需要强调的是，“建构观”下的活力课堂不是一个实体的物理空间，也不是教学环节中的某一个静态的特征，而是一个非预设的生成性系统。

具体来讲，在“建构观”下这种强调生命活力和生命体验的活力课堂，是由双主体及其互动驱动的。教师、学生以及其他课堂参与者都是具有个体能动性的生命体。他们之间的互动受个体差异的影响，如人际互动偏好、情感因素等。此外，活力课堂的目标是多维度的，学科知识的传递和生成只是活力课堂教学目标之一。学习者技能的训练，情感、态度、价值观的培养以及其他类型的生命体验和成长也是课堂教学的重要目标。换言之，活力课堂是以学科教学为抓手的全人教育。值得注意的是，由于活力课堂强调参与主体的生命体验以知识生成的动态性，因此，该视角下的活力课堂在时间和空间上是具有延展性的。课堂教学的影响和反馈有可能在授课空间内同步发生，也有可能滞后，发生于其他非教学场域。

按照这样的思路，生命视角下的英语活力课堂，并不是一个封闭的、静态的物理空间，而是一个具有生态特征的开放系统，是英语课堂的参与主体，即教师、学生，课堂的自然环境、人文环境以及以带有明确教育目的的教学事件为载体的互动过程的总和。具体来讲，在这个动态过程中，教师和学生互为主体，也互为彼此依赖的人文环境。而这个复合主体和课堂生态环境互动的过程，是以学科知识、学科技能以及情感、态度、价值观的生成为目的的；具体到英语学科，即以英语知识、语言技能、文化习得以及情感、态度、价值观以英语教学事件的形式，在学生主体内部生成为目的。

综上所述，英语活力课堂是一个具有动态交互特征的系统性过程，是英语课堂参与主体（教师、学生），课堂的自然环境、人文环境以及以英语知识传递、语言技能训练、文化习得、全人培养为目的英语教学事件为载体的互动过程的总和。在教学实践中，英语活力课堂教学是一个动态的、互动的建构过程。教师、学生互为主体，并时刻与课堂的客体环境以及主体环境进行互动，具有鲜明的生态特征。

研究视角的更新，能够给活力课堂一个更加清晰的概念性内涵，同时也指出了可能的关于活力课堂的研究方向和内容。由于“建构观”下的英语活力课堂本质上是一个双（多）主体的知识生成和生命建构的动态过程，这一视角下的英语活力课堂研究则希望通过课堂观察、深度访谈以及问卷调查等手段，以质的方式，对“活力课堂”的建构过程进行真实、完整地还原，并立体地呈现在英语课堂这个微观教育生态系统中，教师、学生与自然环境、人文环境的互动过程，探索具有生命活力的英语课堂教学的外显特征和其建构过程。“建构观”的研究取向，对研究方法也提出了新的要求。课堂观察、深度访谈以及问卷调查等手段，能够帮助我们获取丰富的研究资料和数据，并在此基础上对资料进行编码分析，完整、立体、真实地描述英语课堂教学；同时建构基于课堂实录、访谈和观察的微观理论或中观理论，为英语课堂教学实践和英语课堂教学研究搭建桥梁，帮助学界和英语教育教学实践者更好地理解一线的英语教学实际，更好地引导一线教师理解理论对于教学实践的解释作用和导向作用。此外，新的研究视角能够从一个不同的切入点、一个更加符合教学过程的维度，考察英语课堂教学，更加微观地探讨教学中的问题，更加完整、立体地还原课堂教学过程，从而更加有效地发现和解决英语教学实践中的问题，为英语课堂教学研究和实践提供一些新的思路。基于此，活力课堂构建过程的探索不仅是研究范式上的更新和对不同研究方法的尝试，而且是对日常教学实践的反思与总结。

参考文献

[1] Krashen S. D. *The input hypothesis: issues and implications* [M]. New York: Longman, 1985.

[2]Larsen-Freeman D., Cameron L. *Complex systems and applied linguistics* [M]. New York: Oxford University Press, 2008.

[3]Long M. "The role of the linguistic environment in second language acquisition"[A]// Ritche W C, Bhatia T K. *Handbook of second language acquisition* [C]. New York: Academic Press, 2003.

[4] Panova I., Lyster R. Patterns of corrective feedback and uptake in an adult ESL classroom [J]. *TESOL Quarterly*, 2002, 36, (4): 573-595.

[5]Richards J. C., Schmidt R. *Longman dictionary of language teaching and applied linguistics* (3rd ed.) [Z]. Beijing: Foreign Language Teaching and Research Press, 2005.

[6]Ritche W. C., Bhatia T. K. *Handbook of second language acquisition* [C]. New York: Academic Press, 1996.

[7] Swain M. "The output hypothesis: theory and research"[A]//Hinkel E. (eds). *Handbook of research in second language teaching and learning* [C]. New Jersey: Lawrence Erlbaum Associates, 2005.

[8] Swain M. "Yang luxin. Output hypothesis: its history and its future"[J]. *Foreign language teaching and research*, 2008, 40, (1).

[9]Gregg K. R. "The input hypothesis: issues and implications"[J]. *TESOL Quarterly*, 1986, 2(1): 116-122.

[10]陈宝喜．论中学外语课堂教学中的若干问题[J]. 外语界，1987(2)：36-69.

[11]程晓堂，赵思奇．英语学科核心素养的实质内涵[J]. 课程·教材·教法，2016，36(5)：79-86.

[12]程晓堂，但巍．基础教育阶段英语课程的核心理念解读[J]. 课程·教材·教法，2012，32(3)：57-63.

[13]陈新忠．英语课堂教学中的"教—学—评"一致性[J]. 英语学习，2017(9)：31-33.

[14]邓小泉，杜成宪．教育生态学研究二十年[J]．教育理论与实践，2009，29(13)：12-16.

[15]郭翔飞，程晓堂．培养学生核心素养课程改革的国外经验及启示[J]．黑龙江高教研究，2016(9)：63-66.

[16]李萍．语言输出假设研究二十年：回顾与思考[J]．外语与外语教学，2006(7)：60-64.

[17]刘鹏程．从心理语言学视角分析外语课堂中的互动[J]．英语教师，2010(11)：10-12，16.

[18]刘鹏程．"盲听记录训练"在初三英语听力教学中的作用——基于外语课堂教学视角的讨论[J]．英语学习，2014(8)：51-53.

[19]刘鹏程．从"输入、互动、输出"到"输入—互动—输出"：课堂教学视角下的二语习得过程[J]．基础教育课程，2015(2)：15-20.

[20]刘天华．关注教学动态生成激发课堂生命活力[J]．中国教育学刊，2005(7)：54-57.

[21]任丽．生态学视角下大学英语教学研究：基于山东省三所高等院校的教学调查[D]．上海外国语大学，2013.

[22]宋志燕，王耘，侯怀银．高中生英语学习信念及其与英语学习行为的关系[J]．山西师大学报(社会科学版)，2008(1)：143-146.

[23]徐方．短时记忆、外语听力理解与输入假设[J]．国外外语教学，2005(1)：30-38.

[24]孙小梅．谈课前调研和问题链对活力课堂有效实施的作用——以北师大版高中《英语(选修模块 7)》Unit 21 Lesson 1 "Super Athletes" 为例[J]．新课程教学(电子版)，2016(4)：23-28.

[25]谢利民．课堂教学生命活力的焕发[J]．课程·教材·教法，2001(7)：19-23.

[26]叶澜．让课堂焕发出生命活力——论中小学教学改革的深化[J]．教育研究，1997(9)：3-8.

[27]张金秀，李艳，付琦．中学英语活力课堂的结构和内涵——以北京师范大学实验中学为例[J]．英语教师，2015，15(3)：50-54，59.

北京师范大学附属实验中学 刘鹏程

北京师范大学华夏女子中学 韩雪敏

>> 第四节 中学英语活力课堂的应然建构 <<

一、引言

目前，中学英语的教与学活动主要发生在课堂中。课堂是一个充满生命活力的动态系统：它既是一个传授知识的活动空间，又是一个充满智慧和活力的生活乐园。课堂是学生自我领会、潜心思考的学习场所，更是学生思想不断交融且时时焕发生命光彩的情感世界。但在中学英语课堂中，我们也会常常发现以下这些问题。

第一，学生的课堂参与度不高。从初中到高中，学生的参与度逐渐下降。因为怕说错，所以在大部分课堂上，只是少数表达流利的学生在不断发言，其他学生则是被动地听讲。

第二，课堂活动形式化。一些公开课、研究课常以走形式的表演或喧闹的讨论来掩饰学生在课堂活动中的真实情况。学生对知识的吸收并不充分，这就导致一堂课的学习最终流于形式。

第三，学生缺乏思维深挖掘。教师的讲授和学生的学习常常就事论事，缺乏对文本的深度挖掘和对话题的扩展补充。教师虽然使学生学到了知识，但是却忽视了让学生动脑，长此以往，一定会影响学生的思维发展。

第四，内容与形式枯燥。一些常规课以中、高考为导向，课堂上教师大量地进行知识灌输、习题讲解，忽视了知识与实际生活的对接，更谈不上对学生思想品格的培养，课堂索然无味。

以上这些问题，归根结底忽视了关键的一点，即作为课堂的主要参与者，学生是活生生的人，是具有生命力的个体。他们更多地需要亲身体验、被激励、被唤醒，释放自己的潜力和能量，焕发、提升自己的生命活力。因此，要想解决课堂中存在的这些问题，就要从生命的角度入手，从提高课堂活力入手。本节旨在探索课堂教学中活力的定义和英语学科核心素养的要求，并在此基础上为建构充满生命活力的英语课堂提出建议，希望为中学英语教学实践提供一些参考和借鉴。

二、活力课堂的理论基础及定义

活力，即生命力。生命物体的一切活动是由其内部具有的非物质因素，即活力或生命力所支配的。

我国学者叶澜教授首先提出了教育的生命观问题，强调教育研究重在凸显人的生命价值，并提出要让课堂焕发生命活力(叶澜，1997)。她认为，课堂蕴含着巨大的生命力，只有让师生的生命力在课堂中得到有效发挥，整个课堂的活力才能迸发出来。叶澜(2000)还指出：“教育是直面人的生命、通过人的生命、为了人的生命质量的提高而进行的社会活动，是以人为本的社会中最体现生命关怀的一种事业。”

李家成(2006)认为，学校教育的价值取向应该是指向生命的，生命课堂应该关怀生命、关注师生生命在课堂中的状态，把生命的成长当作课堂的起点和归宿。

刘良华(2013)认为，在具有生命活力的课堂中，教学设计应关照学生原有知识结构和生活经验，教学过程应引导学生学习并积极参与师生互动，教学反思应注重自我评价。李巧平(2007)认为，“生命课堂”具有人文性、动态性、和谐性等特点。哈德菲尔德(Hadfield，1992)归纳了课堂活力的主要特征，即课堂参与者彼此支持、愉快互动、相互学习、有效合作。

林伟民(2012)从学生和教师两方面提出了活力课堂中的学习策略和教学策略，并构建了活力课堂的三种教学模式：导学式模式、生本教材模式、自然分材模式。潘玲伟(2013)从创设和谐课堂环境、引导学生感知英语文化和运用有效教学方式三方面来构建英语活力课堂，将活力课堂理念融入英语学科的教学中。赫丹(2013)从尊重学生、设计教学活动、运用现代技术辅助教学等角度来构建活力课堂。韦杏雨(2017)通过运用小组互动模式构建英语活力课堂。其他的研究基本上是对活跃课堂气氛、创建和谐关系的一些教学方法和技巧的探讨，对于英语课堂的整体活力构建研究不多。

以上理论和研究是比较上位的，覆盖面广。对于英语活力课堂，我们还要结合《普通高中英语课程标准(2017年版)》以及《义务教育英语课程标准(2011年版)》，为英语课堂教学提出更明确的要求，即落实好培养学生英语学科核心素养的目标，这是以人为本的教育理念在学科层面的重要体现。

不难看出，在工具性和人文性并存的英语学科中，学生在课堂中的生命活力是能够以核心素养的四个方面(语言能力、文化意识、思维品质和学习能力)为依托，不断得以维持和增长的。因此，我们把对“英语活力课堂”的定义理解为：英语活力课堂是一个由师生共同建构的，以英语学科知识、技能以及情感、态度、价值观的生成为目的的，以英语教学事件为载体的，具有生态特征的，具有时间和空间延展性的动态系统。在这个动态系统中，教师和学生处在互为主体、彼此依赖的人文环境中。同时，这个互动过程是以学科知识、技能以及情感、态度价值观的生成为目的的。

综合以上众多学者对生命活力及课堂活力的理论分析、深入研究和理解，以及对大量优质中学英语研究课、精品课、示范课、获奖课的转录、分析、归纳、总结，我们抓住特征，认识过程，形成样态群，得出现实依据，最终提炼出共性的结论，整理出英语活力课堂的维度和相应的表现特征，并提出了建设性的建构方法。

三、英语活力课堂的构建

一个充满活力的英语课堂应该具有以下的维度和相应的表现特征，如图1-1所示。

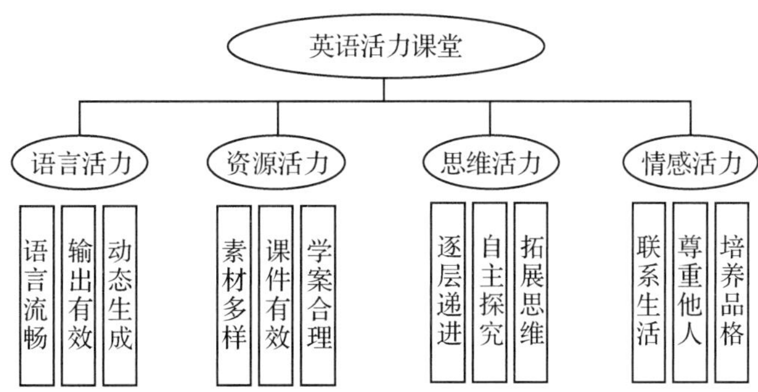

图1-1　英语活力课堂构建的维度和相应的表现特征

(一)语言活力

教师和学生是课堂的生命主体，这两个主体是靠教学内容产生联系的。而在英语课堂中，教学内容恰恰是语言。语言借助它的工具性和人文性特征，将教师和学生的生命活力激发出来，使课堂富有活力。《义务教育英语课程标准(2011年版)》对课堂语言的要求是既要有流畅的语音语调，又要有流畅的人际交流；同时，人的生命是在日常生活中生长的，只有学以致用才能维持生命和语言的鲜活性，学生的积极性才能不断被激发。语言活力具体表现在以下三方面。

1. 语言流畅

课堂表现特征：从教师的角度来看，教师语言的流畅性、发音的准确性、内容的充实性、思想的深刻性和实时的互动性都应该表现出来。从学生的角度来看，学生应该能够熟练、自信地表达自己的思想或观点。比如，在学习了有关澳大利亚的土著居民生活的内容之后，学生能准确、自如、流畅地表达对此话题的看法："The Aborigines in Australia shouldn't go to big cities to make their living. Instead, they should defend their own land and protect their unique culture. Meanwhile, the Australia government should spare no effort to improve the life of Aborigines and create a country with diverse cultures."。

建构方法：根据《义务教育课程标准》的建议，教师可以通过平时的听力、模仿和朗读，或者通过英文诗歌朗诵、戏剧表演、影视配音等活动提高学生发音的准确性和表达的流畅性。

2. 输出有效

课堂表现特征：教师能够通过不断的示范和任务设计，引导学生用所学知识来完成各项活动。学生在输出活动中，能够应用所学的词汇、短语、句式或概念，完成不同的任务和活动，最后达到熟练应用的目标，即有效输出所学知识。例如，在学习了问路、指路的功能用语之后，学生能够在对话活动中自如地使用相应的短语、句式等。

—Excuse me, but can you tell me the way to…?

—You can take Bus No. 22 and get off at…

建构方法：要想输出有效，必须大量输入。根据克拉申(Krashen, 1982)的语言输入假说，教师在英语课堂上要提供可理解性的语言输入，要提供既有趣又相关的语言输入，要提供足够量的语言输入。

3. 动态生成

课堂表现特征：教师能够及时地对学生的问题进行反馈或进一步追问，对学生的回答发表评论，对活动方向进行引导，而不是按照事先准备好的步骤，刻板照搬。学生不是机械地模仿或重复，而要具有灵活性和变通性，活学活用。在师生互动中，有精彩的语言生成。例如，在学习了"Careers"专题之后，教师和学生进行了如下对话。

T: It seems that we should equip ourselves with skills that the society needs.

S: But maybe some skills we are learning now will be useless in the future society.

T: Why do you think so? What skills do you think will be useless?

S: For example, the calculating skill. In the future, the computer will do the job for us, and will do it much faster than us.

T: You are probably right. But what skills will always be useful?

S: The learning skills. If we are equipped with such skills, we can learn everything well in the future.

T: I really appreciate your idea. Yes, learning skills, especially independent learning skills will prepare us for the need of future society.

不难看出，学生和教师的语言在互动过程中非常流畅，而且他们都使用了equip…with这个短语。当学生的回答超出了教师的预期时，教师紧紧抓住这个切入点，继续追问下去，这就激发了学生的语言活力，生成了精彩的对话。

建构方法：教师要牢记以学生为中心的原则，紧紧围绕教学目标，适度引领，及时追问，自主放开，适时"留白"，这样就可以给学生创造更多的生成和发展空间，提升课堂的动态性和活力。

(二)资源活力

这里的资源是指为课堂教学的有效开展提供的素材，如教材、案例、学案、多媒体、课件设计等。建构主义认为，知识不是学生通过教师的直接传授而获得的，而是学生通过情境，利用必要的学习资料和教学资源，借助教师或学习伙伴的帮助，通过意义的构建而获得的。学生是学习的主体，如果教师能够为学生提供学习所需要的各种资源，就能帮助学生以不同的方式投入对新知的感受、理解和建构中，让学习变得更有意义，有助于学生更积极地投入对生命、生活的探索中。因此，资源活力是活力课堂的有效推动力，具体表现为以下三方面。

1. 素材多样

课堂表现特征：教师能够运用不同的资源和素材，包括文本、图片、视频、音频等，从各种角度对教学内容进行展示并对课堂任务进行安排和设计。学生能够从这些多元素材中得到启示，对英语的课堂学习产生兴趣，从而丰富自己的学习体验。比如，在讲授"New Zealand"这一课时，教师会通过风光纪录片引出话题，再借助一些图片输入相关词汇。在听完一段课文录音之后，学生根据所听内容提取相关信息。最后，教师带领学生打开一个关于"新西兰"的网站，学生选取自己感兴趣的方面继续深入探索。这样丰富多样的教学资源，一定能充分调动学生的积极性，活跃课堂气氛，提高学习的有效性。

建构方法：《义务教育英语课程标准(2011 年版)》提出，要根据学习目的和需要，选择最合适的资源，如通过图书馆、网络等渠道获得更广泛的英语信息，扩充学习资源；还要有意识地注意和积累生活中和媒体中的英语资源。

2. 课件有效

课堂表现特征：教师能够制作出恰当的多媒体课件，帮助学生加深对所学知识的印象和理解，攻克教学难点，突出教学重点，增加学习的趣味性，顺利、有效地完成学习任务，掌握所学知识。例如，在帮助学生认知关于"house"的词汇时，教师可以通过信息差原理做出两张"相同却又不同"的图片，在学生找不同的过程中引出词汇。这样的课件使词汇学习既高效又有趣。(见图 1-2、图 1-3)

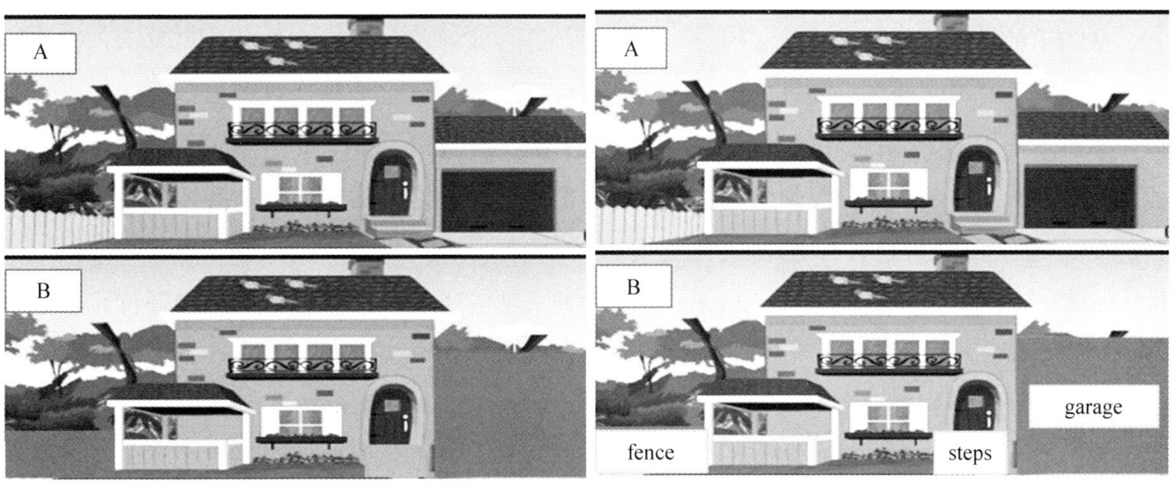

图 1-2　学生对比 A、B 两图找不同　　**图 1-3　教师根据学生找出的不同来呈现词汇**

建构方法：无论多媒体课件的内容多么有趣、生动，效果多么出众，教师都一定要遵循以下原则。第一，运用适度——要把一定的时间和空间留给课堂的主体，即学生，让他们完成最主要的任务。第二，信息适量——不要引起“电灌效应”，使教师和学生有“累”的感觉。如果信息量过大，教师和学生的交流会受到制约，没有时间进行质疑、探究。

3. 学案合理

这里的学案是指以教师为引导、以学生自主学习为主要活动的导学案。

课堂表现特征：教师设计符合学生特点和需求的学案，以及丰富而有层次的学习活动，包括学习理解、应用实践、迁移创新等一系列语言、思维与文化相结合的活动。学生能够通过课前预习、课堂活动、知识讲解、同步检测等，搭建学习内容框架，理解、运用所学知识，并系统地进行自主学习。

建构方法：首要原则是“用”教材而不是“教”教材。教师可以从英语学习活动观的视角重新审视课堂，整合课程内容，进行增删、调整等；同时，还要根据学生的水平和需求进行有层次的设计，如为学生提供不同难度的课外阅读材料等校本教材。

(三)思维活力

教育的主体是人，而思维是一个人智力和能力的核心。表达中、活动中，甚至走动中的课堂不一定都是真正的活力课堂。只有思维在动、头脑在动，才是具有真活力的课堂。美国教育家赫钦斯（Hutchins，1968）指出，教育就是帮助学生学会自己思考，做出独立判断。《义务教育英语课程标准(2011 年版)》也指出，要关注发展学生的多元思维和批判性思维。《普通高中英语课程标准(2017 年版)》也倡导通过自主学习、合作学习、探究学习等学习方式来培养学生的思维。因此，教师要积极创设问题情境，引导学生自主探究，构建思维导图，并在质疑中激发作为生命个体的积极性和主动性，这样就展现出了课堂的活力。思维活力具体表现在以下三方面。

1. 逐层递进

课堂表现特征：教师设计的问题或任务是依据教学目标的层级设置的，由低到高，逐渐深入，从简单的知道、领会逐渐加深到应用、分析、综合或评价。学生在教师的启发下，一步一步地进行深入思考，逐渐提高思维层次。问题的解决过程与思维的提高过程之间有指向性。例如，在学习西方传统节日圣诞节时，教师提出的 what、when、why、how 等问题就设定在了解或知道的层次上。接下来，教师让学生对比中国的春节与圣诞节的异同，这就涉及了应用或分析的思维层次。之后，教师还设置了这样一个问题：“If you could celebrate only five big holidays in a year，which ones would you choose?”这就需要学生进行综合判断和评价，达到最高的思维层次。

建构方法：教师可以按照布鲁姆的认知分类，逐渐提高问题和任务的层次，使学生从记忆、理解、应用这样的低阶思维阶段，逐渐过渡到分析、评价、创造这样的高阶思维阶段。这样学生不仅会了解知识，而且会重视认知的过程。

2. 自主探究

课堂表现特征：教师为学生提供相应的材料和切入点，让学生以个人或小组合作的形式摸索语言规律。例如，在讲解虚拟语气时，教师以电影 *Titanic*(《泰坦尼克号》)为载体，根据电影情节的发展进程，对剧中男、女主人公的活动进行了一系列假想，引出学生要学习的语法现象，让学生通过合作探究总结语法规律，落实本节课的语法学习，巩固语法学习的成果。

建构方法：首先，教师要明确任务，选择那些具有一定的挑战性、开放性、探索性的问题。其次，教师要合理分组，如果采用小组合作的形式，则需要组内成员能力互补。最后，全班交流，分享成果。交流方式可以多样化，如对话、图片展示、代表陈述等。总的原则是教师要把主动合作与探究的空间交给学生。

3. 拓展思维

课堂表现特征：教师使用思维导图，引导学生通过读文本进行结构化分析或对知识结构进行清晰梳理，从而实现知识的可视化，让思维看得见。学生能够搭建知识结构，厘清文章脉络或延展思维深度，清晰有序地表达思想。例如，在学习有关五官感受的词汇和短语时，思维导图可以帮助学生有效地扩展词汇范畴、拓宽知识领域。(见图 1-4)

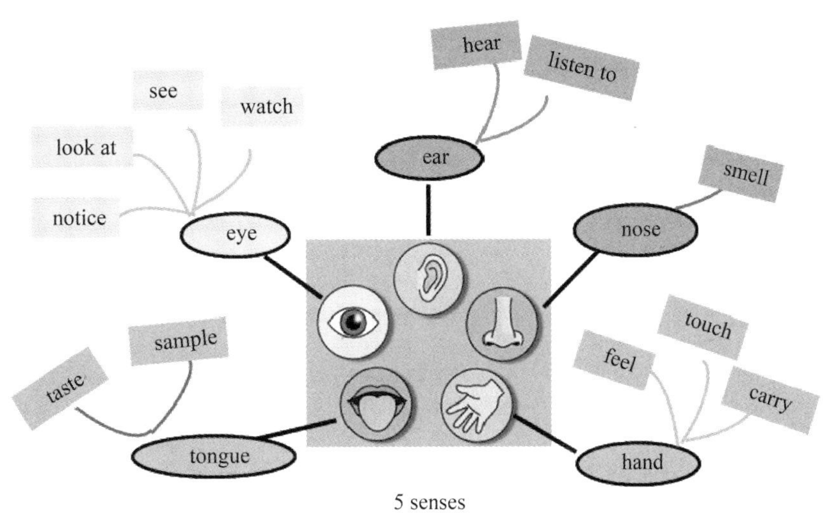

图 1-4 关于五官感受的词汇和短语的思维导图

建构方法：在词汇课上，教师可以引导学生利用思维导图构建单词的语义场，使学生了解单词的上下义关系；在语法课上，教师可以引导学生利用思维导图探索并搭建语法知识网络；在阅读课上，教师可以引导学生利用思维导图把握篇章整体结构，使学生对文章脉络一目了然；在写作课上，教师可以引导学生利用思维导图构思写作框架，然后有条理地添加所需素材。

(四)情感活力

苏联著名教育家苏霍姆林斯基(1984)指出，儿童学习的源泉来自思维智力的感受与情感色彩，孩子们的思维与他们的情感分不开。《义务教育英语课程标准(2011 年版)》也要求教师要通过学习语篇承载的文化和价值观等具有深刻内涵的内容，帮助学生学会欣赏语言和多模态语篇的意义和美感，丰富生活经历，体验不同情感。因此，学生只有与学习内容建立起情感联系，才能让思维活跃起来，让课堂学习充满生机。情感活力具体表现在以下三方面。

1. 联系生活

课堂表现特征：教师能够将所教话题与学生的实际生活相联系，让学生有话可谈，有词可用，学以致用。学生能够在教师的引导下，或迁移所学知识，或积极表达自我感受。例如，在学习了有关"生日礼物"的话题后，教师引导学生讨论：假如你要送给朋友礼物，是用心做的礼物(emotional gifts)好，还是花钱买的礼物（physical gifts）好呢？并给出一个具体例子。

建构方法：英语课堂所学内容要与学生的生活密切相关。在活力课堂上，这种联系可以在导入过程、输出过程或展示过程中实施，包括利用日常素材，引入教学内容；模仿汇报表演，力求再现生活；运用课堂所学，解决实际问题。

2. 尊重他人

课堂表现特征：教师能够启发学生以尊重的态度耐心地倾听他人的意见，以包容的思想审视不同的文化和传统，营造出一种认真倾听、大胆表达、互相鼓励的积极氛围，建立起一种彼此理解、包容、尊重的同伴关系，使课堂气氛和谐、活跃。

建构方法：学生个体感到被理解和受尊重，一定是来源于其周围的群体。教师要不断运用多种互动形式，如同伴合作、小组合作、全班展示等，让学生在不同的舞台上展现自己，并通过示范、设定活动规则等来确保学生掌握恰当的沟通方式。

3. 培养品格

课堂表现特征：教师抓住不同话题的切入点，对学生进行思想和文化品格的培养。例如，在"Heroes"这一课渗透职业精神和奉献精神。在"Sports Life"这一单元渗透热爱生活的意识和健康意识。另外，教师可以带领学生了解不同国家的习俗，并进行中西方文化的对比，以了解和尊重各自文化的精华，培养学生的跨文化沟通能力，使其知道如何与不同文化背景的人进行交流。例如，在学习了"Body Language"之后，教师让学生抽签选择到不同国籍的朋友家去做客，与同伴在角色扮演(role-play)中进行恰当的交往，不断认识自我，完善自我，形成积极的人生态度。

建构方法：教师引导学生认真分析学习内容，对语篇反映的情感、态度、价值观进行分析和阐释；通过类比，使学生产生情感迁移；将教学内容融入教学情境，使学生对教学内容的思想内涵有更深的理解与领悟。

四、结语

英语活力课堂的建构是面对课程改革新挑战的积极探索，它体现了对师生的尊重、对生命价值的尊重，以及对教育规律的尊重。教育的本质是生命教育，而落实这一理念的场所就是课堂。希望在我们的努力下，课堂能成为一个从事教学活动、发生教与学行为的场所，更能成为一个令人向往、充分彰显生命活力的人生舞台。

北京师范大学附属实验中学　李艳

第二章　活力课堂基本的教与学模式

>> 第一节　活力课堂指导下的阅读课设计与模式探讨 <<

著名教育家叶澜在 1997 年提出“活力课堂”这一概念，倡导把课堂教学作为“一个整体的、师生交互作用的动态过程”进行研究，并倡导“从生命的层次，用动态生成的观念，让课堂焕发出生命的活力”。之后，各级教育者在理论与实践的不同层面对“活力课堂”展开了研究，中学英语教学的相关研究也进展得如火如荼。近几年，一些研究者开始尝试制定中学英语活力课堂的评价标准与体系，其中就包括北京师范大学实验中学的活力课堂构建。本节将探讨活力课堂体系建构下，高中英语阅读课的设计思路和基本模式，即“创设情境，引入话题—研读文本，挖掘深意—活动体验，内化知识—展评总结，升华主题”。希望能为一线教师的阅读教学提供一些参考和借鉴。

一、活力课堂评价标准指导下的高中英语阅读课的教学设计

笔者以北京师范大学出版社出版的《普通高中课程标准实验教科书 英语》(以下简称北师大版教材)选修模块 6 第 18 单元第 1 课“What is Beauty?”的教学设计为例，以活力课堂检测标准为实施目标，旨在探讨和创设高中英语阅读活力课堂的教学模式与框架。以下为教学设计的四个基本步骤。

(一)创设情境，引入话题

在热身环节中，教师向学生展示几张图片，并提出“What is beauty in your eye?”这个问题。(见图 2-1)对于这样看似简单而实际上很复杂的问题，学生在短时间内很难给出深层答案，这也正是本节课的意义所在：通过对文本的深入挖掘和独立思考，使学生在本节课结束时对“美”有深入的认识和独到的见解。

另外，用图片配生词的引入方式可以让学生在短时间内形象地理解生词的含义。不仅如此，以提问的方式开始的目的是要引出本节课的主题——“Beauty is in the eye of the beholder”。

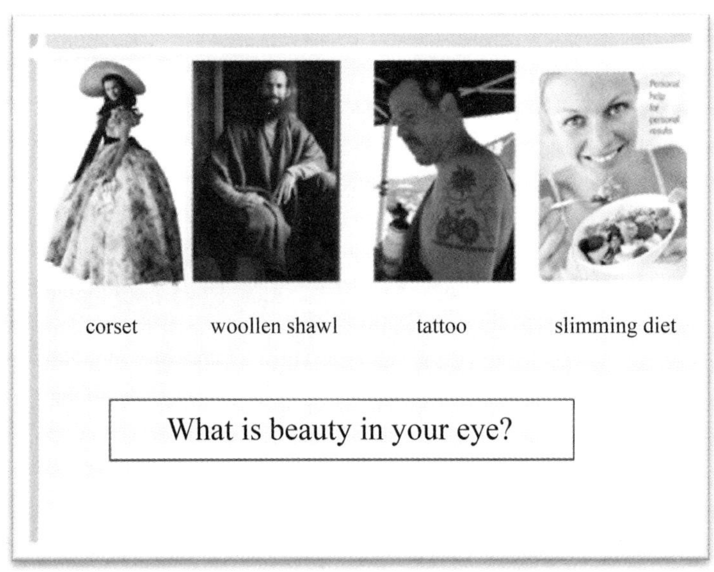

图 2-1　创设情境，引入"美"这一话题

教师在呈现主题的同时引导学生根据语境猜测"beholder"的含义。

(二)研读文本，挖掘深意

在阅读文本之前，教师先向学生提出一个较有挑战性的问题——就"美"这一抽象概念进行独立思考，并提出与之相关的较有深度的问题。(见图 2-2)

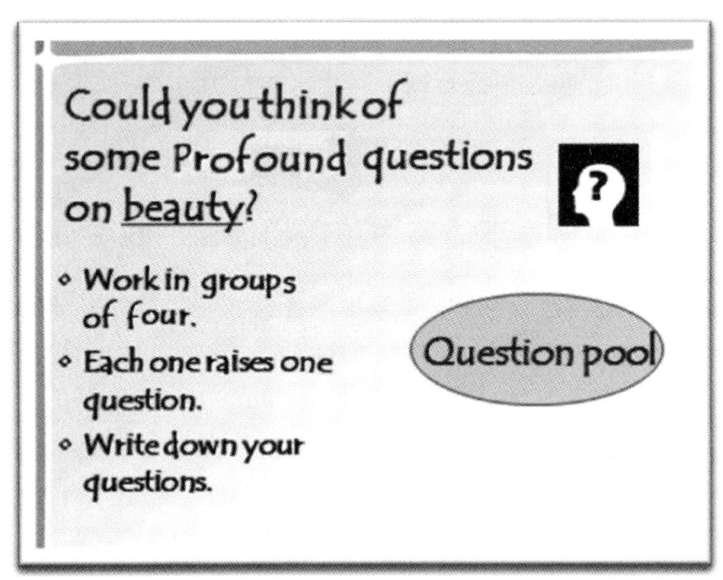

图 2-2　提出有深度的问题，引发学生思考

之后，教师引导学生组成四人小组，每人提出一个问题后，小组选出本组最具代表性的问题，并派代表将问题写在黑板上。(见图 2-3)

这一环节主要是阅读文本的过程。教师指导学生速读文本，观察黑板上哪些问题的答案可以在文本中找到，并把答案中的关键词圈出来。之后每组再次选派代表将与这些关键词相关的

问题写在黑板上。教师请一些学生根据黑板上的关键词，用完整的句子回答相关问题。

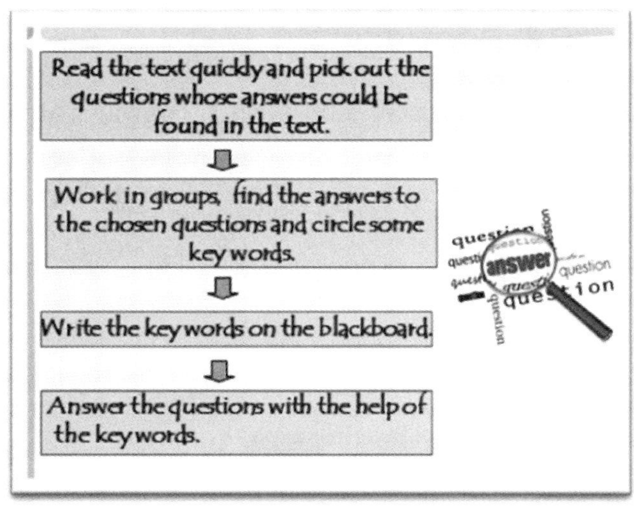

图 2-3 递进学习步骤，重组、还原语言

在这一环节中，教师指导学生通过“速读—细读—提炼—内化”这样逐步递进的学习步骤，实现语言“输入—输出”的小循环过程，即学生速读文本发现相关信息，然后细读文本提取有效信息，最后借助关键词重组信息、还原语言。

(三)活动体验，内化知识

上一环节的语言输出相对机械和简单，学生无须做太多思考，凭借短时记忆基本可以给出较完整的答案。为了让学生对目标语言进一步内化和吸收，教师设计出一个与主题关联性较大的活动，为学生提供一个比较真实的使用目标语言的机会。

布置活动任务时，教师声称自己对外表不自信，希望学生以小组为单位给她写信进行安慰和鼓励，同时引导学生借助黑板上的关键词或从文本中挖掘可借鉴的语言，使书信表达更具说服力。(见图 2-4)

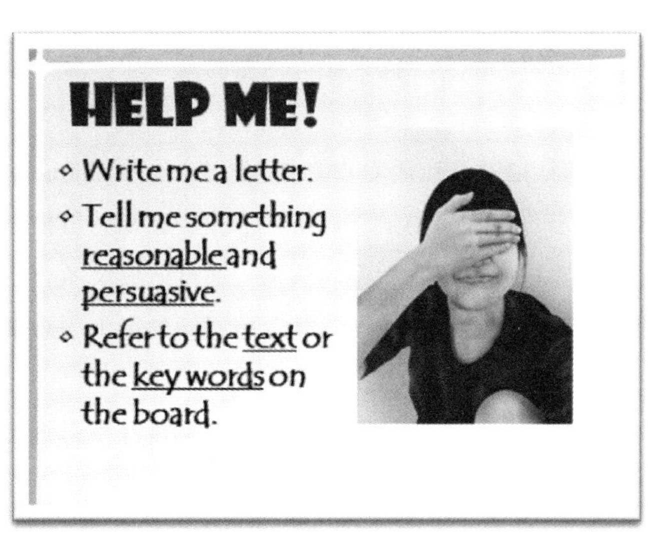

图 2-4 借助活动，挖掘可借鉴的语言

学生完成信件后，教师请几名小组代表朗读信件，并对信件内容给予及时的反馈。

(四)展评总结，升华主题

结束了文本阅读与活动体验之后，教师提出"What is beauty?"这样一个与热身环节的问题相似的问题。在学生独立思考、自由表达之后，教师再次引导学生回归文本、寻找答案。在听完学生的回答之后，教师选取文本中最具概括性的语言进行整理，以填空的形式让学生完成句子。(见图 2-5)这样，学生不仅对文章大意有了更明晰的理解，而且加强了对生词的熟悉与掌握程度。

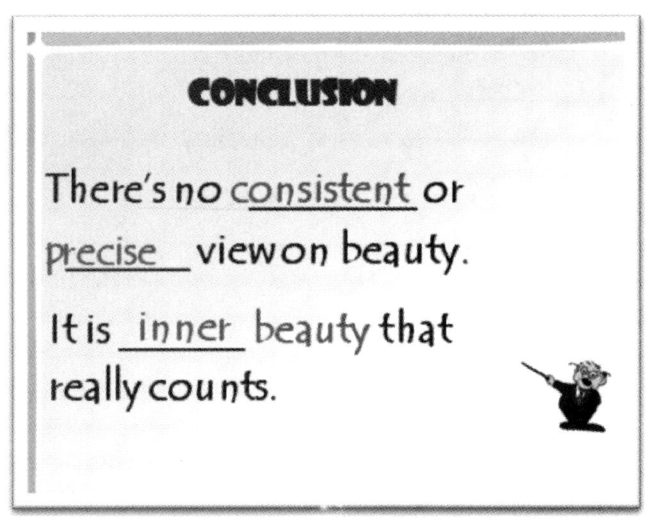

CONCLUSION
There's no consistent or
precise view on beauty.
It is inner beauty that
really counts.

图 2-5　回归文本，升华主题

二、教学设计的实施效果与听课教师的反馈

本节课作为一节区级公开课在北京市某示范性高中高二英语实验班实施。近一百位听课教师在随后的教研反馈中给予了相关评价。

笔者结合教学反思，尝试将高中英语阅读课可遵循的基本教学环节设计与活力课堂评价标准进行匹配，得出以下结论。

第一，"创设情境，引入话题""设计活动，拓展话题"，最大限度地体现语言活力。

课堂导入是教师展现自身语言水平的最佳时机，准确、流畅、得体且富有激情、启发性的语言表达可以激发学生对文本内容和语言学习的热情。通过研读文本，学生习得和内化目标语言。在拓展话题的活动中，引导学生在完成任务时运用不同的词汇、短语和句式表达内心思想和情感。

本节课的教学活动体现了师生、生生的多元互动。除了热身和总结时的师生互动，在讨论问题和完成信件两个主要环节中学生都以小组形式进行生生互动。小组合作成为本节课的主要活动形式的原因有三：一是问题和任务具有一定的挑战性，小组合作可以消除学生的胆怯心理，使其更勇敢地表达；二是生生之间可以激发思考，将问题深化；三是小组合作有利于提高

学生的合作意识，尤其是在最后的活动中，学生只有通力合作才能在短时间内高效完成写信任务。宽松、友好、催人上进的团队环境能够促使学生更好地展现语言活力。

【听课教师的反馈】

教师本人教学基本功扎实，语音、语调准确，教态自然、得体，营造了良好的教学氛围，而且她善于调动学生的学习积极性，学生参与度非常高。

教学形式新颖，不拘一格，学生的语言表达值得称赞！

第二，运用不同教学策略引导学生“研读文本，挖掘深意”，可以充分体现教学活力，展现学生的思维活力。

为了让学生积极主动地研读文本，带着问题挖掘文本深意，教师在本节课设计和实施的过程中使用了多种教学策略，其中主要借鉴和使用了“非指导性”教学模式与“基于问题学习”理论。

“非指导性”教学模式强调教师不是直接地教学生，而仅仅是促进他们学习；教学活动应把学生放在中心位置，把学生的自主看成教学的根本要求。在本节课中，教师在学生阅读文本前没有提出具体问题，而是让学生围绕主题思考问题、形成问题，然后再通过阅读文本回答问题，从而较好地发挥了学生阅读的主动性。

“基于问题学习”理论指导下的教学指学生通过解决不一定有唯一正确答案的真实性问题而获取知识的教学，即通过参与解决问题的活动达到学习的目的。在本节课的读后活动中，教师让学生帮忙解决一个拟真实性问题：“我对自己的外表不自信，请写信安慰鼓励我”，同时引导学生通过仔细阅读文本，从中获取相关语言的准确表达，写出一封有理有据、说服力强的信。学生在解决这个问题的过程中，达到了深度阅读和语言内化的目的。

不同于以往阅读课从理解大意到理解细节——教师问、学生答的传统模式，本节课尝试了“(看文本前)学生提问→(阅读文本)寻找答案→(用关键词)回答问题”的模式。这种由学生自主发起的动态生成、教师不提供标准答案的教学过程，不仅能促进学生发散性思维的发展，而且能让学生在自主探究的同时展现思维活力。

【听课教师的反馈】

在教师巧妙和精心的安排下，学生的主动性被充分调动起来，参与意识增强。教师采用了换位思考的方法，让学生自己提问，而不是单纯回答教师给出的问题，很有新意。我们可以看出，学生很喜欢这种方式，教学效果很好。由于前面铺垫得充分，最后的输出部分的成功就变得顺理成章了。

这节课充分体现了以学生为主体的指导思想，让学生自己提出问题，然后小组合作解决问题，把合作学习的理念贯彻在教学中，学生的课堂表现很精彩！

第三，在“活动体验，知识内化”过程中使学生表现出思维活力和情感活力。

为了让学生有更强的表达欲望，本节课的语言输出活动设计得贴近生活，具有较强的真实性和可信性。教师在布置任务时，尽可能将对自己外貌的不自信表现得真实自然，学生认为这是教师真实情感的表达，从而产生了较强的用刚学的语言和道理劝说和安慰教师的欲望。这样学生就产生了“有意义学习的心向”(奥苏伯尔有意义学习理论)，就会积极主动地获取、运用知识与信息，在学习过程中表现出较强的思维活力和情感活力。

实践证明，在教师布置活动任务之后，学生就已经有了不小的反应，表现出一种跃跃欲试的状态。在写信环节，学生将自己想说的话都贡献出来，每组由一人执笔完成这封信。在念信环节，许多学生积极举手，踊跃争取表达机会。信的内容情感饱满、逻辑清晰，体现了对本节课所学语言的恰当运用。

【听课教师的反馈】

师生关系和谐，课堂参与踊跃，课堂设计巧妙。教师让学生在理解文本的基础上进行创新，使得课堂氛围达到高潮，也让我们这些听课教师十分兴奋。这节课，教师在能力培养和开发中渗透了德育教育。

这节课，教师一开始就让学生提问，继而引导学生自己解决问题。这一点就很值得我们学习。此外，教师将文本内容与现实生活巧妙结合，潜移默化地引导学生树立正确的“美”的观念。

本节课的落脚点是让学生发掘一个人的内在美，我想这个德育目标被很好地达成了。教师让学生帮助她这个对外表不太自信的人，学生运用所学的词汇、短语和句式写出了一封封情真意切的信，虽不煽情但很让人感动。可见，学生对美的理解是深层次的、有高度的。

第四，动态生成观念，焕发生命活力。

“美”是一个关于生命的重要话题，对美的积极、理性、深度认识有助于学生正视生命体的独特性和多维性，继而悦纳自己、完善自我、焕发生命活力。关于美的主观性以及内在美的重要性，学生并不陌生，甚至很容易对相关话题产生厌烦感。在上一环节模拟事实的任务中(动态环境创设)，学生已经不知不觉利用类似观点劝慰老师(隐性观念形成)。在最后总结环节，教师希望将动态环境下生成的隐性观念显性化，所以设计了填词成句的活动。答案呈现后，学生注意力主要集中在生词(consistent、precise)的使用，以及已知词(count)的妙用上，而句子表达的观念已悄无声息地渗入学生的思想中。

【听课教师的反馈】

不刻意、不做作的总结。

看似教授语言，实则渗透思想。

三、小结

阅读课是高中英语教学中最主要的授课类型。如何能够在阅读课上展现课堂活力，让课堂教学成为师生有意义的生命经历，是值得教育者不断思考的问题和研究方向。本节归纳的“创设情境，引入话题→研读文本，挖掘深意→活动体验，内化知识→展评总结，升华主题”的高中英语阅读课模式不是开创性的发现，只是在现象中寻找规律，在变量中寻找定量，希望能够给英语教育研究者以启发与帮助。

参考文献

[1]叶澜．让课堂焕发出生命活力——论中小学教学改革的深化[J]，教育研究，1997(9)：3-8.

[2]张金秀，李艳，付琦．中学英语活力课堂的结构和内涵——以北京师范大学实验中学为例[J]．英语教师，2015(3)：50-54，59.

北京师范大学附属实验中学 孙小梅

>> 第二节 活力课堂指导下的听说课设计与模式探讨 <<

“活力”一词出现在课堂教学研究中已有数年时间，谢利民在2001年指出，对教师与学生而言，课堂教学是其生命活力和生命价值的体现，教学的过程本质上就是知识的生成过程。各级教育者在理论与实践的不同层面对“活力课堂”展开了各项研究。研究表明，真正富有生命活力的课堂教学的内在品质主要集中在课堂教学各个要素及要素之间的相互作用，教学活动中不断调和的动态生成过程，师生、生生、教师与教材、学生与教材等关系的共进共振等方面。

一、英语活力课堂应具备的特点

(一)课堂“活力”的持久性

叶澜教授曾说过：“当学生精神不振时，你能否使他们振作？……当学生茫无头绪时，你能否给予启迪？……你能否用不同的语言方式让学生感受关注？你能否使学生觉得你的精神脉搏与他们一起欢跳？……你能否使学生在课堂上学会合作，感受和谐的欢愉、发现的惊喜？”也就是说，英语课堂教学只有保持较持久的“活力”，师生才能真正地全身心投入。因此，对于中学英语教学来说，如何解决“单词比较多，学生反复操练，感到枯燥乏味，从而对学习感到厌倦”的问题便显得尤为重要。只有让学生在学习过程中感受到生命的涌动与和谐的欢愉，学生才能获得多方面的技能，教师的教学劳动才能卓有成效，达到事半功倍的效果。

(二)教学过程中学生学习的主动性

学生的学习活动总是由一定的学习动机引起的，只有当学生喜欢学、要求学、有迫切的学习愿望时，才能自觉积极地投入学习活动中。新课程改革强调主动参与、体验性学习。学生亲身体验，用自己的心灵去感悟知识。孔子说：“知之者不如好之者。”对于有效地参与教学活动来说，首要问题是如何持久地保持学生参与活动的积极性。

因此，《义务教育英语课程标准(2011年版)》对英语教师提出了更高的要求：教师要向学生传授语言知识，培养学生听、说、读、写的能力，更要指导他们学会学习，使学生形成积极主动的学习态度。教师需要在课堂设计过程中注重设计富有成效的学习活动，以此激发学生的学习动机，培养学生的学习兴趣，活跃学生的思维。在教学中，教师要运用教学艺术，设置悬念、创设情境，积极激发学生学习的兴趣，充分调动他们学习的积极性、主动性，从而使学生做好参与学习的心理准备。

(三)教学过程中持续的情感交流

英语课堂教学中知识与技能，过程与方法，情感、态度、价值观，三者是统一的。而教学的最终目标，不仅在于使学生学习和掌握知识，培养和提升技能，形成和发展智力，而且还在于使学生明白自己能学会什么、能创造什么。在课堂上，教师与学生是平等的交流者。教师要全身心地融入学生中，从教人者转化为学习者、赏识者，与学生一起合作、交流，共建有利于个性发展的课堂氛围。教师要学会真诚倾听，与学生共同探究，共同发展；学会关注和赏识学生在情感、态度、价值观等方面的积极表现。教师给予的鼓励、关心和信任能让每一名学生都感到自己是被重视的、被关心的。如此，学生才能从课堂中体验到真正的学习乐趣。

在所有教学目标中，最重要、最为核心的，占据着主导地位的便是情感、态度、价值观的培养。只有具有持续的情感交流的英语活力课堂才能激发学生的强烈情感，并使其在英语课堂中发挥积极的作用。

(四)教学过程中丰富的师生互动

英语这门学科的教学特色就是充分发挥英语的语言功能，讲究对话的艺术。在整个教学中，教师充当的是示范表演者，利用各种教学辅助手段，采用规范的英语、面部表情、手势动作及其他直观教具创设情境，讲授新知。全体师生主动参与，克服羞于开口的心理，积极开展语言交际活动。教师要从学生的兴趣出发，使学生成为课堂的主人、学习的主人，让学生有足够的时间操作、观察、思考、质疑、讨论、评价。教师要使学生逐步形成较强的自主学习能力，抓住学生的心理特征，采用游戏、表演、唱歌、舞蹈等方式，让学生体验、参与、合作与交流，为学生提供充分的自我表现和交流的空间，培养学生实际运用语言的能力和创新精神，使每名学生都充满“活力”。

二、活力课堂特点引导下的听说课设计与模式

随着课程改革的不断深入，新颖、前沿的教学理论，自由、活泼的教学方式，先进、科学的教学手段，为我们创建活力课堂提供了条件。基于多年来对听说活力课堂教学模式的探讨，针对听说活力课堂应有的特点，笔者认为，要使英语课堂充满活力，可以从以下几方面着手。

(一)情境创设，背景支撑

课堂的活力是需要学生的积极参与才能产生的。活力课堂的特点之一便是能体现学生的学习主动性。在听前导入过程中，或是听后表达之前，教师可以利用情境的创设来达到“以境激情”的效果。

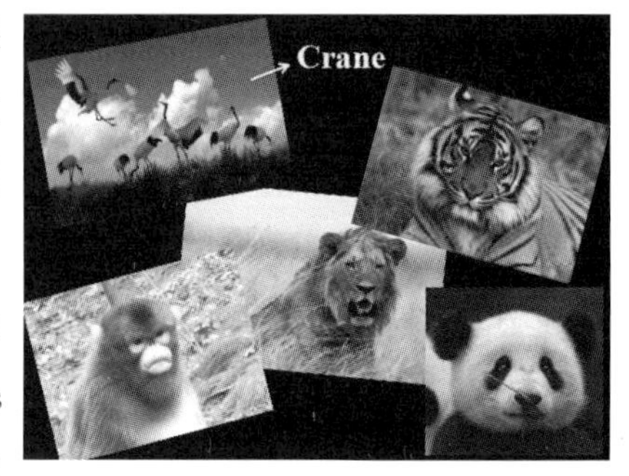

图 2-6 “以境激情”

例如：在讲授外语教学与研究出版社出版的《义务教育教科书 英语》(以下简称外研版教材)八年级上册模块 9“Animals in danger”一课时(见图 2-6)，如果让学生直接说出自己知道

的动物名称，教师将这些单词写在黑板上，学生难免感觉枯燥、乏味。黑板上单调的、由字母组合而成的单词无法给学生更直观的视觉刺激。而让学生在观看介绍动物的视频后说出看到了哪些自己熟悉的动物，不仅能达到同样的词汇输入的效果，而且能为接下来的听力训练扫清词汇障碍；同时还能让学生通过视觉冲击感受到视频中动物的可爱，当学生面对这些可爱的濒临灭绝的动物时，引起他们对于人类该如何保护动物的思考，激发他们参与表达的欲望。

利用视频创设情境是调动学生学习主动性的方式之一。把学生巧妙而直接的带入情境中是一种新的尝试。将学生直接带入教师所创设的情境中更有利于师生互动以及师生之间的情感交流。同样是在“Animals in danger”一课中，教师没有直接谈论动物面临的危机，而是巧妙地转换角度，以闲聊的方式询问学生在正确回答问题后是否愿意接受教师赠予的象牙手镯，与学生谈论是否可以买一点深海鱼油来养颜，是否应该在冬季弄一身虎皮大衣穿一穿。起初，有些学生不明白教师的意图，会因为手镯好看而痛快地表示愿意接受教师的象牙手镯。而有些学生表示拒绝，他们给出的理由正是教师精心设计所在。他们说明不接受象牙手镯是因为制作这种手镯需要猎杀很多大象。他们的回答会悄无声息地引发其他学生对问题的思考。深海鱼油的生产、虎皮大衣的制作都需要猎杀大量野生动物。学生在这样类似聊天的一问一答中，情感自然流露。这样的情境与交流更有利于学生进入后续的学习状态中，激发学生对于此问题的深入思考，使他们想要在接下来的学习中听到、学到、表达出更多的东西。

（二）把握关键，捕捉要点

听说能力的训练，需要学生先听后说，把听到的内容转换后用语言表达出来。它是各种能力、各种背景知识协调作用的过程。理解听力材料的过程是一个接受并理解声音信息的过程，是听者对说者传来的编码信息进行解码的过程。维持课堂“活力”的持久性，充分理解听力材料，把握听力材料中的关键和要点，是之后学生积极主动参与其他延伸活动的基础。在听力训练前，教师应该通过各种方式指导学生在听力理解过程中捕捉并识别信息焦点，把握关键。例如，教师可以在课堂设计中利用思维导图、图片、表格等方式引导学生把握关键。以外研版教材八年级下册模块7“Summer in Los Angeles”第1单元“Please write to me and send me some photos!”为例。听力材料中有很多信息。在听材料之前，教师可以利用思维导图的方式引导学生初步了解材料中可能出现的信息，使学生做到心里有数。（见图2-7）思维导图的引导更有利于学生把握关键信息，抓住关键词汇。在学习中，视觉信息所占的有效比例，远远大于听觉信息。因此，把听力材料中的关键信息在大脑中转化成图像来想象，利用想象去理解和回忆的学习方式也更为有效。

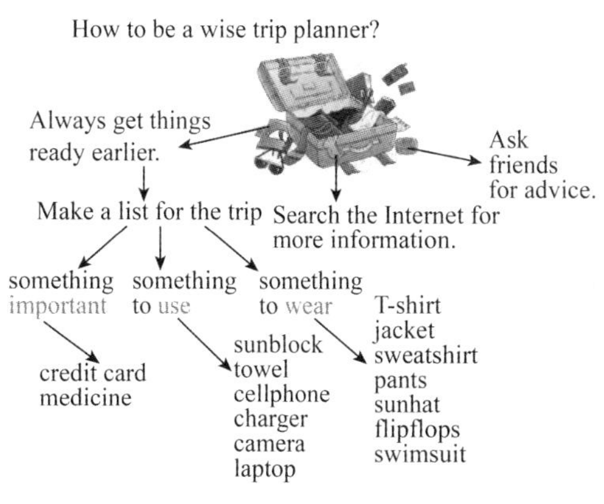

图2-7 思维导图

无论材料是单句、对话，还是短文，它们都有一定的规律性。教师要教会学生在听录音时边听边做记号，记录主要信息；可以和学生一起商讨听力中常用的一些缩写符号，也可以引导学生自己设计独特的符号。这些由学生自己设计的符号能够在他们脑海中留下更为深刻的记忆，便于学生将自己记录下来的信息、符号与听力材料的题材特点和各种要素相结合，进行合理的想象、判断和推理；也更有助于学生通过判断选择最佳答案，通过回忆信息做出正确回答。

（三）联系上下文，合理推测

对听力材料进行整体把握是听力训练中不可或缺的部分。绝不是单纯地听懂一个词、理解一个句子就足够的。在教学中，教师应该鼓励学生根据自己已有的经验去感觉学习过程，教会学生用自己的理解方式去探索和重建知识。在听力训练中，教师要教会学生如何联系上下文、上下句，甚至如何根据前后单词的发音连续性推测所需内容。

Nemo and Shrek

1. Nemo is a **cute** orange-and-white fish and Shrek is an **ugly** green man.

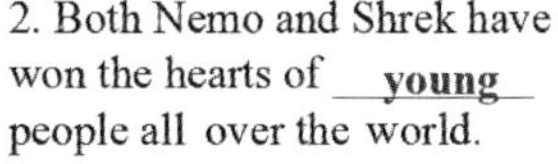

2. Both Nemo and Shrek have won the hearts of **young** people all over the world.

Shrek 史瑞克

图 2-8　关于卡通人物的听力训练

教师可以设计一些有趣的听力内容，引导学生观察与分析。例如，让学生听一个限定词（a、the、some等），问他们后面紧接着的应该是什么内容。因为一个名词短语常常是由“限定词＋形容词＋名词”构成的，所以即使没有听到全部信息，学生也能推断出漏掉的部分是名词短语的一部分。在设计听力训练时，教师还应注重对同类词、转折词的引导。例如，在外研版教材八年级下册模块5关于卡通人物的听力训练中，教师可以统一将空都挖在形容词上，使学生即使听不准具体是什么词，也可以凭借已经填出的形容词大体猜到词性，再加上自己对关于尼莫（Nemo）和史瑞克（Shrek）的电影的了解，推断可能填入的词汇。当然，教师还可以通过类似的方式训练学生听到一个词推测下一个词、听到一两个词推测出句子大意的能力。这方面的训练能够使学生夯实语言基础知识，熟练掌握语音、词汇、语法等。学生只有全面掌握了基础知识，才能更好地借助听力训练锻炼听力能力，做到即便没有听清某一句的某一部分，也能利用句法框架构建出句子大意。学生只有在教学活动中逐步体会知识的产生、形成的过程，才能获得学习的积极情感，感受到知识的力量。

（四）听中学说，听说并进

英语教学中的说也是非常重要的。听为输入，说为输出。语言首先是有声的。听是学习语言的源泉和基础，说则是语言的传递与升华。说能够衡量一名英语学习者的语言水平。教师如何组织学生说，如何在教学过程中引导学生说，怎么样采取办法让学生主动说，这些都是活力课堂设计中不可忽视的部分。

在课堂设计中，口语训练可以由浅入深，由易到难，循序渐进。教师可以针对不同学生、不同听力材料设计不同的口语表达任务。例如，在常规教学中，每天都让学生轮流做值日生报告；结合听力训练，让学生听一段小故事，随后一人一句将听到的故事接龙讲完或者一人一段转述故事。这样能使学生认真对待听力材料中的信息，同时认真倾听其他同学的表述。既提高了学生的学习兴趣，又激发了学生的学习热情。

每次讲授新的课文时，教师应设计让学生根据所听内容口头回答问题的任务，依据听力材料，用一般问句或特殊疑问句进行提问，内容要简单易答，让水平较低的学生也参与进来。真正有“活力”的课堂不应该是只有几名学生活跃的课堂，也不应该有学生整堂课只是旁观者，而应该是人人都成为参与者。针对水平较高的学生，教师可以根据所听内容设计扩展性的问题。

以外研版教材八年级下册模块6“Hobbies”为例。教师可以设计听力填空练习，让水平较低的学生在听后将答案念出来；不是只念答案，而是将答案所在的句子完整地念出来；要让学生对所听材料有完整认识。但是，对于水平较高的学生，教师可以进一步要求他们根据图表所示内容转述整个对话。（见图2-9）这样，对于水平较高的学生来说就有了一定的挑战性，从而使课堂充满活力。把听说训练同课文教学紧密地结合起来，在此基础上引导学生学会归纳大意、进行复述或表演出课文内容，是培养学生实际运用语言能力的最佳方式。这也是强化听力训练的方式之一。

Listen and fill in the blank

Lingling	She has got 60 fans and most of them are presents.
Reason	People often give Lingling fans as presents because they know she likes them.
Betty	She likes to collect notes,coins and stamps.
Daming	He likes to collect tickets, such as bus tickets and train tickets.
Value	The value of the collections isn't always important.

图2-9　根据图表转述对话

教师要根据学生的心理特征，以教材为依据但又不完全“依纲靠本”，大胆处理教材。在课堂设计中，教师可以将学生分成小组，让他们以小组为单位开展语言实践活动。分组要坚持“同组异质”的原则，培养学生的小组和团队意识，使学生将在学习过程中可能会遇到的学习压力转换为学习动力。教师在组织学生朗诵、讲故事、学唱英文歌曲、竞赛答题、相互评价、辩论等时要坚持“听说并进”原则。设定的话题情境尽量贴近学生的生活，让学生体会学到知识与生活的联系，从而让学生更好地利用自己的经验探索新知识，研究新问题，掌握新本领。

以外研版八年级上册模块8中的一个主题“Choosing presents”为例。教师播放一段视频，视频中两个年轻人对“什么是好礼物”持有不同观点，引发了争执。看完视频后，教师就视频中两个年轻人所持有的不同观点，根据学生自己的意愿将学生分成两组，每组各支持一方观点，进行辩论。学生便根据自己的生活经验，结合并套用视频中的表达方式展开了激烈的辩论。见图(2-10)整堂课，教师将主动权交给学生，充分信任学生，为学生的思维碰撞搭建了平台，使学生在辩论和交流的同时学会了倾听、接纳与评析。这不仅活跃了课堂气氛，而且完善了学生的人格。

图2-10　学生展开激烈的辩论

三、小结

夸美纽斯曾说：“找出一种教育方法，使教师因此可以少教，但是学生可以多学；使学校因此可以少些喧嚣、厌恶和无益的劳苦，独具闲暇、快乐和坚实的进步。”要确保课堂教学时刻充满“活力”，教师就必须时刻积极探索如何能更有效、更全面地使课堂成为学生表现自我的舞台、施展兴趣的天地、拓展创造性思维的空间。要不断培养和保持英语课堂活力，就应该时刻讲究课堂教学的新鲜性和实效性。这就更要求教师不断学习，时刻调整并适时更新教育理念，提高自身素质，只有这样，教师才能跟上教学改革的形势，做到在课堂教学中让教材的内容“活”起来，让学生“活”起来，让教学方法“活”起来。

参考文献

[1]叶澜，让课堂焕发出生命活力——论中小学教学改革的深化[J]，教育研究，1997(9)：3-8.

[2]张金秀，李艳，付琦，中学英语活力课堂的结构和内涵——以北京师范大学实验中学为例[J]. 英语教师，2015(3)：50-54，59.

北京师范大学附属实验中学　黄乐佳

>> 第三节　活力课堂指导下的写作课设计与模式探讨<<

一、问题的提出

一位成功的写作者要花时间构思，要有读者意识，要检查修正所写的文章，确保清晰地传递写作意图(Lapp，1984；Magnan，1985；Richards，1990；Zamel，1992)。但是，写作是语言学习者最难掌握的基本技能(Nunan，1989)。以高中英语写作教学为例，笔者发现，相当一部分学生在英语写作方面的表现不太令人满意：文章布局松散混乱，内容传递不清晰，逻辑表述欠合理，叙事节奏感不强，语言表达不精准。从笔者的实际教学经历和相关调查来分析，其原因主要是高中英语教学中写作能力的培养力度不够，教师忽视了在教学中对学生思维能力的培养，轻视对写作过程的具体指导，写作教学时间不能保证，学生缺乏系统、高效的写作训练，等等。为了探讨在活力课堂中如何有效提高学生的写作能力，本节将以高中课堂教学为例对写作教学模式进行探讨。

二、高中英语活力课堂写作教学模式的设计

根据高中英语写作评分标准，优秀的文章应该布局合理，要点突出，细节合理，过渡自然，语言准确，记叙饱满，描写生动，详略得当，抒情适度。参照《普通高中英语课程标准(2017年版)》参考“注重过程习作法”模式(黄子成，2003)，根据所教学生实际特点，笔者对高中英语活力课堂写作教学模式进行了整体设计，即审题审图，整理思路；建构段落，精选语言；讨论修改，展出示范。

(一)审题审图，整理思路

这一阶段是写作前的构思和准备阶段。

1. 审题审图

教师根据不同的话题给学生提供书面文字和图画题目，要求学生认真看图画、审文字，确立写作目的和文章主旨。教师要指导学生在这一环节考虑：①这篇文章是写给谁的？②写作任务是什么？③文章最后的主题升华至何处？

2. 整理思路

在审题的基础上，教师指导学生以小组形式或全班形式开展思路整理活动，让学生通过小组或集体讨论，各抒己见，抓住有用信息，形成写作思路，开始谋篇布局，计划文章叙事的节奏。在这一环节，教师可以采用以下方式进行。

(1)头脑风暴

这是写作前构思的一种方式。一个或一组学生围绕某一个话题写下尽可能多的观点，无须注意句子结构或拼写问题(Richards & Platt，2000)。教师可以把话题展示在幻灯片上，让学生先写出自己对这一话题的想法，一到两分钟后与同桌交流，几分钟后再在小组内交流，最后小组汇总想法，与全班同学分享。

(2)问答交流

教师可以根据话题事先准备一些问题，让学生在回答问题的过程中，厘清思路，加深对所写话题的理解，做好写作前的准备工作。

这一阶段各项活动的目的主要是让学生明确写作目标，激活写作灵感，为接下来规划篇章结构做好准备。

(二)建构段落，精选语言

经过构思阶段几个环节的酝酿和准备，接下来教师就要让学生将构思阶段的思路付诸书面文字。这一过程是实际运用英语进行写作的过程，也是更高层次的思维过程。

1. 建构段落

段落是文章的脊梁。它是由相关的句子组成的。段落用一贯、连续与合理的主题句、支持句与结论句，清楚地表达一个主旨要点(吴宜铮，2016)。教师在平时的英语教学中可以帮助学生了解不同段落的构成和写法。例如，描写性段落是要让读者身临其境，感受作者表达的人与物；学生在写作时可以多运用形容词和副词。又如，叙述性段落是要给读者讲故事，时间、地点、人物必须交代清楚；学生在写作时要注意动词的用法、表示时间的连接词和副词的用法。在文章中，学生常把段落的主题句，即要点句，置于段首，然后添加细节句和适当的衔接词汇，让段落表达更丰富、完美。在构思阶段，教师指导学生通过头脑风暴，激活了很多想法。在这一阶段，教师就要渗透对学生思维能力的培养，逐步引导学生谋篇布局。学生需要考虑文章的主旨和结尾对主题的升华，然后在要点句的基础上，通过添加细节句建构段落，最终通过有效的衔接词汇，连成一篇语义连贯、逻辑通顺、有层次感的文章。现以2017年北京市丰台区期末统考作文题目为例。

假设你是红星中学高三学生李华，你的英国笔友Chris来信询问这个学期你参加的最有意义的一项学校活动。请你根据以下四幅图的先后顺序，向他介绍学校组织的“100天养成好习惯”活动，告诉他你每天和好朋友一起读书半小时并坚持100天的过程及感受。

注意：1. 邮件的开头已为你写好；2. 词数不少于60。

图 2-11 “100天养成好习惯”活动

教师先与学生一起分析文章的主旨大意：“Be persistent in reading, and we can benefit from it.”，让学生设计这篇文章的布局和写作节奏，列出写作大纲；然后让学生把每幅图的主旨信息用关键词的形式写下来。学生按照顺序将每幅图的主题句中描写细节的词汇或句子写下来，然后将词汇和句子连成有逻辑性的语段，这样，叙事段落就初步形成了。例如，学生写出的段落可以是这样的：

This term with my friends I took part in a meaningful activity in our school. It was titled “Foster a Good Habit in 100 Days”. Hearing the exciting news, my friends and I gathered and brainstormed ideas. Lily suggested jogging, while Lucy proposed keeping an English diary. I put forward the idea of reading half an hour every day. It finally won everyone's approval.

也可以是这样的：

This term with my friends I took part in a meaningful activity in our school. It was all about encouraging us to form a good habit in 100 days. Deeply intrigued by it, my friends and I got in on it and ran a brainstorm about what habit to develop. Ideas such as jogging, doing housework and reading popped into our heads and ultimately we decided unanimously to read for half an hour every day.

2. 精选语言

(1)用形象的词汇表达

英语写作的一个重要原则是“Show more than tell”。这里的“tell”指的是总体上和观念上的概括，“show”指的是形象和图画的再现。经过前几个环节的铺垫，写作的框架结构基本搭好；接下来，学生尽可能用看得见、摸得着的东西来具体表达意思。在这一环节教师可以引导学生采用头脑风暴或思维导图的方式，使主题关键词与段落、图画等建立起联系，协助学生在写作时展开想象。教师在平时的教学中要引导学生学会积累不同类型的词汇，以便在写作时自如使用。例如，英语中关于“走(walk)”有很多种表达，学生可以根据不同语境提取不同的动词，使文章的表述形象生动。

- She bounced in and told me the exciting news.
- He paced up and down in the room.
- He stamped out of the room.
- She tiptoed into the room.
- The man slipped out of the room.
- The child danced/dashed/rushed into the room.
- The lady sailed into the room.
- The young child toddled into the room.

• The old man staggered into the room.

• The boy strode briskly onto the platform.

(2)用精简的语言表达

笔者始终向学生强调一种写作原则，即写出来的文字最好做到"short but sweet"。在写作教学过程中，教师应该提醒学生摒弃拖泥带水的句子，改掉笼统泛泛的长句子，移除松散累赘的长句子。例如，学生写出这样一段文字："Having noticed that this winter was freezing cold and grandpa didn't even have a down jacket warm enough, mom and I felt great concerned and decided to buy one for him. Directly we headed to the department store and compared several types. After comparison among various styles, we finally chose a warm but light one with a fluffy collar. Imagining grandpa's beaming face when he saw the coat, we came home hurriedly forgetting to check its quality."教师看后让学生进行精简，得到一个更完美的段落："This winter was freezing cold. Grandpa didn't have a warm down jacket. Mom and I headed to the department store and purchased a light but warm one with a furry collar, after comparison among various samples. We then hurried back home, totally forgetting to check its quality."

(三)讨论修改，展出示范

1. 讨论修改

(1)同伴讨论修改

学生之间互相修改文章的写作训练在高中英语写作教学中是非常有必要的。王松美、林立(2005)指出，这种教学方式符合新课程标准倡导的合作、交流和探究的学习方式。当学生承担一贯由教师来承担的责任时，会更加用心地对待对方的作文，并从中学习。学生可以通过以下几个环节指出问题，提出修改意见，进行小组或两人间讨论。①布局是否合理；②要点是否突出、清楚；③细节是否合理、简洁；④过渡和衔接是否自然、得当；⑤语言表达是否准确、简洁。实践证明，学生之间的互相讨论、互批互改的活动非常有必要，有教师批改作文达不到的良好效果。

(2)教师面批

面批是指教师一对一地从思维、谋篇布局、遣词造句等多个方面对学生的作文进行现场点评，一次一个或几个重点，指出学生的作文优点在哪里，不足在何处，帮助学生真正明白自己在写作中的得与失，使学生养成自改的习惯，促使学生的写作水平实现质的飞跃。从学生的角度来看，多让教师面批作文，可以防止一直犯自己意识不到的错误，重新审视自己的文章，启发新思路。面批作文可以真正做到因人而异，因材施教。

面批时，教师可以有针对性地进行个别辅导。针对不会审题的学生，教给他们基本的审题规律；针对不知如何积累素材的学生，指导并督促他们摘抄好句子和好段落、整理好文章等；针对不懂行文结构的学生，教给他们起承转合的基本方法；针对交际语气拿捏不好的学生，帮助他们深入情境体验。此外，教师需要做到多评少改，多建议少限制。这样做能给学生留下足够的个人思维空间。教师要抓要点记录下每个学生的问题，以便学生自改后再次点评。这样一来，学生既有了自改的方向，又有了自改的动力。应该说，面批是提高学生写作水平行之有效的一种方式。

2. 展出示范

学生在同伴或教师批改后，再次进行修改和定稿，然后以多种形式进行作文展出，给全班同学做出示范，激励大家共同提高写作能力。展示形式可以多种多样。例如，学生自己将最终稿整齐地誊写在作文稿纸上，然后在教室内展出；教师将班级或全年级的优秀作文打成电子稿，经过编排整理，统一下发给学生；学生个人准备一本作文集，将自己的习作收集整理到作文集中，并且总结每次写作后的收获；教师将优秀的学生作品收集并装订成册，不定期发给学生，等等。经过实践证明，这些方式都对学生写作能力的培养有辅助和激励作用。

三、对高中英语课堂写作教学模式的反思

写作技能的培养是一个系统的、通过不断实践提高的过程。参与写作活动最有效的方法就是学生在写作过程中学习使用教师提供给他们的各种写作策略。笔者通过平时的写作教学活动，产生了如下反思。

(一)在写作教学中要重视对学生思维能力的培养

高中英语写作教学不应该只关注学生的单词拼写是否正确，句式结构和语法运用是否精准，更应该重视培养学生在写作过程中激活灵感、整理思路、谋篇布局、规划文章结构等思维素养。有了全局观，安排好层次段落，铺设好过渡，处理好开头和结尾，学生的作品才有可能清晰完整、生动感人。

(二)在写作教学中要重视写作目标的设定

机械的词、句、文练习是必不可少的，但是终极目标是要帮助学生掌握用文字交流的手段。因此，教师必须开动脑筋，设计多种写作活动，以提高学生的文章鉴赏力、想象力和批判力。例如，教师可以根据中学生英语写作技能教学参考表(见表 2-1)，每学期设定不同的训练重点，帮助学生通过完成写作任务掌握不同的写作技能。

表 2-1　中学生英语写作技能教学参考表(写作教学)

教学目标	表述与表达事实、观点、情感、想象力、交流信息，培养规范的写作习惯
基本技能	1. 激活灵感 2. 整理思路 3. 组织素材 4. 规划结构 5. 列出提纲 6. 起草文章 7. 组织语言 8. 遣词造句 9. 修改文章 10. 正确使用标点和大小写

(朱晓燕，2011)

(三)在写作教学中要重视读写结合

笔者在日常的教学中注意到，能够写出描写生动、叙事感人的作品的学生，其阅读量和单词储备量都很大。因此，在日常英语教学中，教师应该引导学生进行大量阅读，通过读写结合的教学方法，开阔学生的视野，丰富学生的知识储备；引导学生恰当地运用动词、形容词和副词等词汇，合理规划自己的写作，写出生动感人的文章。

总之，在高中英语写作教学中，教师应该根据学生的实际水平，多方面汲取信息，采取不同的教学方法和策略，设计出不同层次的教学活动，帮助学生实现灵活运用，在写作中根据不同的任务要求，恰当地选择合适的表达方式，自然流畅地表达自己的思想。教师只有在平时的写作训练中，用心备课，精心设计，细心指导，与学生互相配合，学生的作品才能真正“会讲故事，能打动人”。这样，写作教学的终极目标也就最终实现了。

参考文献

[1] Lapp, Ronald E. *The Process Approach to Writing: Towards a curriculum for international students*[M]. MA thesis. Hawaii: University of Hawaii, 1985.

[2] Magnan, “Teaching and Testing Proficiency in Writing: Skills to Transcend the Second-language Classroom”[A]. //A. omaggio. *Proficiency, curriculum, articulation: The ties that bind* [M]. Middleburry, VT: Northeast Conference on the Teaching of Foreign Languages, 1985: 109-136.

[3] Nunan D. *Designing Tasks for the Communicative Classroom* [M]. Cambridge: Cambridge University Press, 1989.

[4] Richards, Jack C. *The Language teaching Matrix* [M]. Cambridge: Cambridge University Press, 1990.

[5]Richards, Jack C. *Longman Dictionary of Language Teaching and Applied Linguistics* [M]. Beijing: Foreign Language Teaching and Research Press, 2000.

[6]Zamel V. *Writing*: “The Process of Discovering Meaning”[J]. *TESOL Quarterly*, 1992 (16): 195-209.

[7]黄子成．中学英语教学建模[M]. 广西：广西教育出版社，2003.

[8]王松美，林立．新课程中学英语教学实践[M]. 北京：首都师范大学出版社，2005.

[9]吴宜铮．图解英文写作的要素：用老外的思维写好英文[M]. 北京：化学工业出版社，2016.

[10]朱晓燕．广州市初中英语教师教学观念调查与分析[J]. 北京：中小学外语教学(中学篇). 2006(10): 8-13.

[11]朱晓燕．中学英语单元课型教学行动研究[M]. 广州：广东教育出版社，2007.

[12]朱晓燕．英语课堂教学策略——如何有效选择和运用[M]．上海：上海外语教育出版社，2011.

北京师范大学附属实验中学　陈林林

>> 第四节　活力课堂指导下的语法课设计与模式探讨<<

本节以一节语法课为依托，探索并实践了活力课堂下的语法课设计与模式。

一、教学案例简介

这是一节以中国传统文化为载体，讲授定语从句的语言功能和基本结构的语法课。

教学过程如下。

①教师布置本节课任务：为班级将举办的"中国传统文化展"培训英语讲解员；

②学习用定语从句介绍传统物件、历史人物；

③学习用定语从句介绍历史名胜；

④小组讨论并总结关系代词和关系副词的区别、用法，小组代表展示讨论结果，教师总结；

⑤学习用定语从句介绍中国传统节日；

⑥小组合作填写有关定语从句语言功能和基本结构的表格，教师选派小组代表讲解；

⑦学生讲述成语故事，在适当的位置用两到三个定语从句。

二、教学案例特点

第一，整节课以大任务贯穿，每个环节中的小任务环环相扣，且任务难度由浅入深。

第二，本节课将英语语法知识与中国传统文化相结合，学生不仅学会了定语从句的语言功能和基本结构，而且增强了对中国传统文化的兴趣。

第三，本节课在自然语言中渗透语法，学生从范例中总结归纳语法，在实际中运用语法，形成了很好的"渗透式输入→总结中内化→运用中输出"链条。

第四，本节课强调合作式学习，鼓励组内合作、组间竞争。

三、教学内容

本节课的内容是定语从句的功能和用法、关系代词和关系副词的区分。

四、教学目标

通过本节课的学习，学生将能够：

用简单的定语从句描述物品、人物、地方、节日；

在定语从句中恰当地使用关系代词和关系副词。

五、教学过程

Step 1

The teacher introduces the aim of the lesson (to prepare the students to be qualified guides for the traditional Chinese culture showcase).

Purpose: *To introduce the main task.*

Step 2

The teacher presents some riddles (见附录 1), explains the basic usage and the rules of the attributive clauses and presents the riddles again with all the relative pronouns missing.

Students solve the riddles, review the basic usage and the rules of the attributive clauses and give the missing words.

Purpose: *To review some basic structures of attributive clauses.*

图 2-12　定语从句基本结构

Step 3

The teacher shows three traditional Chinese objects (爵、鞋拔子、红包) and pictures of some persons(秦始皇、林黛玉、岳飞).

Students introduce the objects and the persons with attributive clauses.

Purpose: *To practise introducing things and persons using attributive clauses.*

Step 4

The teacher presents several names of places and their introductions (见附录 2), presents some introductions to places with all the relative pronouns or relative adverbs missing (见附录 3) and helps the students find the rules and presents some more introductions to places with relative pronouns or relative adverbs missing to check the use of the rules (见附录 4).

Students match places with their introductions, complete some introductions with *where* (*prep.* + *which*) or which/that, discuss in groups to find the rules of using *where*(*prep.* +

which) or *which*(*that*) and use the rules in completing some other introductions.

Purpose: *To consolidate the usage of relative pronouns or relative adverbs in attributive clauses by introducing places.*

“输入→内化→输出”三步：

- 渗透式输入——学生将地点和介绍(含定语从句)连线；
- 总结中内化——学生补全地点介绍(用“介词+关系代词”或关系副词)，并小组讨论，总结归纳其用法；
- 运用中输出——学生运用已获取的结论，再次补全其他地点介绍。

Step 5

The teacher presents examples of introducing festivals and draws students' attention to the similarities of the structures of attributive clauses used to introduce places and time.

Following the instructor's examples, the students work together with group members to give an introduction to the traditional Chinese festival they are assigned(见附录 5). Then each group appoints a representative to give the introduction to the whole class and other groups guess the name of the festival.

Purpose: *To practise using attributive clauses by introducing festivals.*

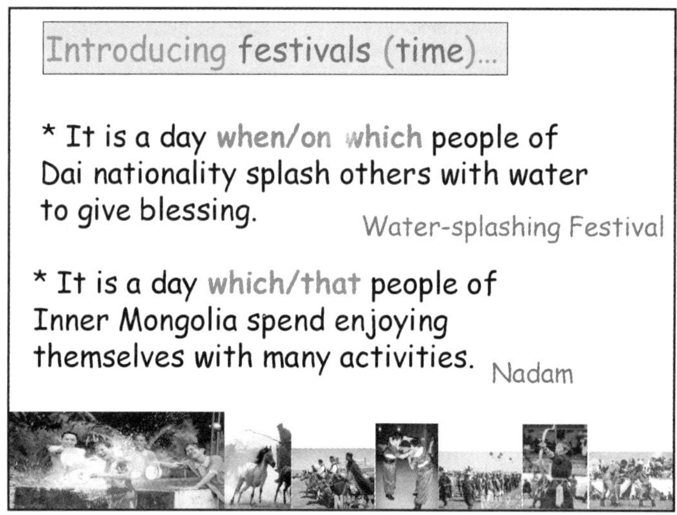

Introducing festivals (time)...
* It is a day when/on which people of Dai nationality splash others with water to give blessing.
Water-splashing Festival
* It is a day which/that people of Inner Mongolia spend enjoying themselves with many activities.
Nadam

图 2-13 通过介绍节日练习定语从句

Step 6

Students write down the structures about the attributive clauses learned today on the handout(见附录 6).

The teacher asks one volunteer to present the finished form to the whole class and the teacher makes corrections if necessary.

Purpose: *To conclude the rules of attributive clauses by working in groups.*

【说明】课前，教师将讲义(handout)发到学生手中，并在上课开始时(说明本节课任务后)提醒学生注意手中的讲义；随着上课进程的深入，学生可以一步步地完成表格。这样在后面的活动中，学生不仅会关注活动本身，而且也会留意活动涉及的语言现象。

Step 7

Students prepare in groups to tell a story about idioms assigned by the teacher, using 2 or 3 attributive clauses in proper places. All the members in each group should take turns to tell the story.

The teacher asks some groups to tell their stories and lets other groups guess the idioms and count attributive clauses while listening.

Purpose: To consolidate the rules of attributive clauses.

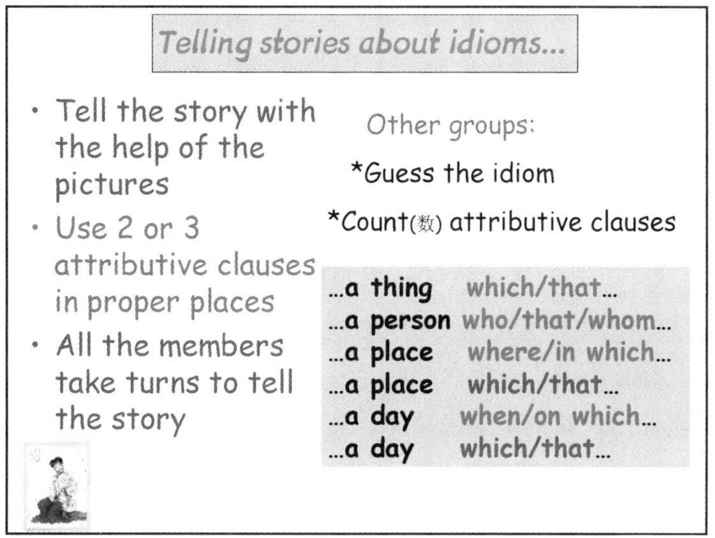

图 2-14　通过讲成语故事巩固定语从句的语法规则

Homework: Write the story about idioms each group is assigned.

六、课后反思

(一)问题提出：怎样讲授语法课?

传统的语法课往往是知识的灌输、语法点的罗列，结果往往是教师费尽口舌，学生晕头转向，效果不是很理想。定语从句是高中语法中非常重要和关键的一项，如何上好这一课是很多英语教师思考的问题。学生在初中虽然学到了一些有关定语从句的基础知识，但比较零散、不成系统，而且，关系代词和关系副词的区别是让很多学生头疼、不解的问题。怎样让学生把定语从句的相关知识轮廓清晰地、重点突出地掌握，是这节课首先要完成的任务；在此基础上，学生若能兴致盎然地享受这节课，那将是更大的成功。

(二)问题展开：如何将语法课上得既有效又有趣?

第一，寻找载体。单纯讲语法知识必然会让学生觉得枯燥，教师若能找到一个较为有趣的载体，将语法知识渗透其中，可能会收到事半功倍的效果。那么，什么话题适合承载定语从句这一语法项呢？要想回答这个问题，还需要回到定语从句的基本功能上——介绍、说明人或物。介绍、说明什么样的人和物呢……一个个的问题最终将我引到了“中国传统文化”这个话题上。传承和发扬中国传统文化是每个中国人的责任，况且中国传统文化又是如此高深、有趣，用它作为载体很可能是个不错的选择。

第二，装载任务。载体有了，如何能够把定语从句的讲解和中国传统文化有效地融合在一起呢？

首先，要有取舍。一是对定语从句的取舍：若将定语从句涉及的所有语法点在一节课覆盖并让学生透彻领悟是不太可能的，所以一定要选取重点和难点作为这节课落实的对象。这节课，我选取关系代词和关系副词的基本用法和区别作为讲授重点。二是对“中国传统文化”的取舍：这个话题太大、太深，我必须选取几个板块，再从中敲定一些点。这节课，我选取了物件、人物、地点、节日、成语故事五个板块，前四个板块分别用于讲解“which/that、who/whom、where/prep. +which、when/prep. +which”的基本用法和区别，最后的成语故事板块为学生提供了综合运用所学知识的平台。

其次，要有变化。在每个板块中，要使知识传递的途径尽可能多样化。在本节课中，“物件和人物”板块包括猜谜、对所呈现实物进行功能描述、对图片人物进行介绍。“地点”板块包括将地点与其介绍连线、用关系代词或关系副词完成地点介绍。“节日”板块为小组活动，每组要介绍的中国传统节日都各不同；一组介绍时，其他组猜节日名称。“成语故事”共有五个，讲故事的小组要在适当位置用两到三个定语从句，其他小组要猜出成语是什么，并数出所用定语从句个数，这样就避免了只说不听情况的发生。

最后，“输入→内化→输出”三步走。知识输入的自然性、内化的自愿性、输出的自觉性是设计这节课时我所注重的。学生先是在自然的语境中感受知识体系；再在小组合作学习中进行总结归纳，将知识内化；最后在完成新的任务中运用已学知识。这样，学生就会获得更多的学习乐趣，学习效果自然也会更好。

三、问题总结：语法课可以兼顾有效性和趣味性

任务性教学在这节课中得到了很好的体现。任务性教学的效果直接取决于任务的性质：任务有趣，学生就会乐意去完成；任务有意，学生就会获得双重或多重收获。因此，承载任务的载体应该既有趣又有意。这节课合理地选择了“中国传统文化”作为讲授定语从句的载体，学生表现出了极大的兴趣和热情。实践证明，学生不仅有效学习了有关定语从句的语法知识，而且对中国传统文化产生了更浓厚的兴趣。从这个角度来说，这节课的意义又深远了很多。

本节课要解决的一个重要问题就是关系代词和关系副词的区别使用。虽然我在设计任务时给这一重点留出了较大的空间(见教学过程 Step 4 和 Step 5)，但学生在使用时还难免会出错，需要课下再进行一定的巩固练习。

附录 1(For Step 2)：Riddles

1. It is a tool **which/that** people use to calculate (算术). (abacus)

2. They are shoes **which/that** are made for bound（裹）feet of women in the old days. (embroidered shoes)

3. He was the person **who/that** first invented writing paper. (Cai Lun)

4. He was a famous doctor **whom/who/that** Cao Cao killed in the Three-kingdom's Period. (Hua Tuo)

附录 2(For Step 4)：Match the places with their introductions

The Forbidden City	a place **where/in which** 13 dead emperors were buried
The Summer Palace	a place **where/in which** the emperor and his family lived
The Ming Tombs	a place **where/in which** the emperor rested and had fun

附录 3(For Step 4)：Complete the following introductions about places

1. A teahouse is a place ________ people drink tea. (where/in which)

2. Zhoukoudian is a place ________ the remains（遗骸）of Peking Man were found. (where/in which)

3. The Great Wall is a place ________ attracts millions of people all over the world each year. (which/that)

4. The Temple of Heaven is a place ________ the emperor visited to offer sacrifice（祭品）to Heaven. (which/that)

附录 4(For Step 4)：Complete the following introductions about places

1. *Dangpu*（当铺）is a place ________ people sold something for money and got it back when they had money. (where/in which)

2. *Guandimiao*（关帝庙）is a temple ________ people built to commemorate（纪念）Guan Yu. (which/that)

3. *Guifang*（闺房）is a place ________ the unmarried ladies lived. (where/in which)

4. *Kezhan*（客栈）is a place ________ was somewhat like today's hotel. (which/that)

附录 5(For Step 5)：Names of festivals for the students to introduce

Group 1：中秋节(the Mid-autumn Festival)

Group 2：腊八节(the Laba Festival)

Group 3：重阳节(the Double Ninth Festival)

Group 4：元宵节(the Lantern Festival)

Group 5：清明节(Tomb-sweeping Day)

Group 6：除夕(New Year's Eve)

Group 7：春节(the Spring Festival)

Group 8：七夕(Chinese Valentine's Day)

Group 9：端午节(the Dragon Boat Festival)

附录 6(For Step 6)：Handout for the students

Noun	Structure of the Attributive Clause
a thing	which/that…

北京师范大学附属实验中学　孙小梅

第三章　活力课堂的专题探索：思维培养

>>第一节　思维导图在英语复习课中的应用<<

一、研究背景及学情分析

思维导图又被称为心智导图，是表达发散性思维的有效的图形思维工具。它虽简单但又极其有效，是一种革命性的思维工具。思维导图图文并重，把各级主题的关系用相互隶属与相关的层级图表现出来，使主题关键词与图像、颜色等建立记忆链。思维导图充分运用左、右脑的机能，利用记忆、阅读、思维的规律，协助人们在科学与艺术、逻辑与想象之间平衡发展，从而开发人类大脑的无限潜能。20世纪80年代思维导图传入我国。最初它被用于帮助"学习困难学生"克服学习障碍。现在，思维导图在学科教学中已被广泛使用，以激发学生的学习兴趣，提高学生的学习效率，巩固学生的学习效果。

笔者所教的学生基础较薄弱，成绩较好的学生不多，且两极分化比较严重。经过两年多的学习，学生有了一定的进步，但有时还存在很大的不稳定性；还有相当数量的学生抱着自己的老方法不放，结果就是事倍功半。进入高三，学生面临的不仅是高考的复习，而且还有毕业会考的复习。学生在学习过程中存在的问题是：语法知识混乱，单项选择题的正确率还不高；写作时审题不够准确，要点不齐全，习惯三段论(开头、结尾、中间一大段)；阅读难度较大的篇章时往往由于时间分配不合理，到最后只能蒙答案。以上三个问题引发了笔者的思考，如何让高三的复习课更高效？如何让学生的学习更有收获？

二、研究的理论依据

为有效地发展学生的思维与表达能力，在教学中教师可采用图表的方式帮助学生组织信息，表达观点，发表见解，开展阅读和写作活动。其中图表类型有网络关系图、流程图、树形图等。

思维导图是英国学者东尼·博赞(Tony Buzan)在20世纪70年代初期创建的一种将放射性

思考(radiant thinking)具体化的方法。它是一种将思想图像化的技巧，也是将知识结构图像化的过程。它利用色彩、图画、代码和多维度层次等图文并茂的形式来增强记忆效果。思维导图通常将某一主题置于中央位置，主题的分支向四周放射，每条分支上使用一个关键词，各分支形成一个连接的节点结构，整个图形看上去就像人的神经网络。思维导图的运用能发散学生的思维，有效地激发、丰富和巩固学生在学习过程中所需的语言图式、内容图式和形式图式。它顺应了大脑的自然思维模式，以直观、形象的方法让人们的各种观点自然地在图中表现出来。思维导图是一种帮助人们思考和解决问题有效的工具，是一种强有力的图形技术，可以应用于阅读、研究和学习等各方面，帮助使用者释放出大脑的真正潜力。

三、思维导图在高三复习课——语法、阅读、写作中的应用

(一)思维导图在语法教学中的应用

在教学过程中，我们会发现，学生对于零星分布于各章节中的语法知识掌握不牢固，特别是不能够形成知识网络，更不能够比较深刻地了解各知识点间的联系，这就是造成学生学习困难的一个主要原因。利用思维导图对语法知识进行总结，会让学生有一种豁然开朗的感觉。定语从句是学生感觉最难的语法之一，学生不易理解。利用思维导图帮助学生掌握定语从句的基本结构，将所有的定语从句语法点放在一起进行比较，学生便可以轻松掌握(如图 3-1)。

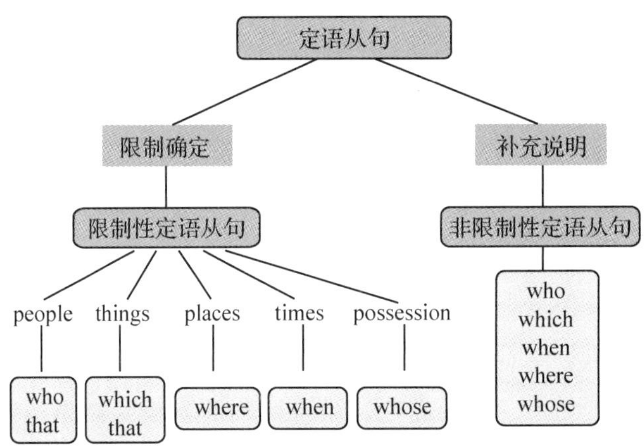

图 3-1　定语从句语法点的思维导图

(二)思维导图在阅读教学中的应用

思维导图是以放射性思考为基础的、收放自如的方式，是一种展现个人智力潜能的方法，可以提升思考技巧，增强记忆力、组织力与创造力。思维导图可以让复杂的问题变得非常简单，简单到可以在一张纸上展现出来，让人一下看到问题的全部并对问题加以延伸。因为思维导图能使人们看不见、摸不着的想法外显出来，所以学习者可以利用思维导图无限次地使自己原来的思维过程和知识结构重现，并可以把自己的思维过程和知识结构与他人进行共享、交流，进而进行反思、总结。这样学习者能够对自己的认知能力和认知活动有更深刻的了解，其综合思

维能力和元认知能力也得到了提高，并逐渐成为能够进行自我指导和自主学习的学习者。在阅读中，思维导图的运用主要体现在整体感知阅读材料、整体理解阅读材料方面。尤其是在阅读篇幅长、生词较多、文章层次和结构复杂的文章时，教师可以先呈现思维导图，概要性地介绍全文大意，使学生阅读材料，感知思维导图呈现的内容。近几年的高考题中有一道篇章结构题，此题被用来区分学生的层次。但只要学生把握住关键点，将文章结构梳理清楚，此题就能得分。下面以一篇阅读为例。这篇文章的结构和层次都比较清晰，但篇幅较长，生词较多。教师在教学时可以引导学生逐步完成思维导图，提出相关问题。学生阅读短文并根据思维导图感受如何厘清篇章的结构。

【原文】

By now, we are all aware that social media has had a tremendous influence on our culture, in business, on the world-at-large. Social media websites revolutionized the way people communicate and socialize on the Web. However, aside from seeing your friends' new baby on Facebook, or reading about Justin Bieber's latest conflict with the law on Twitter, what are some of the real influences?

Social networks offer the opportunity for people to re-connect with their old friends and acquaintances, make new friends, share ideas and pictures, and many other activities. Users can keep pace with the latest global and local developments, and participate in campaigns and activities of their choice. Professionals use social media sites like LinkedIn to enhance their career and business development. Students can work together with their peers to improve their academic and communication skills.

Unfortunately, there are a few downsides too to social networking. If you are not careful, immoral people can target you for cyber bullying and disturbance on social sites. School children, young girls, and women can fall victim to online attacks which can create tension and suffering. If you are a victim of cyber bullying, do not take it lying down, but try to take appropriate legal action against the attacker.

Many companies have blocked social networks as addicted employees can distract themselves on such sites, instead of focusing on work. In fact, studies show that British companies have lost billions of dollars per year in productivity because of social media addiction among employees.

Also, what you carelessly post on the Net can come back to trouble you. Revealing(泄露) personal information on social sites can make users vulnerable(易受伤害的) to crimes like identity theft, stalking, etc. Many companies perform a background check on the Web before hiring an employee. If a potential employee has posted something embarrassing on social media, it can greatly affect their chances of getting the job. The same holds true for our relationships too, as our loved ones and friends may get to know if we post something undesirable on social networks.

Social media has its advantages and drawbacks as each coin has two sides. It is up to each user to use social sites wisely to enhance their professional and social life, and exercise caution to ensure they do not fall victim to online dangers.

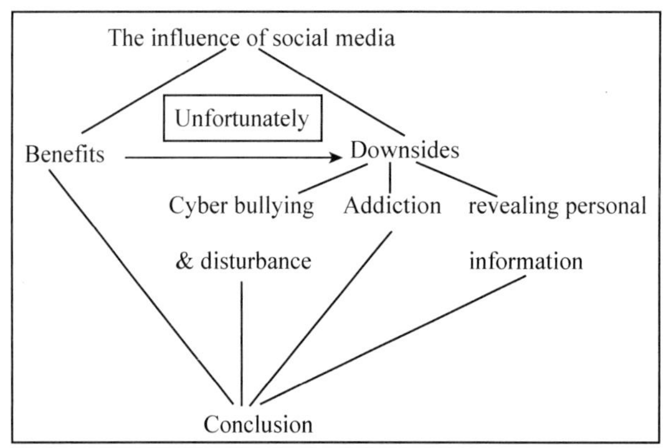

图 3-2 该篇文章的思维导图

结合图 3-2 的思维导图，学生就不难得出该篇文章的篇章结构图了，如图 3-3 所示。

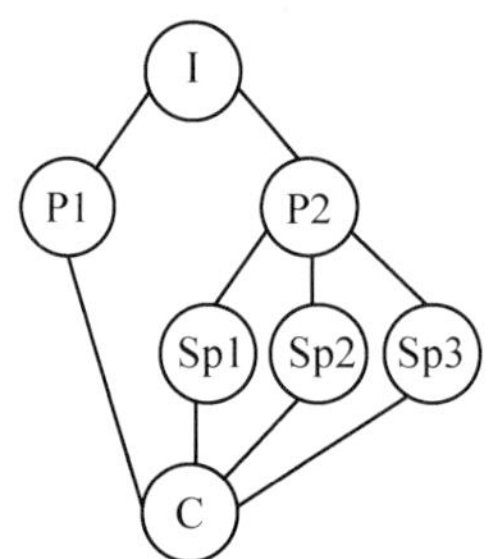

图 3-3 该篇文章的结构图

(三)思维导图在写作教学中的应用

在学生听、说、读、写能力的培养中，写作是最难培养的能力之一。虽然教师和学生投入了大量的时间和精力，但是学生的写作水平提高较慢。英语写作教学现状不容乐观。我校学生在写作水平上，两极分化严重，大部分学生用英语表达简单的语言时总是力不从心；再加上考试时间比较紧张，学生时间分配不是很合理，大考时多数情况下用几分钟就搞定一篇作文，想到哪就写到哪里，根本不存在整体构思和技巧。学生的作文中普遍存在着文体和格式有错误，文章无重点，卷面书写不整洁，单词拼写有错误，句子不完整，基本语言知识有错误，缺乏逻辑性等问题，写出来的文章漏洞百出。这就导致学生不喜欢写作，害怕写作。鉴于这种情况，我利用思维导图，就某一主题为学生多提供一些相关词汇、短语或重点句型，加深学生的印象。如果学生的大脑中可用的东西多了，那么他们就能轻松写出自己的小作文了。这不但拓展了学生的思维，而且激发了学生的学习兴趣。作文需要一个条理清晰的结构，而思维导图的任务就是帮助学生形成有条理的结构。因此，教师可以将思维导图应用于写作中。思维导图帮助学生在阅读作文要求的基础上，根据自己的理解，确定主题，提取文章的关键词，形成不同的分支和层次，将内容具体化，这样就形成了文章的雏形；接着，学生连词成句，连句成文，一篇文章就完成了。下面以会考写作题目 *Studying Abroad* 为例。

【原题】

假设你正在国外学习，有人向你了解国外生活的情况。请参考以下信息，并进行适当补充，写下你对在国外学习的看法。文章的开头已经为你写好。

I have been living abroad for some time. I think studying abroad has both its advantages and disadvantages.

【分析】

本节课是一节写作讲评课。学生平时的写作水平相差较大，有些学生在写作时表现出一贯性(所有文章三段论——开头、结尾、中间一大段)。为了帮助学生在写作过程中对整体和细节有一个很好的把握，打破学生的思维定式，我设计了本节课，以便在审题、篇章结构、段与段的衔接过渡以及细节表达方面给学生以指导，并对写作方法进行归纳总结。写作讲评课主要关注了以下两点。

• 文章的结构和布局(见图 3-4)：

Layout

Beginning:
Advantages:
Disadvantages:
Ending:

图 3-4　文章的结构和布局

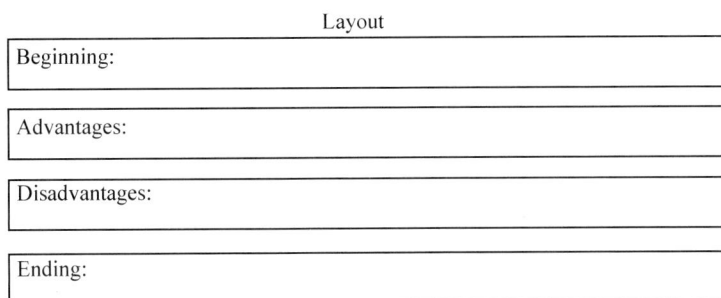

• 对文章要点的细节补充(见图 3-5)：

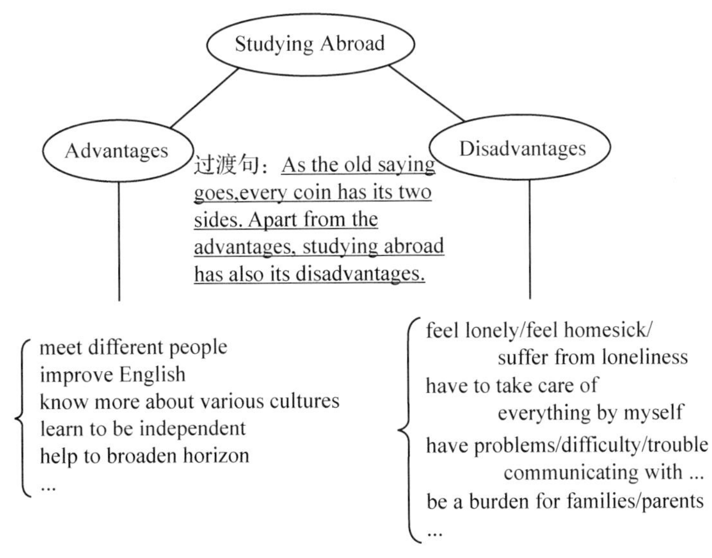

图 3-5　要点的细节补充

四、对思维导图在教学中运用的反思

(一)激发学生的学习兴趣，提升其注意力

兴趣是最好的老师。兴趣是学生学习积极性中最积极、最活跃的心理因素之一。思维导图

对于学生来说是一种新形式，可以有效培养和激发学生学习英语的兴趣。在教学过程中，思维导图通过图画的方式引导学生思考，首先在形式上就吸引了学生的注意力。把思维导图引入英语课堂教学中，既能激发学生的学习兴趣又能活跃课堂气氛。通过思维导图的提示，学生很愿意开口说英语，既培养了学生的口语能力，又提高了教学的质量。

（二）促进学生知识的结构化，提高其记忆力

思维导图可以通过图画的方式，将教师讲解的不同重点通过相互关联的线条联系起来，这就可以把学生的主要精力集中在关键知识点上，从而有效记忆，提高学习效率。语言学习的最终目的是将语言知识内化，以期达到自动化输出的水平。思维导图作为一种有效的认知策略，在使语言知识达到自动化输出方面的作用不容忽视。反复、机械练习的效果差且易使学生感到疲劳，如果借助思维导图进行练习，效果就大不一样了。思维导图能增加学生将所学知识纳入长期记忆的可能性。

（三）创设学习情境，实现协作学习

英语课堂离不开情境教学，只有在情境的基础上，学生才能有话可说。思维导图围绕中心主题展开分支，呈现关键知识点，用图文的形式创设出英语学习的情境，引导学生进行发散思维，使学生既有话可说又知道从何说起。思维导图能够帮助教师和学生展开师生对话或生生对话。学生很容易通过小组合作，相互启发，创作思维导图并进行表演。学生的协作交流能力得到了很好的提升。

（四）促进学生进入高级思维模式

思维导图具有的发散性特征，可以使学生的思维模式由传统的“线性思维”转化成具有放射性的“网状思维”，这就极大地激发了学生的想象力和创造力，使学生进入语言学习过程中探索式、挖掘式的高级思维模式。

五、总结

思维导图作为一种思维工具，有助于学生将隐性知识显性化，将语言信息图像化。本节探讨了思维导图在英语课堂教学中的应用。思维导图是将大量的信息分解成易于理解和记忆的“组块”，帮助学生系统地、有条理地思考学习材料，从而达到记得牢、不易忘、易提取的效果。思维导图在英语学习中的作用举足轻重，它的运用必将极大地提高学生的英语综合水平。

在利用思维导图教学的过程中，学生通过对关键词和核心内容的查找，以及对相关信息的整理和加工，能加强对所学知识的理解并将所学知识进一步深化。有时笔者会让学生自己绘制思维导图。学生的作品虽然简单，但是在绘制思维导图时，他们能积极思考，加深对知识的理解，提高学习能力。此外，绘制思维导图的过程能促使学生认真体会、观察知识间的关系，甚至发现自己从来没有注意和意识到的各个知识间的关系，从而产生一些具有创新性的理解，达

到创新性的学习的目的。

参考文献

[1]东尼·博赞．思维导图大脑使用说明书[M]．张鼎昆、徐克茹，译．北京：外语教学与研究出版社，2005.

[2]东尼·博赞，巴利·博赞．思维导图[M]．叶刚，译．北京：中信出版社，2009.

北京师范大学实验华夏女子中学　张辉

>>第二节　教学中对学生批判性思维的培养<<

语言技能中的理解性技能要求学生批判性地审视语篇内容，批判性地审视语篇涉及的文化现象，批判性地审视语篇的价值取向、语篇的结构和语篇的连贯性。

陈新忠(2017)指出，英语学科核心素养引导着每一位教师重新审视学科内涵。它包含四个维度：语言能力、文化品格、思维品质、学习能力。其所承载的内涵，既是教师在日常教学中应做之事，又是学生在学习结束后要留下的、对人生发展起到重要作用的内容。需要特别注意的是，思维不能孤立而谈，要融入英语教学的每一项技能中。从英语课堂教学的角度来看，只要让学生在英语课上做事情，就有了思维的成分；只要引导学生有理有据地做事情、说事情，引导学生思考对所学文本是否认同，以及认同或不认同的原因，就契合了批判性思维的基本内涵。笔者在实践中发现，通过阅读的连环活动，培养学生批判性思维是课堂教学的重要内容，是落实英语核心素养的体现。

一、培养学生批判性思维的背景

笔者所教的学生，整体上英语基础扎实，有些学生应对高考题型游刃有余，也很努力。然而，大部分学生的批判性思维能力一般或者较弱。原因之一是习惯了“填鸭式”教学，一旦给他们自由思考的空间和时间，他们便无所事事。即使有想法，学生也不能有理有据、逻辑清晰地表达个人观点。更重要的原因是，他们不敢质疑权威，不好意思质疑同伴，担心自己犯错或者伤了和气。据此，笔者有针对性地设计有利于培养批判性思维的学习活动，并引导学生客观地进行评价，从而帮助学生形成批判性思维习惯。

二、批判性思维的概念

批判性思维是审慎地判断是非和正确决策的能力，是集知识、价值和思维方法于一体的综合能力和品格。它包含以下要素。

第一，理性，即尊重事实，实事求是。实事求是并不是遵守逻辑就能做到的。理性以科学知识和逻辑规则为基础，但还要排除情绪、利益、偏好的干扰，保持冷静客观的态度和立场。

第二，怀疑，要保持审慎的态度和质疑的精神。不轻易否定，也不轻易肯定；养成根据确凿的事实和证据进行判断的习惯。

第三，独立，即不盲从，自己独立做出判断。独立性需要自尊，同时尊重别人，不自恋也不自弃。

第四，责任。批判性思维是一种社会性思维，是对社会的责任体现。许多放弃批判精神的人首先是放弃了社会责任。

第五，思维自觉。批判性思维是一种反思的意识，一种对自我、对文化意义的追问。反思是人类思想成熟的重要成果和重要标志(袁振国，2018)。

三、阅读中批判性思维问题设计范例

- What does the writer of the passage want to convey? 文章的作者想传达什么?
- Who do you think the passage is written for? 你认为文章的目标读者是谁?
- What is the focus of the writer of the passage? 文章作者的核心观点是什么?
- What is the tone of the author describing the passage? (ironic, reflective, academic, formal...)作者描述文章的语调是什么?(讽刺的、反思性的、学术性的、正式的……)
- What do you think of his mind map/opinion/presentation/performance? Why? 你认为他的思维导图/个人意见/展示/表现如何? 为什么?
- How do you understand the title? 你怎样理解文章的题目?
- What can you learn from this passage? 你从这篇文章学到了什么?

……

四、培养批判性思维的连环活动设计

(一)第一环节

本环节通过让学生独立阅读课文、绘制思维导图，培养他们的批判性思维能力。学生在绘制思维导图的过程中，不仅要提炼主旨，而且要罗列必要的细节支撑。他们必须动脑思考如何提炼主旨才能更好地覆盖整个段落，范围不能太大也不能太小，更不能抄原句；思考哪些细节是必要的，可以支撑主旨。如果文本较难，教师可带领学生共同分析一段，做出示范，待学生真正弄懂后再让他们自己做，这样就降低了难度。

(二)第二环节

本环节通过小组内同伴互相对比评价、修改完善思维导图，培养学生的批判性思维能力。小组内同伴互相对比评价思维导图，发现异同点，思考哪个好，哪个不好，为什么，之后完善自己的思维导图。在这个过程中，学生互相学习，取长补短，用批判性思维剔除糟粕，保留精华。下面以北师大版教材选修模块 8 第 22 单元第 8 课“Global Warming”(全球变暖)为例。

1. 学生作品一

学生独立完成思维导图后，小组内的同伴对作品进行评价，学生根据同伴评价对作品进行修改完善，画线部分为修改完善之处。很明显，这名学生的思维导图只照顾了主旨大意，经过同伴评价后，学生修改完善，添加了必要的细节，批判性思维活动效果明显。

Global warming

• Human beings are causing changes in the Earth's climate—something previously seen beyond our control.

• Introduce to the global warming：an average increase in the Earth's temperature

Cause：greenhouse gases，such as carbon dioxide which trap heat from the sun in the Earth's atmosphere

• Main cause—human activities：

A. increased industry

B. agriculture

C. the cutting down of the forest

D. the increase in the transport

• The harm of the global warming：more frequent flooding，heat waves，droughts

• What should we do to stop the disasters happening?

Government：reduce the amount of the carbon dioxide which their countries are producing

Human：taking public transport，recycling，use low-flow shower heads，use less energy

2. 学生作品二

经过小组内同伴评价后，学生推选出优秀作品。从学生推选的作品的内容质量上看，批判性思维活动效果非常明显。

Global Warming

Para. 1：Introduction

• Scientists have reached consensus that changes in Earth's climate are something previously seen as beyond our control.

• Scientists claim gases pumped into the Earth's atmosphere in the last 50 years.

• Factories and vehicles have been speeding up the process of global warming.

• Global warming could be one of the biggest environmental problems facing the 21st century.

Para. 2：Definition

• An average increase in the Earth's temperature that，in turn，lead to climate change.

• Earth is controlled by greenhouse gases.

Para. 3：Causes

• Human activities，such as increased industry，agriculture，fuels burning，transport increasing，etc.

Para. 4：Consequences

• More disasters，such as，flooding，heat waves and droughts.

Para. 5：Action

• Government：reduce the amount of the carbon dioxide produced by their countries.

• Each person(make small changes)：

take public transport

recycling

use low-flow shower heads

buy light bulbs

use recycled paper

switch off the lights

(三)第三环节

学生通过组际展示评价，选择最好的思维导图，培养批判性思维能力。各个小组推选出的优秀作品，已经是相对完善的了。在“优中选优”的过程中，学生需要进一步思考，提供选择的理由。在对比、争论、选择中，学生发现自己的优缺点，学习别人的长处，提升了自己的批判性思维能力。必须强调的是，学生评价无论好还是不好，都必须提供具体理由。

全班同学经过筛选、批判后推选出一个优秀作品。这个作品主旨与细节提炼精准、完整，文章脉络展示清晰(见图 3-6)。学生的眼睛是雪亮的！只要教师科学引导，他们批判性思维能力的发展值得期待。

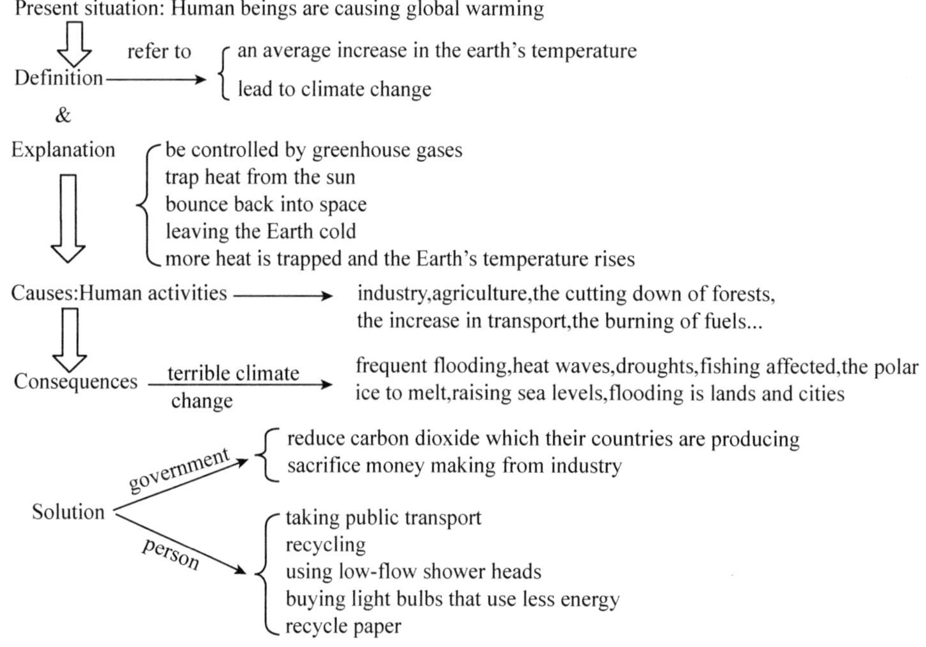

图 3-6　优秀的思维导图

（四）第四环节

教师引导学生共同评价推荐出来的那篇优秀作品，同时以批判的眼光进行提问，进一步培养批判性思维能力。学生经过激烈的争辩，评价出优秀作品，他们期待教师认可这一结果。教师也要跟学生一样，指出作品好在哪里；如果有改进的空间，应该如何修改完善。最重要的是，教师要根据文章内容随机追加批判性的问题，学生需要超越文章，理解文字背后的深意。教师可以提出如下问题。

What does the writer of the passage want to convey? 你认为作者想传达什么信息？

Who do you think the passage is intended for? 你认为文章的目标读者是谁？

What is the focus of the writer of the passage? 作者的核心观点是什么？

What is the tone of the author describing the passage? 作者用什么语调描述文章？

（五）第五环节

学生把所学的文章与现实联系起来，迁移应用，然后互相评价作品。学习任何文章，能够迁移应用是最高境界。教师一定要根据文章设计科学、合理的情境。这个过程能非常好地了解学生的批判性思维品质。看了他们的答案或作品，批判性思维活动是否奏效就一目了然。

下面是教师根据文章内容设计的迁移应用题目。

假设你是红星中学高三学生李华，请投稿给《中国日报》(*China Daily*)，参与关于“全球变暖”问题的征文比赛。稿件内容：

1. 什么是全球变暖(what)
2. 为什么(why)
3. 后果是什么(consequences, at least 3 sentences)
4. 提出解决措施(measures, at least 3 sentences)

下面是一篇优秀作品。通过前后对比可以看出，这名学生的思维导图(图 3-6)绘制得好，文章也写得好。

Against Global Warming

In recent years, global warming has become a big problem. It refers to an average increase in the earth's temperature, which can lead to climate change. Now more and more people have paid attention to it.

The global warming is controlled by greenhouse gases which can trap the heat from the sun. The gases should have been a good and healthy thing, which can avoid leaving the earth cold. But with the increase of carbon dioxide, more heat is trapped and the earth's temperature rises. So here comes the global warming. With the development of human activities, such as, industry, agriculture, transport… the global warm is becoming more and more seriously.

The consequences of global warming is terrible. It will cause huge climate changes: frequent flooding, heat waves, raising sea… It will also flood the islands and cities and lead to people's death.

To solve this problem, there are many things we can do in our daily life. For example, taking public transport, recycling paper, buying light bulbs that use less energy, switching off lights and so on. I believe every effort you make can make a big difference.

Now, let's do it.

五、对落实批判性思维的思考

笔者认为，首先，受中国传统教育观念的影响，在很多学生看来，对他人质疑仿佛不礼貌，不恭敬，没有面子。大家习惯当面迎合、唱赞歌，不好意思说缺点。

其次，传统的“填鸭式”教学模式，也是制约学生反思、质疑的阻力。教师讲什么学生听什么，教师要求做什么学生就做什么。久而久之，学生没有能力去进行批判性思维，完全成为被动接收器。

再次，批判性思维的培养受教师本身对文本认知水平的限制。有效的教学设计首先取决于教师对文本的解读水平，这直接影响学生的学习体验程度、认知发展的维度、情感参与的深度和学习成效的高度。因此，提高文本解读的能力，是基于语篇内容培养学生学科核心素养，提高课堂教学实效和学生学习质量的关键(王蔷，2017)。如果教师对文本解读的水平高，培养批判性思维的活动的设计一定精彩。

最后，批判性思维的培养需要对课堂生成的问题有很好的预测。如果学生没有按照预定的结果进行批判性思考并发表个人看法，教师应该怎样回应引导呢？教师绝对不可以否定学生的不同的声音，因此，教师不仅要有良好的驾驭调控课堂能力，而且要有开放包容的心态。

在英语核心素养内涵的推动下，批判性思维走进课堂。在进行批判性思维训练的过程中，教师鼓励学生大胆陈述自己的看法。这不仅需要独立思考能力，还需要语言组织能力与表达能力。教师要帮助学生建立自信，同时搭建有梯度的语言方面的台阶，帮助学生逐步进行深入思考。

六、结论

培养批判性思维的活动设计依赖于教师自身对文本的解读能力，更取决于教师科学、合理的教学设计能力。教学设计需要有理论支撑，按照理论指导设计活动。教师在设计活动时，要注意认知过程的逐步深化，从浅层次的“记忆/回忆、理解、应用”入手，引导学生的思维层级不断发展到深层次的“分析、评价、创造”(布鲁姆，2009)。

参考文献

[1]普通高中英语课程标准(2017年版)[S]. 北京：人民教育出版社，36-38.

[2]刘春杰．批判性思维和社会生活[J]．商场现代化，2004(13)：126-127.

[3]Stella Cottrell. Critical Thinking skills[M]. New York：Palgrave Macmillan，2005.

北京师范大学燕化附属中学　刘桂秋

>> 第三节　借力文本解读，培养思维品质 <<

教育部颁布的《普通高中英语课程标准(2017年版)》要求以学生核心素养的培养为目标。就英语学科来讲，教师在教授英语的过程中不仅要培养学生的英语语言能力，还要关注学生的文化意识、思维品质和学习能力的培养。思维品质是指学生能够辨析文字中的语言和文化，对信息进行梳理概括并能够分析、推断、批判、创造性地表达自己的观点，初步运用英语进行思考。思维品质的培养已经成为当下高中英语教育探讨的重要问题之一。

一、几个基本概念的解读

(一)语言与思维

语言是思维的工具，是人对外部世界认知的体现。语言与思维二者关系密切。高中阶段是学生发展高阶思维品质的重要时期，英语作为一门外语，对学生的整体思维品质发展起着积极的作用。它能引领和帮助学生用另一种思维方式来发展自身的认知、逻辑和批判等能力。许多专家、学者和广大一线教师也关注到了英语、英语学习和思维品质的关系，强调语言和思维密不可分。

(二)阅读

阅读从表面上来看是视觉活动，但实则是大脑内部的活动，是语言和思维相互作用的过程。所以思维品质的培养是离不开阅读的。在英语教学中，阅读是发展思维品质的最佳方式和重要渠道，是培养学生逻辑、批判和创新性思维的训练契机。王蔷(2015)提出，外语阅读教学要以语篇为载体，在分析问题和解决问题的过程中发展思维品质，形成文化理解，促进英语学科核心素养的形成和发展。为了实现这一目标，教师需要在阅读课授课前，精心研读、分析、解读文本内容，展开对文本深层阅读活动，设计促进学生思维发展的阅读活动；而学生在活动问题的引领下，比较、对比、分析、推断、归纳、批判和创造性思维等思维品质得到不断的发展，英语核心素养得到落实。

(三)文本解读

文本解读是读者对文本和作者意图的分析和理解(王蔷、张秋会，2016)。教师通过对文本的深度阅读和解析，获知文本作者如何组织篇章，如何建构、表达思想，挖掘其背后的教学价值。文本解读的视角包含语言知识、体裁分析、阅读技能、写作技能、文化意识和情感态度。

(庄志琳等，2011)。教师可以先了解文本的主题和内容；接着分析出文本的深层含义，即作者的意图、情感态度（why）；最后在文本中找到文体特征、内容结构和语言特点(how)。教师基于文本解读设计的教学活动才能让学生发展总结、概括、推断、批判、创新等多方面的思维品质。

二、对阅读文本的解读

(一)What

文本选自北师大版高中英语选修模块6第18单元的第1课。阅读语篇“Beauty is in the eye of the beholder”阐述了作者对“美”和“审美”的观点和见解。文本阐释了外在美的标准是随着时间和不同社会文化的发展而变化的，但是人的内在美更重要。从文本中，学生可以了解有关“美”的标准的简单知识；更重要的是，当今学生应该如何正确看待美，追求美，重新审视自己的审美观。

文本介绍了一个名句：情人眼里出西施。作者描写不同时期和不同文化中美的标准的不断的变化，来说明在历史、社会和文化的影响下，美的标准不是一成不变的，也没有精确的统一标准。人类对美的看法是多角度的、有深度的。除了外在美，还有内在美，美的范围很广。与外在美不同的是，内在美需要人们花时间去发现，它比外在美重要。这也是我们应该追求的目标。

(二)How

该文本是一篇结构清晰、论述有力的论说文，由6个自然段组成。

第1段：作者引出话题：情人眼里出西施，指出美的标准是随着时间和文化变化而变化的。

第2～3段：作者通过举例的方法来证明自己的观点。

第4段：过渡段，作者简单总结上文内容，并提出审美也是有“深度”的。

第5段：内在美是伴随着外在美的。内在美包括人性的善良等很多特征。它需要时间来探寻。内在美比外在美重要。

第6段：作者重申见解主张——情人眼里出西施。总结美是有很多维度的。外在美的变化性和瞬间能够被捕捉到，但是内在美则需要我们用时间去挖掘。

在行文上，作者通过引用、例证、对比等多种方式呈现观点。例如，作者在说明美的标准是伴随着时间和文化变化而发生变化的之后，通过举例佐证：19世纪的欧洲妇女穿紧身胸衣来塑身，在现代社会这样做是不利于健康的；在某些文化中，减肥是受人追捧的，但在另一些文化中，体重偏重则被认为是有魅力的。

在词汇方面，作者围绕美的标准变化使用了“traditions、fashions、society、cultures、slim、overweight”和较难的抽象词汇“consistent、dimension、subjective”。还有一些关于服饰的词汇，如“corset、shawl”等。

(三) Why

学生通过作者对美的定义的阐释，认识了美，更新了自己的关于美的标准，明白了内在美才是真正的美。此外，学生通过学习这篇课文，了解了论说文的行文和结构特点，学会了如何就某个话题展开论述、阐述观点，对论说文的写作有了一定的了解。作者对内在美的强调有利于学生对自身美的发现以及自信心的增强。文本的学习，可以使学生了解不同文化的审美观念，培养学生积极向上的审美观念。

三、教学思路设计

笔者基于文本分析，根据语篇的结构和写作特点，充分利用文本资源训练学生英语阅读思维品质。笔者把文章拆分成三部分，采取分部分阅读的方式，引导和培养学生根据阅读提取的信息归纳概括文章的核心要点并对下文内容进行推测，尝试写出该文章的结尾段，与原文进行比较。

(一)第一环节：读前活动

导入：教师在幻灯片上展示进入同一个大厅的两扇门：一个带有“beautiful” 的标志，另一个带有“average” 的标志。

T：Which door would you choose to get through?

接着，教师展示一些学生熟知的当代人物。他们或是外貌出众的明星，或是长相一般但具有内在美的榜样。

T：Do you think all of them are beautiful enough to walk through the “beautiful” door?

教师在总结学生发言的时候，自然地在语境中引入文章中即将出现的 beholder、subjective、standards、criteria 等生词并进行解释。

T：From your opinions, I can sense that you have different standards or criteria about beauty. So I have to say your opinons are subjective. There is a famous saying that goes “Beauty is in the eye of the beholder”.

教师引出文章的标题——Beauty is in the eye of the beholder，然后告诉学生这是玛格丽特·沃尔夫(Margaret Wolfe)在 1878 年提出的观点，并继续向学生提问。

T：What did she mean by saying that?

学生通过小组讨论，发表自己的观点。教师不公布正确的答案，留下悬念。

【设计意图】

教师在导入部分唤醒学生已有的有关美的背景知识，初步了解了学生已有的对美的定义和标准。这样的做法既激活了学生已有的审美观，又引起了学生进一步探讨这一话题的兴趣，使学生与将要学习的新知识之间建立起联系。与此同时，学生有可能意识到彼此之间审美标准和角度的不同，对课上即将学习的内容有了一定的期待和展望。教师以很自然的方式引出文本中的新词汇，为后面的深入阅读和使用词汇做好铺垫，扫清语言障碍。

(二)第二环节：读中活动

1. 第一步

教师借助图片让学生学习一些关于服饰的新词汇，如 corset 等。

学生阅读文本中的第 2 段和第 3 段落并完成有关信息表的填写(见表 3-1)。

表 3-1 文本阅读信息表

	Example	Description
19th century	corset	To ________
Now		Considered ________
19th century	woolen shawl	N/A
Now		Hard to imagine it is ________
In the past	tattoo	To ________
Now		Considered ________
In some countries	body shape	________ for the wedding days
In other cultures		Try to ________ to be attractive

教师要求学生再次通过阅读和分析，推断作者在第 2 段和第 3 段列举描述的目的和意义，完成如下填空：

There is no precise criteria of beauty. Standards of beauty change across ________ and ________.

T：What can you learn from the two paragraphs? /What can you imply from the two paragraphs?

S：Our ideas of beauty change.

T：What are the two factors that influence it?

S：Time and culture.

T：In what way does the author prove it?

S：By using examples.

T：Then how do you understand "Beauty is in the eye of the beholder"?

【设计意图】

第一，由于这篇文章的生词较多，为了使学生更准确地理解文章的细节，教师用图片这种直观方式对词汇(corset、woolen shawl、tattoo、slim、overweight)进行了初步的处理。学生既有了对新词直观的感受，产生了继续阅读的好奇心，又扫清了阅读障碍。

第二，学生在对表层意思的理解和表层信息的处理时(表 3-1)，再次仔细研读，总结、推断出作者举例的目的是说明审美的标准随时间和文化的改变而变化。这一活动设计发展了学生思维品质中的概括、推断等技能。

2. 第二步

T：What do you think the author talk about in the fifth paragraph?

学生阅读文章第 4 段并预测出下一段内容。学生小组讨论，陈述想法、依据及出处。

学生阅读文章第 5 段，检验预测是否成功。

T：In terms of inner beauty，please pick out one of your classmates and describe his/her personal qualities. How long did it take you to find that?

学生拿到文章 1～5 段的内容材料，并重新阅读后，尝试为文章写一个结尾段并在课堂朗读展示。

学生朗读各自的结尾段，并进行比较。

T：Which ending is better，yours or the author's? Why?

【设计意图】

第一，教师充分挖掘并利用文本结构这个切入点，在学生阅读完前 4 个段落后，设置思维活动，让学生基于所给信息推测下文的走向，培养学生预测能力。这一活动的设计锻炼了学生的逻辑思维能力并培养了其探究精神。

第二，教师将文本内容与学生生活相关联。教师在检查学生对课文第 5 段的理解程度时打破常规，随机选取一名学生，请其他同学说一说这名学生身上的内在美。一方面，检查了学生对“a wide range、a healthy conscience、more than a casual glance”等表达法的掌握；另一方面，让学生感觉到他们学习的内容是与生活紧密相关的。

第三，教师以写结尾段的形式检测学生对文本前 5 段内容学习成果。读是写的基础，写是读的运用与发展。文章第 6 段是对前 5 段的总结。学生在阅读作者的结尾段之前，基于前 5 段的学习，自己尝试写出文章的结尾。这是一个检测学生前 5 段的学习效果的很好的手段。教师从学生的写作中既可以了解学生是否已经理解了课文内容，又可以看出学生使用课文表达用语的情况。学生在已知信息的情况下，整合已有信息，总结、概括、再创造。这样学生对于学习内容的理解更为深刻了，学习时的思维过程也被展现出来。以读代写，以写促读，引导学生把学到的语言知识、悟得的谋篇布局方法、激发的情感思维自觉地应用到写作中，达到学以致用的目的。

第四，学生把自己的结尾段和文章的结尾段进行比较，指出优劣。教师点明作者不仅总结了美的特点和维度，而且重申了论点，让论证有力、完整。

(三)第三环节：读后活动

学生阅读全文，了解作者的写作目的。

T：What does the author try to tell us?

教师再次呈现导入环节的那两扇门，学生再次思考选择哪一扇门。

T：Here come the two doors again. Right now，which door would be your option?

【设计意图】

第一，读后活动的设计是让学生从整体上关注文本的行文发展、结构特点，并进一步理解和升华——了解作者的写作目的，让学生重新审视自己的审美观，增强内在美才是真正美的意识。

第二，学生通过对文本的学习和领悟，努力挖掘发展自己的内在美，提高自信心，勇敢地选择美丽之门。

教师对文本的解读将直接影响教学效果，即学生是否通过课堂参与促进了思维品质的发展，从而发展了英语核心素养。王蔷(2016)指出，提高文本解读能力是教师基于语篇内容培养学生学科素养，提高课堂教学实效和学生学习质量的关键。教师应充分解读文本，利用文本的内容、结构和特点深入挖掘，从多个恰当的角度将其作为培养学生思维品质的切入点，设计有效的生生、师生课堂思维探讨活动。问题设计应由浅及深，给学生留下思维发展的空间，从而促进学生思维品质的发展。这些都要归功于文本的深度解读。它能有效地打破传统阅读课堂中模式化、简单化、提问的低层次化等束缚让学生真正由浅层次阅读向深层次阅读发展，培养思维品质，促进英语核心素养的形成。

参考文献

[1]普通高中英语课程标准(2017年版)[J]. 北京：人民教育出版社，2017.

[2]普通高中课程标准实验教科书·英语选修模块6[T]. 北京：北京师范大学出版社，2009.

[3]王蔷. 从综合语言运用能力到英语学科核心素养——高中英语课程改革的新挑战[J]. 英语教师，2015(16)：6-7.

[4]王蔷. 从综合语言运用能力到英语学科核心素养——高中英语课程改革的新方向[R]. 北京：2016-03-31.

[5]姚旭辉，周萍，陈缨. 英语阅读教学中的读写整合：铺垫与输出[M]. 杭州：浙江大学出版社，2013.

[6]张秋会，王蔷. 浅析文本解读的五个角度[J]. 中小学外语教学(中学篇)，2016(11)：11-16.

[7]庄志琳，沈萃萃，唐明霞. 英语阅读教学中的材料处理：解读与使用[M]. 杭州：浙江大学出版社，2011.

北京师范大学附属实验中学　陈耀

>> 第四节　通过课前调研和问题链促进学生的思维发展 <<

一、课程实施背后的理论支持与依据

(一)《普通高中英语课程标准(2017年版)》的新方向

《普通高中英语课程标准(2017年版)》提倡培养学生的英语学科核心素养，即语言能力、文化意识、学习能力和思维品质。语言能力是借助于语言，以听、说、读、看、写等方式理解和表达意义的能力；文化意识指对中外文化的理解和对优秀文化的认识，是学生在全球视野下表现出的知识、观念、态度和行为的品质；学习能力指学生主动拓宽英语学习渠道，积极调整英语学习策略，努力提升英语学习效率的认识、品质和潜能；思维品质指人的思维个性特征，反映其在思维的逻辑性、批判性、创造性等方面所表现的水平和特点(王蔷，2015)。

《普通高中英语课程标准(2017年版)》强调对"思维品质"的培养，具体表现为学生辨析、分类、概括、建构新概念、分析、推断、正确评判、理性表达和多元思维的培养。

(二)课前调研的意义与作用

学情调研，从广义上看，是指为了改进教育教学工作，教育者从工作需要出发，对教育对象进行一系列的调查、研究与分析等研究活动；从狭义上看，是指教师为了有效地达成学生的发展目标，对学生的知识、经验、兴趣、情感以及学习方式、问题解决策略和障碍等方面进行了解、分析与把握的过程(李献初，2014)。

教学就是要从学生的现实起点出发。学习的起点可以被理解为学生学习新内容必须借助的知识储备。对学生学习起点可能出现的情况进行分析，就是我们常说的备学生。教师在教学前要充分了解学生，了解学生的原有经验、前概念、认知方式以及情感、态度、价值观等(陈洁，2015)。教师不仅要在教学过程中关注学生，而且要在教学设计之前充分关注学生(李长胜，2013)。

课前调研的主要形式包括问卷调查、随机访谈和学生作品分析等。全面的问卷调查需要科学地设计问卷，进行一次问卷调查需要教师和学生付出较多精力，因此限制因素较多。而随机访谈则灵活、易操作。随机访谈可分为课前访谈和课后访谈。在课前访谈中，教师可以根据所教的知识内容，对学生进行随机提问，了解学生已有知识、生活经验和希望得到的帮助，从而适时调整课堂教学策略(李献初，2014)。

(三)问题链的定义、功能及问题的分类

1. 问题链的定义

所谓"问题链"，是教师为了实现一定的教学目标，根据学生的已有知识或经验，针对学生学习过程中将要产生或可能产生的困惑，将教材知识转换成为层次鲜明、具有系统性的一连串的教学问题；是一组有中心、有序列、相对独立而又相互关联的问题。从形式上看，问题链是一问接一问、一环套一环；从内容上看，它是问问相连，环环紧扣；从目标上看，它是步步深入，由此及彼(王后雄，2010)。对于学生来说，问题链是一种学习策略；对于教师来说，问题链既是一种教学技能，是教师素质与教学观念的体现，又是一种教学手段，便于引导学生语言输出、促进语言学习、发展思维能力，还是一种教学信息反馈的方式，便于及时调控教学内容(裴松，2011)。

2. 英语教学中问题链的功能

(1)激发学习兴趣，赋予学习动机

好的问题设计能够引起学生对某一话题的兴趣，集中学生对这一话题的注意力。

(2)诊断作用

通过问题的双向交流，可以了解学生对以前所学知识的掌握程度，当时的心理状态，以及

对新知识的感知能力。

(3)评价作用

利用问题中学生的反应，有效评价学生的学习行为。

(4)培养作用

利用有层次性的问题设计，通过追问的形式，促使学生进行逐级的思考，从而培养学生分析问题和解决问题的能力和思维能力。

(5)促进作用

通过适当的组织策略，不仅可以以学生间的相互问答，也可以用学生问、教师答的方式，促进学生提出问题的能力。同时通过相互的交流，可以促进师生之间的相互沟通和感情交流。

3. 问题的分类

根据布鲁姆教学目标分类法，我们可以将设计的问题分为六个认知层次。

(1)认知性问题

它是对知识的回忆和确认。

(2)理解性问题

它主要考查学生对概念、规律的理解，让学生进行知识的总结、比较和证明某个观点。

(3)应用性问题

它主要指对所学习的概念、法则、原理的运用。

(4)分析性问题

它主要让学生透彻地分析和理解，并能利用这些知识来对自己的观点进行辩护。

(5)综合性问题

它能使学生系统地分析和解决某些有联系的知识点集合。

(6)评价性问题

理性地、深刻地对事物本质的价值做出有说服力的判断。

(四)活力课堂的评价标准

谢利民(2001)指出，对教师与学生而言，课堂教学是其生命活力和生命价值的体现，教学的过程本质上就是知识的生成过程。综合来看，富有生命活力的课堂教学的内在品质主要集中体现在课堂教学各个要素及其要素之间的相互作用过程中，教学活动中不断调和的动态生成过程中，以及师生之间、生生之间、教师与教材、学生与教材等关系上的共进共振等方面。

二、教学实施过程

(一)课前调研

1. 问卷调查

【调查对象】

授课班级——高二某理科实验班

【调查时间】

授课前一周半

【调查内容、目的及结果分析】

课外内容部分

1. 平时在学习一篇英语课文之前你预习吗？如果预习，你是如何预习的？

2. 你觉得所学课文的难度大体是怎样的？________

A. 很难，很多地方不太明白。

B. 能读懂，个别地方不太明白。

C. 比较容易，几乎没有任何问题。

3. 你觉得大部分课文的内容是怎样的？________

A. 比较有趣，可读性强。

B. 不是很有趣，可读性不是很强。

C. 非常没意思，不太想读。

4. 你对现在阅读课的授课方式感觉如何？有何建议？

目的：了解学生阅读方面的学习习惯，对课文内容、授课方式的接受程度。

分析：预习和不预习的学生各占一半，其中预习主要以背生词、读书和画语言点为主；大部分学生认为课文难度不大，不是很有趣，但不抵触。七八成学生对阅读课现有授课方式比较满意，也有一些学生提出了一些想法，比如增加相关话题的补充阅读等。

课文部分

1. *Answer the following questions BEFORE reading the text*:

①*How do you understand "super athletes"?*

目的：了解学生对主题词的理解和认知。

分析：学生基本上都认为成功的或取得巨大成就的运动员就可以被称为“super athletes”。

②*Can you name some super athletes?*

目的：对主题词的拓展，了解学生的兴趣点。

分析：学生列举的“super athletes”以篮球运动员、田径运动员等热点明星为主。

③*If the "super athletes" had ever taken drugs to improve their performance in the competition, do you still consider them "super" or not? Why?*

目的：对主题词的深层理解，了解学生的价值观取向。

分析：除两三个学生外，其他学生都回答“不”，理由主要是认为这样做不公平，违背道德规范。

④*How much do you know about "gene-therapy"?*

目的：考查学生对课文中另一个关键词的了解情况。

分析：只有一小部分学生对这一概念有较准确的理解。

⑤*What do you think is the "Olympic spirit"?*

目的：对文章主题的提升，了解学生在读前对此问题的看法，可与其学完课文后的看法进行比较，看是否有变化。

分析：大部分学生给出了“faster, higher and stronger”这一较为浅显的答案，几乎没有学生对其深层含义进行剖析或给出自己的个性化理解。

2. *Find the following words in the text and guess their meanings according to the context. Then match the words with their definitions.*

tolerate	*unsuccessful or useless*
contradict	*to bear something unpleasant or annoying*
enhance	*that must be done; required by the rules*
compulsory	*by chance; unintentionally*
controversial	*be contrary to; be different from*
in vain	*to improve*
at random	*causing disagreement or discussion*

目的：考查学生根据语境猜测词义的能力。

分析：绝大部分学生答案完全正确，可见学生借助上下文理解这些生词的意思困难不大，教师课上可以不把词汇教学作为重点教学目标。

3. *Which of the following shows is the structure of the passage?*

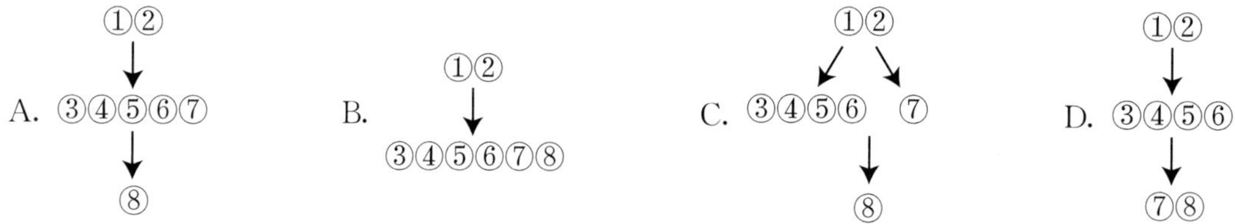

目的：了解学生对文章结构的把握。

分析：大部分学生选择了正确选项 C，个别学生错选了 A，说明这些学生的结构意识还不是很强。

4. *Translation*:

①*Put the following sentence into Chinese*:

Ben Johnson would still be the 100 meters world record holder, if he had not been caught.

目的：考查学生对含有虚拟语气的句子的理解。

分析：几乎全班学生都很好地理解了句意。

②*Put the following sentence into English*:

如果电脑没被发明出来，那么世界就会是另外一副样子。

目的：考查学生对虚拟语气的运用。

分析：个别学生在时态上有错误，但大部分学生都正确使用了虚拟语气。

2. 随机访谈

【访谈对象】

班内英语成绩较高、中等、较低的三名学生(A、B、C)

【访谈时间】

授课前一周半

【访谈内容、目的及结果分析】

1. 你对英语阅读课的建议是什么？

目的：了解不同层次的学生对英语阅读课的需求。

学生的回答与分析：A. 应多深入分析文章内涵；B. 多一些有意思的(如诗歌等)内容；C. 觉得非常好，不用做任何改变。可以看出，不同兴趣特点的学生在内容上会有不同的需求，所以教师授课时还应尽可能全面地覆盖话题，尽可能满足不同学生的胃口。另外，对课文内容的深入剖析是必要的，也是学生期待的。

2. 你是不是同意这样的陈述："成绩优异的运动员在赛前如果服用了违禁药物就算不上'super'了？你认为什么样的运动员才是'Super athletes'？"

目的：了解学生对文章主题的理解和深度认知。

学生的回答与分析：三个学生对第一个问题的回答都是肯定的；因为有第一个问题的铺垫，所以在回答第二个问题时学生涉及了运动员的品质等因素，而不只局限于"faster, higher and stronger"这样的表层回答。

3. 翻译下面三个句子：

①如果我是你，我会更加努力学习。

②他要是听了我们的建议，就不会遇到这么多麻烦了。

③要是我来干，我会用另一种完全不同的方法。

目的：考查过去时、现在时和将来时的虚拟语气表达。

分析：三个学生都或多或少在虚拟语气的使用上出现了错误，因此在课上对虚拟语气的核心知识进行复习是必要的。

(二)基于课前调研，使用问题链进行教学设计

本节课分为热身(warm-up)、读前(pre-reading)、读中(while-reading)、读后(post-reading)四个环节(教学设计见附录1)。以下为每个环节的问题设计及意图。

1. 热身

教师出示图3-7。

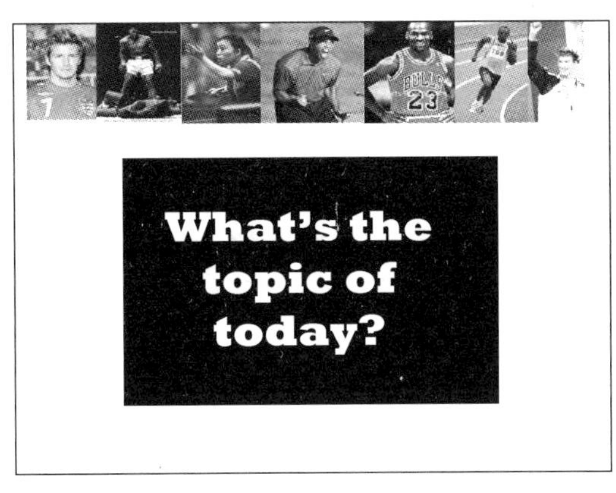

图3-7 热身问题

【问题类型】

认知性问题

【设计意图】

让学生听一首歌、看一些图片，借助已有知识和经验猜出本节课的主题。

2. 读前

教师出示图 3-8。

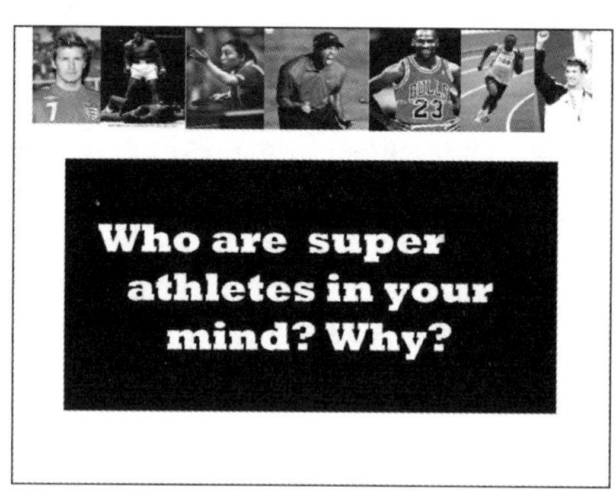

图 3-8　读前问题 1

【问题类型】

认知性问题

【设计意图】

使学生对已有相关知识进行调取和整理。

教师出示图 3-9。

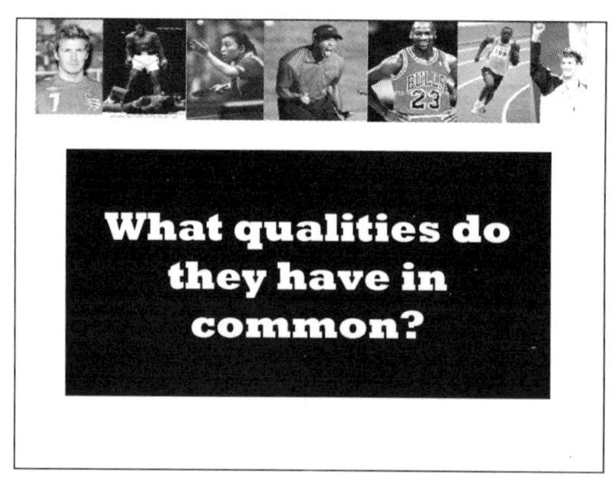

图 3-9　读前问题 2

【问题类型】

理解性问题

【设计意图】

是对上一问题的总结分析，同时是对课文内容的引入和铺垫。

3. 读中

教师出示图 3-10、图 3-11。

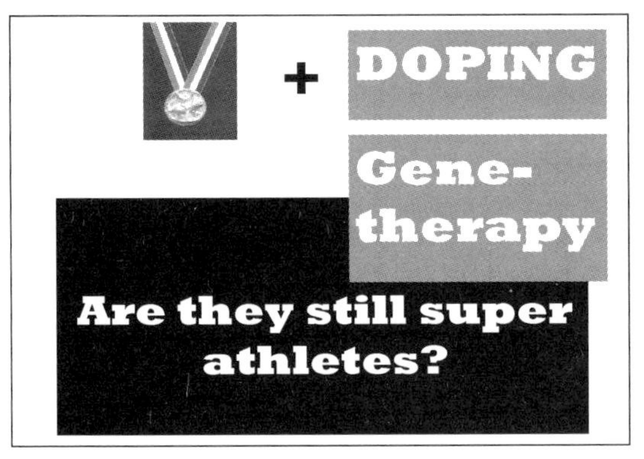

图 3-10　读中问题 1

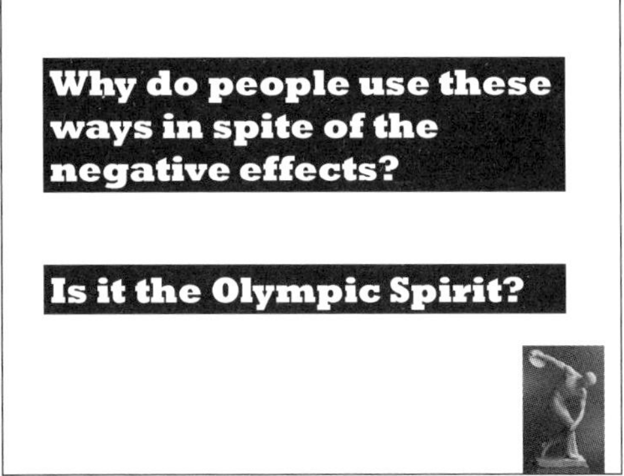

图 3-11　读中问题 2

【问题类型】

分析性问题

【设计意图】

使学生进行深度思考并利用已有知识为自己的观点辩护。

教师出示图 3-12。

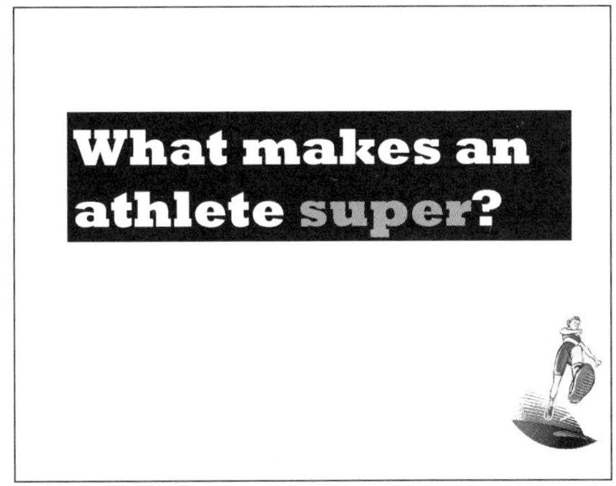

图 3-12　读中问题 3

【问题类型】

评价性问题

【设计意图】

使学生运用本节课所学内容和观点对问题进行有说服力地判断与阐述。

4. 读后

教师出示图 3-13。

图 3-13　读后问题

【问题类型】

评价性问题

【设计意图】

使学生根据教师对采访的建议和同伴的表现进行评论。

三、课后教学反思与经验总结

(一)基于课前调研进行教学设计是实现活力课堂的有力保障

如上所述，教师在设计这节阅读课之前，先准备了一份调查问卷并在授课班级进行调研，目的在于从整体上了解学生的学习习惯、对教材和授课方式的看法；了解学生关于本节课主要内容的已有知识和观点、对课文关键词的理解、对文章结构的把握，以及对文中涉及的主要语法的掌握程度。在全班学生完成调查问卷之后，教师又选取了三名学生代表进行面对面访谈，目的是想了解不同层次的学生对英语阅读课的需求、对本节课主题的理解和深度认知以及他们对文中主要语法项的掌握程度。

课前调研完成后，教师仔细分析了调查问卷结果和访谈记录，然后根据收集到的问题和学生的兴趣特点进行了本节课的教学设计。比如，学生对“super athletes”和“Olympic spirit”的浅层理解使教师意识到这节课应该让学生思考什么是真正的“超级运动员”以及“奥运精神”的深层含义，于是就有了阅读环节的最后一个大问题“What makes an athlete super?”和关于奥运精神深层含义的讨论，并且在本节课结尾处提供了对“奥运精神”阐述的独特视角(Olympic spirit is challenging and fun, providing a deeper understanding of the beauty, grace, and passion of Olympic sport and human values.)。又如，教师通过调研得知学生对“gene-therapy”这一概念所知甚少，于是就有了阅读环节关于“gene-therapy”基本信息采集的表格设计(见附录 2)。在词汇学习方面，课前调研对本节课教学设计也有很大的指导作用。通过词汇与解释的连线设计，教师发现学生借助语境理解关键生词的难度不大，所以在阅读课的讲授中不把词汇认知学习作为重点。虚拟语气是本节课主要复习的语法内容，调查问卷中设计的两道相关题目(英译汉和汉译英)反映出学生对于虚拟语气的理解没有问题，但是精准表达还有困难。所以在设计课堂活动时，教师添加了一处对虚拟语气核心结构复习的环节(见图 3-14)，旨在帮助学生在采访活动中能够对其正确使用。

事实证明，本节课的教学设计重点突出，内容符合大多数学生的兴趣点，问题的设计深入浅出、环环相扣，对语法结构的强调对学生有一定的复习巩固作用。整节课节奏紧凑、明快，学生兴致盎然，其间不乏对一些问题的深度思考与讨论，充分表现出语言丰富、多元互动等活力课堂的特点。

If a generation of sports stars with enhanced genes were created, it would contradict the whole spirit of sport?

If American athlete Marion Jones hadn't taken drugs, would she have made it to the Olympics at all?

图 3-14　虚拟语气核心结构复习

(二)用问题链进行阅读教学是实现英语课堂思维活力、情感活力的有效方法

1. 问题链有助于对学生进行多层思维训练

在设计本节课时，教师把重心之一放在了问题之间的连续性和逻辑关系上，尽可能使问题层级递进、步步深入：认知性问题→理解性问题→分析性问题→评价性问题。

学生在不同层级问题的引导下积极进行思考与表达，最终在回答评价性问题(What makes an athlete super?)时碰撞出强烈的思想火花，产出与课前调研有天壤之别的深度想法和见解。例如，有学生回答：“A super athlete should have outstanding skills, but more importantly have strong mental ability.”另一位学生回答：“A super athlete should first be a good person.”这些答案的产生证明本课在思维水平和情感态度价值观方面的目标得到了较好地实现。

另外，读后活动的设计是为了让学生学会提问，因为提出深层问题本身就是对高阶思维的训练，所以学生做采访之前教师先进行必要的指导，告诉他们如何采访、如何提问(回答)(见图 3-15、图 3-16)。

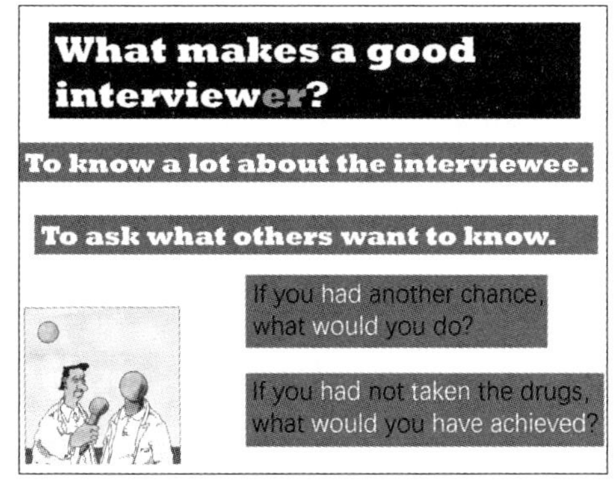

What makes a good interviewer?
To know a lot about the interviewee.
To ask what others want to know.
If you had another chance, what would you do?
If you had not taken the drugs, what would you have achieved?

图 3-15　指导问题 1

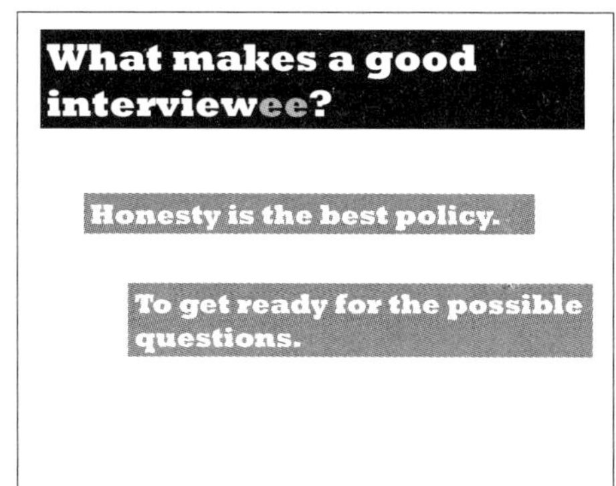

What makes a good interviewee?
Honesty is the best policy.
To get ready for the possible questions.

图 3-16　指导问题 2

在教师的引导下，学生的表现达到了预期的效果，展示的同学提出了类似“Why did you want to take drugs?”和“How did you feel after taking drugs?”等较有意义和深度的问题。

2. 目的明确的问题链有助于学生思想意识、情感、态度、价值观发生积极变化

在了解文中两位主人公 Ben Johnson 和 Floyd Landis 服用违禁药品后，教师在课上提出了

“Are they still super athletes?”这样的问题。此时，一名男生很主动地举起了手，回答的主要内容是“服用违禁药品在体育界是非常普遍的现象，这两人比较不幸地被查了出来，但别人的成绩也未必是真实的”，所以他坚决认为他们依旧是“super athletes”。教师马上问其他同学有没有不同意见，学生没有反应，教师再次追问“Does it mean all of you think they are still super athletes?”。然后听到的几乎是异口同声地回答“Yes.”。教师非常诧异，甚至有些震惊，因为这和教师的预想答案有天壤之别。但是随着之后一个接一个问题的引导和启发，教师逐渐感受到学生思想和态度的变化。当教师问“What makes an athlete super?”这个问题时，教师特意叫了刚才那名男生回答，他的回答是“His virtues.”。然后教师马上提出“If he has the experience of doping, do you still consider him super?”这个问题。他这次也给出了很坚决的回答，但答案是“No.”，该生前后两次答案的骤然变化体现了这节课对学生价值观的积极影响。

(三)预设问题的有效延展助于实现英语课堂的语言活力

1. 教师需要关注预设问题的延展性以及课堂上语言的动态生成过程

在关注问题链设计的同时，教师还应注意每个问题的延展和课堂的及时追问，以达到学生语言的动态生成。如果学生的回答不是教师的预期，或者没有意识使用新学的目标语言，教师可以用一系列的问题引导学生，以激发更大程度的课堂语言活力。

(1)课堂实景重现

在回答最后一个问题“What makes an athlete super?”时，一位学生的答案是“First, he should be honest.”(此答案说明这位学生已经抓住了本节课的主题思想之一)。为了将学生引向预期答案，教师接着发问：“What else?”学生继续回答：“He should also be diligent and talented.”此时教师停止追问。接着教师请下一位学生发言，这位学生的答案是“A super athlete should be able to motivate the audience and others and enable us to enjoy the beauty of sports.”。这个回答既借用了前面讨论的结果(enjoy the beauty of sports)，又加入了自己的理解(to motive others)。教师认为这个回答很精彩，所以没有追问，而是把他回答中的经典部分重述，以保证其他学生都能听见，从而达到共同分享的目的。教师在此过程中所起的引导作用不明显，学生有限度地使用了本节课所学的目标语言。

(2)对该情景的改良建议

当第一个学生回答“First, he should be honest.”之后，教师可以先肯定这名学生的答案“Being honest is a virtue of the athlete.”，并把关键词“virtue”写在黑板上，然后再有目的地追问“Are there any other virtues that make an athlete super?”，这样的引导有助于学生结合本节课探讨的第二个问题“What qualities do they have in common?”(此问题的答案已写在黑板上：“diligent and talented”)。这名学生可能会回答“He should also be diligent and talented.”，这样学生就使用了本节课之前所学语言或结论。此时教师可以正面强化：“You're able to use what we have learned or discussed to answer a new question. That's great!”然后教师请下一个学生回答，当他说完“A super athlete should be able to motivate the audience and others and enable us to enjoy the beauty of sports.”之后，教师可以这样加以肯定：“Just now we talked about ‘the beauty of sports' and now you properly use it. It's amazing!"！然后继续提问："But how can an athlete enable us to enjoy the beauty of sports?"？学生有可能给出"With his hard work and success"之类的答案，此时教师可以将答案转为"Yes，success gained through hard work."，同时把"success"写在黑板上，与之前的板书合成这样的公式："Being diligent ＋ talented ＝ success"。

诚然，要做到如此一环扣一环地引导和提问，教师需要反应迅速、智慧过人，或许在真实的课堂中做到如此有效的引导是几乎不可能完成的任务，但是，这至少可以成为优秀教师的努力方向。

2. 教师在学生语言习得方面要有足够的正向干预意识

本节课，虽然在学生做准备活动之前教师用两个典型例句提示了使用虚拟语气时要注意的问题，但遗憾的是，之后上台展示的两组学生都没能用上虚拟语气，这说明之前教师的正向干预不够。

试想将本节课的教学设计做如下修改。

教师在学生准备采访前给出以下口令：Start your interview in this way：(interviewer) *If you had another chance …*

这样就给完全开放的采访活动加上了一定的限制，使学生在输出语言时有意识地使用虚拟语气。在之后的评价中，教师可以对学生使用虚拟语气的情况加以点评或纠正，从而达到有的放矢地展开口语活动的目的，这有利于学生语言水平的综合提高。

课前调研与问题链的设计在英语教学中都非新鲜事物，当我们的课堂开始关注学生的生命与活力，开始倡导活力课堂时，这些有效的方法可以在很大程度上帮助我们实现学生多层次、多维度的语言习得之目的，使课堂真正成为学生学习成长、完善生命发展、提升生命质量的场所。

附录 1：本节课的教学设计

Super Athletes

【教学目标】

1. 讨论对"super athletes"的认知和理解；了解和学习以"doping"为主题的相关词汇和表达，并能在相关语境中加以运用；在阅读和表达中复习虚拟语气。

2. 使学生在回答教师的一系列问题中体会通过提问获取知识的方法，并尝试对某一话题自行提问以获取有价值信息。

3. 使学生对"体育精神"和"奥运精神"有更深层次的理解和挖掘。

【教学重点】

教师通过一系列问题帮助学生理解和深化文章主题，并培养学生通过提问获取知识和信息的能力。

【教学难点】

教师提出有质量的问题并让学生意识到提问对于理解和求知的价值。

【教学资源】

教材、课件、补充听力材料和阅读材料。

【教学过程】

教学步骤(用时)	教学过程	设计意图
Warm-up (1 min)	Step 1: During the break, the teacher plays the song *Super Star*.	用一首热烈的、学生熟悉的歌曲引出本节课的主题。
	Step 2: Students tell the name of the song and guess the topic of today—Super athletes.	
Pre-reading (4 mins)	Step 1: The teacher asks the question: "Who are the super athletes in your mind? Why?" Students talk to their partners first and then share in the class.	认知性问题:对已有相关知识的调取和整理。
	Step 2: The teacher asks another question: "What qualities do they have in common?", then collects answers.	理解性问题:对上一问题的总结分析,同时是对课文内容的引入和铺垫。
While-reading (20 mins)	Step 1: The teacher asks students to read the first two paragraphs to find the experts' prediction about sports.	跳读:学生找到目标信息后,教师帮助其在语境下理解关键词"ceiling"。
	Step 2: The teacher introduces the main character—Ben Johnson by comparing students' time of 100-meter dash with his.	教师借助生活实践,引出主题人物。
	Step 3: The teacher asks students to find the information about Ben Johnson and Floyd Landis in the text.	此步仍为跳读的训练。
	Step 4: By asking the question "What do they have in common?", the teacher aims to introduce the key word of the passage—doping and enable students to understand the meaning of it.	教师通过设问引出本文的关键词并使学生在充分的语境下理解该词的含义。
	Step 5: The teacher asks the question: "Are they still super athletes?" Students talk with their partners for one minute and then share their answers in the class.	分析性问题:学生利用已有知识为自己的观点进行辩护。
	Step 6: The teacher introduces another key word—gene-therapy and asks the students to finish the form in pairs. Then the teacher works together with students to complete the form.	学生两人合作完成表格,共同获取关键信息。
	Step 7: The teacher asks the question: "Why do people use these ways in spite of the negative effects?" Then the teacher asks another question: "Is it the Olympic Spirit?" Students turn to the last paragraph for the answer. After that, the teacher represents the Olympic motto and Olympic spirit to help students understand the real meaning of sport.	理解性问题:此问题在结构上起到承上启下的作用。 分析性问题:学生需要从文中获取理论依据为自己的观点辩护;同时,通过组织学生讨论和呈现一些有启发性的文字,教师将本节课的主题进一步升华。
	Step 8: The teacher asks the question: "What makes an athlete super?"	评价性问题:学生需要运用本节课所学内容和观点对问题进行有说服力的判断。

续表

教学步骤(用时)	教学过程	设计意图
Post-reading (15 mins)	Step 1：The teacher introduces the famous athlete—Marion Jones and her experience of doping. Then students listen to some relative materials to know more about her.	教师引入与主题有关的另一个著名人物并使学生通过听力练习获取有关信息。
	Step 2：The teacher informs students that later there will be an interview between a VOA reporter and Marion Jones. Students with odd numbers might be chosen as the interviewer while students with even numbers might be the interviewee.	教师告知学生下一个活动——“采访”的规则和内容。
	Step 3：The teacher helps the students to become a better interviewer and interviewee and reminds them of the elements of conditional sentences in case they use them in the interview.	教师指导学生如何做更好的采访者和被采访者，并提醒学生使用虚拟语气时要注意的基本语法规则。
	Step 4：Students prepare for the interview individually.	单号学生作为采访者，双号学生作为被采访者，开始准备采访。
	Step 5：The teacher chooses some numbers and asks students with the numbers to present the interview to the whole class. After the interview，the teacher asks students to make comments about their peers' performance.	教师请学生代表做采访，之后请其他同学做出评价(评价性问题)。
	Summary：The teacher presents the sentence “Sports do not build character. They reveal it.” to restate the spirit of sport.	教师用一句值得深思的句子再次提升本文的主题。
Homework	Writing an essay to state your position on gene-therapy，for or against it?	对主题的再一次梳理，同时对课文内容进行延展。

附录 2：阅读中学生要完成的表格

Item	Definition	Ways to find out	Negative effects
Doping			
Gene-therapy			

参考文献

[1]王蔷．从综合语言运用能力到英语学科核心素养——高中英语课程改革的新挑战[J]．英语教师，2015(16)：6-7.

[2]李献初．如何做好学情调研[J]．西藏教育，2014(12)：34-35.

[3]陈洁．让英语课堂绽放生活之花[J]．校园英语，2015(5)：110.

[4]李长胜．课前调研是尊重学生学习起点的有效方法[J]．中国教育学刊，2013(A3)：66，81.

[5]王后雄．“问题链”的类型及教学功能：以化学教学为例[J]．教育科学研究，2010(5)：50-54.

[6]裴松．问题链在高中英语阅读教学中的运用[J]．山东师范大学外国语学院学报(基础英语教育)，2011(6)：75-79.

[7]谢利民．课堂教学生命活力的焕发[J]．课程·教材·教法，2001(7)：19-23.

北京师范大学附属实验中学　孙小梅

第四章　活力课堂的专题探索：阅读

>> 第一节　高中英语阅读课教学中关注的几个问题 <<

随着课程改革的深入，人们对中学英语阅读课教学的要求也不断提高。广大教师在不断的探索中，逐渐开发出多元化的英语阅读教学模式，如基础课阅读教学、拓展课阅读教学、研究课阅读教学等。其中，基础课阅读教学的应用比较广泛。下面笔者重点讨论的是基础课阅读教学模式以及阅读教学中有关任务设置的问题。

一、基础阅读课教学模式

基础课阅读教学也就是我们经常进行的以基础教材为着眼点的阅读教学。这种教学基本上是遵循学生的认知规律，依据整体教学的原则，充分利用课文提供的语言材料，指导学生进行整体感知、表层理解，并利用多种教学手段深入挖掘、循环加深，最后整体推进，真正培养学生的良好阅读习惯的过程。教师要注重开展多种生动活泼的教学活动，挖掘教材中含有跨文化背景和社会内容的语言现象，并结合这些语言现象，广泛地向学生传授文化、语言和认知等方面的知识，真正提高学生的英语应用能力；同时要听、说、读、写兼顾，整体训练，既达到阅读课文的教学目的，又使学生养成良好的阅读习惯，提高阅读理解能力，为以后高层次的阅读奠定基础。目前，常见的基础阅读教学模式的主要步骤是：

①读前活动——引出话题，激发兴趣；

②读中活动——训练技巧，品味语言；

③读后活动——活化教材，激发思维；

④意义性练习——设计检测，加深理解；

⑤作业的布置——反馈教学，形成评价。

那么依据新理念、新教材的要求，怎样操作才能确实有效地实现这种模式，使学生真正有所收获呢？笔者希望通过分析以下三个教学设计，来展示如何实现有效的基础课阅读教学。笔者选取了北师大版高中英语必修模块2第4单元“Virtual Tourism”一课为教学设计目标。其主要的教学目的和内容是通过阅读，了解奥克兰的人文地理、风土人情，同时学会用英语介绍其他国家和自己国家的文化。下面请看三个教学设计对于同一个教学内容所进行的不同处理。

(一)设计一

步骤一：教师带领学生学习新单词(单词表)。

步骤二：学生根据"Before Reading"部分的要求，猜测文章大意。

步骤三：学生听录音，逐句跟读课文。

步骤四：学生完成课本中的练习——段意与课文段落搭配题。

步骤五：教师讲解课文中的语言点，逐字逐句翻译成中文，并标注重点词组，给出例句。

步骤六：学生完成练习5、练习6，并订正答案。

步骤七：学生再一次跟读课文。

作业：学生抄写词组、单词，朗读、背诵课文。

【点评】

从这份教学设计可以看出，有些教师虽然使用新教材，但仍沿用旧教材的教学模式。

第一，从教学目标来看，教师只注重知识目标，过于注重文本内容，侧重字面理解和句法分析，重视知识灌输，忽视实践体验，造成学生不能利用语篇中的主要信息进行积极的思考，并进行有效的口头和笔头的交际活动。

第二，从教学程序来看，教师只是让学生听录音，翻译句子，讲语言点，做练习，订正答案。虽然在开始时有一个猜测文章大意的环节，但整个教学过程还是显得单调、乏味和程式化。

总之，在这个教学设计中，教师提供给学生的语言接触和使用机会很少，剥夺了学生阅读的权利使学生丧失了兴趣。这种传统的阅读教学模式在过去注重语法的考试中可以使学生获得一定的分数；但是在深化教育改革、全面开展素质教育、优化学科课堂教学的今天，这种模式不能全面培养学生的能力，是不符合新课程的理念要求的。

(二)设计二

步骤一：导入的设计。

互相问好后，教师让学生放松，在苏格兰风笛《私语》和缓的旋律中欣赏有关新西兰奥克兰的优美的风景图片，让学生有一种身临其境的感觉，然后引出本节课的课题"Auckland, New Zealand"。

步骤二：输入阶段的任务设计。

第一，在地图中标地点(Locate the places in a map)。

教师利用多媒体呈现世界地图，请学生在地图中找出新西兰的地理位置，然后找到奥克兰的具体位置。

第二，两人一组阅读课文并查找信息(Read the text and find the information in pairs)。

学生阅读课文，同桌合作查找有关新西兰的信息，完成表格。

第三，主题和段落配对(Match topics/paragraphs)。

教师让学生先了解本课的阅读策略，然后根据此策略独立完成课文中相关练习。教师分析"旅游指南"的结构，并用图片呈现每一个重点。

第四，关键词与相关信息配对(Match hot words)。

教师让学生了解上网时能点击的关键词，并将关键词与相关信息联系起来。

步骤三：输出阶段的任务设计。

创造性小组活动(creative activity)：教师将学生分成四人小组，分别模拟成立自己的"旅行社"来介绍各自的镇区或城区。学生通过介绍自己的旅游景点、路线、服务等，来争取尽量多的游客，争取游客人数最多的组获胜。

作业：每个"旅行社"推出一期英语手抄报，以"旅游指南"为主题，介绍各个镇区或城区，可以配照片、图片。目的是让学生更了解自己生活的地方。

【点评】从这份教学设计可以看出，这位教师具有新课程的理念，采用任务型教学法进行阅读教学。

第一，从教学目标来看，教师不但注重知识目标(理解单词、用英语简单介绍奥克兰，学会使用"It has a population about…""It is located…"等句型)；还注重能力目标(学会用英语处理现实生活中的问题)和德育目标(通过学习了解并宽容看待其他国家的文化，同时用英语介绍本国文化，达到文化交流的目的)。这些正是新课程所倡导的。

第二，从教学方法来看，本节课在设计上采用了任务型教学法和合作学习的方式，设置真实的语言交流的场景，使学生能用英语仿照课文介绍学生所在地的地理、历史、民俗、风情等，锻炼与他人交流的能力。

总之，纵观整节课的设计，教师以"培养学生用英语做事情的能力"为教学目标，以语言运用为中心，以"任务型教学"为指导思想，以小组合作学习为手段，以多媒体教学为辅助，力求给学生创造一个开放、轻松、和谐、真实的交流环境，让学生有想说的愿望和表达的自信，在活动中注重了学生能力的培养，符合新课程的理念。

(三)设计三

表 4-1 基础阅读课教学设计表

教学阶段	教师活动	学生活动	设计意图
创设情境	教师指出学生的任务：改变角色，做老师，告诉学生不但要写一份完整的教案(见附录)，还要把新知识教给其他同学。	学生了解到要通过设置不同的小任务，一步一步循序渐进地完成教案的设计和知识的传授。	这一环节能够调动学生的学习积极性，培养学生的责任感，让学生换位思考，感受教师备课工作的过程。
温故知新	教师引导学生写出教案的第一部分——学习的目的和重点。	学生通过阅读课文"Auckland"，了解哪些是自己已知的知识，哪些是未知的知识，以便确定重点。	未知的知识即学习的重点，而将未知的知识变为已知的知识就是学习的目的；这一环节能够让学生自己明确学习的目标，积极求知。

续表

教学阶段	教师活动	学生活动	设计意图
探索新知	教师将学生分成小组(Social Study Group、History Group、Geography Group)并给他们分发相应的辅助阅读材料，告诉他们要结合课文和辅助材料来掌握相应学科有关奥克兰的知识。	学生结合课文和所发的辅助阅读材料，仔细通读，组内讨论，彻底弄懂并消化所学知识，对奥克兰有更深的了解。	学生感受到角色的变化后，就产生了责任感，想要仔细阅读。只有对知识真正掌握了才能讲解得出来，因此，这一步使学生明白一定要学习严谨，不可以不求甚解。
	教师引导学生写出教案的第二部分——教学步骤。	小组分工：一部分学生讨论如何将所学领域的知识教给其他同学，另一部分学生设计测试题。最后要学生将他们的教学步骤在教案中体现出来。	小组内的合作学习与讨论有助于化难为易，减轻学生的紧张感，教师可以更有针对性地对学生进行指导。
分享交流	教师组织全体学生认真听每组同学讲解的关于奥克兰相关领域的知识，并及时给予评价。	每组派出代表分领域讲解奥克兰的相关知识，并进行简单测试。	这一环节让没有研究过这个领域知识的学生可以通过听其他同学的讲解，学到关于这个领域的知识；同时，测试是为了检验其他同学是否认真听了台上同学的讲解。
归纳总结	教师要求学生完成教案设计中的课后反思环节。	作为家庭作业，学生要反思整节课的过程和知识，并且写出来。	课后反思的过程其实是对整节课所学内容的归纳总结的过程，同时也是训练学生写作能力的过程。

【点评】从这份教学设计可以看出，这位教师不但具有新课程的理念，而且有很独到的创意，使得这节课让学生和教师都感到很有新意。

第一，“Tell me, I forget. Show me, I remember. Involve me, I understand.”这是一个有关教学的经典思考。一项大规模的教育心理学研究发现，不同的教学方式产生的教学效果是大不相同的。学生对所教内容的平均回忆率如下：教师讲授为5%，学生阅读为10%，视听并用为20%，教师演示为30%，学生讨论为50%，学生实践为70%，学生教别人为95%。可见，本教学设计的效果将与平时上课教师教、学生学的效果大有不同。因为它将学生的角色进行了改变，使其变成了教师，要求学生将所学的知识教给他人，这样学生真正地、深入地参与了知识的获取与传授。

第二，本教学设计的最大特色就是完全以学生为中心，让学生全程体验教师平时的备课工作，在体验中自学、教别人学，更深入地了解教师的工作。在设计整节课的过程中，教师始终关注学生这一主体，注重以人为本，在目标设定、教学过程、课程评价等方面都突出体现了这一主体思想。关注人才是新课程的核心理念。

通过以上三个对于同一篇阅读课文的不同教学设计，我们不难看出，对于新课程的理念，不同的教师有不同的思考和理解，有的是“穿新鞋走老路”，有的是积极跟上新课程理念，不断进取，不断探索，不断有新的思考和创造。新课程正是在这些思考和探索中不断发展的。

二、一些阅读课的任务设计

新课程理念下的英语阅读课强调任务型的学习和教学方式。任务学习的理论框架包括前任务、任务环和后任务三个部分。在前任务阶段，教师向学生介绍主题和任务；在任务环阶段，学生为完成任务而尽其所能运用已学的语言知识，进行对话性互动，进而形成语言习惯；在后任务阶段，学生进一步学习，巩固和掌握前一阶段所运用的知识。在阅读课教学中，教师可以根据上述任务教学的基本理念，按照读前、读中和读后三个阶段，设计不同的任务。下面为大家提供一些有关阅读课的任务设计，谨供参考。

(一)读前

在读前活动阶段，教师应根据课文的主要内容和篇章结构，从不同角度提出预测性问题，引导学生对课文内容进行预测和讨论，激活学生大脑中的相关知识网络，使他们处于认知的主动状态，从而产生阅读的愿望，做好心理准备。教师可以通过设置以下任务，来完成读前的准备工作。

一是观察图表、地图、照片所提供的信息。例如，在北师大版高中英语必修模块 1 中的第 2 单元"Modern Heroes"一课设计中，教师就可以向学生先展示一些他们熟悉的英雄的照片，由此激发学生进一步了解阅读材料的欲望，为完成下一步的任务做铺垫。

二是看标题，预测对课文内容的把握情况教师询问学生想知道的有关本话题的信息；写下他们想在课文中获得的问题。例如，在讲授"Auckland, New Zealand"时，教师可以问学生"作为一篇介绍国家或城市的文章，你觉得它会有哪些方面的介绍?"教师可以针对文章类型或主题提出这样的问题，让全班分小组快速讨论。

三是看关键词猜测主题。例如，在人教版必修 1 第 4 单元中，"Earthquake"是课文的主题，它也是阅读部分的中心和主题。围绕标题，教师可以提出以下问题。

①Why do earthquakes happen?

②What will the cities be like when an earthquake happens?

③In what other places of the world do earthquakes often happen?

(二)读中

1. 向导性问题

此类问题主要涉及课文的中心思想或主要事实，也可以对前面的预测加以验证。此类问题的设置应着眼于指导学生了解课文的中心内容和梗概，使其建立初步的全文语义的图像，帮助学生构建"自上而下"(top-down)的信息加工机制。例如，课文的段落大意和每一段文字进行搭配，或者让学生迅速找到记叙文中的要素：5W+1H（What、When、Where、Who、Why、How)。

2. 细节性问题

此类问题的目的是要帮助学生获取较详细的有关信息，如事件的起因、过程、结果，以及某项活动的具体信息等。教师可以让学生利用表格进行归纳，或画出思维导图等方法，帮助学生获取详细的信息，理解课文内容。例如，下面的思维导图就是学生针对北师大版必修模块3第8单元第1课“Adventure in the Himalayas”提取出的信息(见图4-1)。

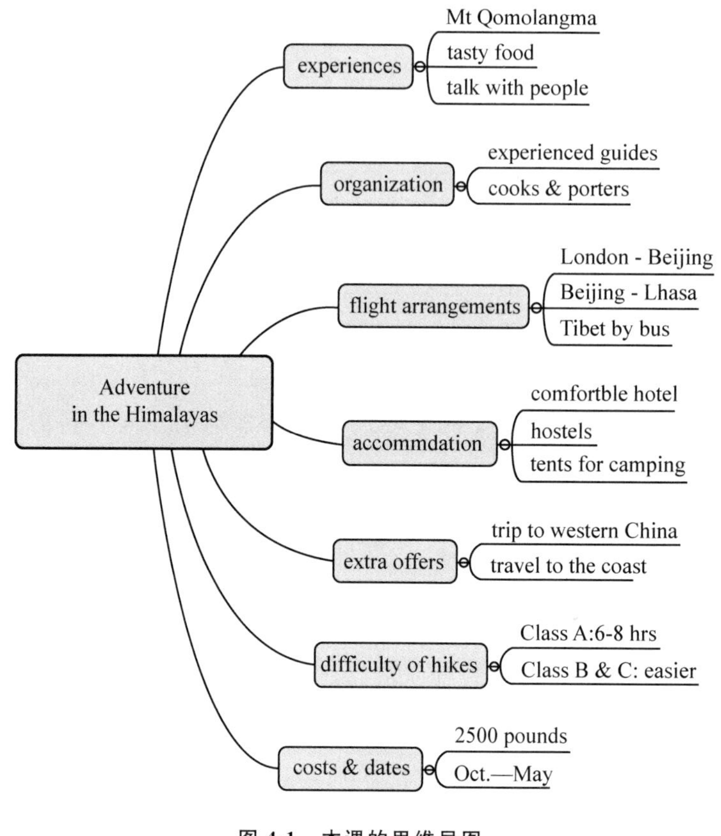

图4-1 本课的思维导图

3. 深层理解问题

教师应在学生理解了细节性问题的基础上，提出深层理解问题——逻辑推理性问题、识别作者语气问题等。教师可设的问题有：略读找大意，在课文中画出具体观点、主要观点，画文章结构图，回答具体问题，通过上下文猜词义，给课文段落排序，给文章或段落拟标题。

(三)读后

通过以上两个阶段，学生已基本掌握了课文的主要信息和基本思想。读后评价性问题的目的是培养学生阅读后的语言输出能力，要求学生在回答问题的过程中结合自己的社会背景知识和经验有所发现和有所创造。这是阅读交际的重要过程。评价性问题主要可以采取以下的形式。

①根据课文内容互问互答。

②创造性地复述课文。

③完成课文情境中的角色扮演。

④根据课文设置话题讨论或话题辩论。

⑤写文章梗概。

⑥续写课文或按照课文模仿写作。

以上这些任务旨在让学生进一步熟悉课文内容，巩固所学的语言形式，并学会创造性运用本节课所授的语言形式，以达到学以致用的目的。

(四)国外一些阅读课的活动设置

在当今的阅读教学中，许多教师对读中阶段的任务设计得不够细致，多从略读(skimming)、跳读(scanning)、预测(predicting)和回答问题(answering questions)等角度设计问题，或是设计关于词汇、句型的讲解与练习。其实，教师可以把任务设计得更细致一些。细节性任务丰富了，学生的学习过程就能更受到关注，学生参与的机会也就更多了。下面介绍一些国外课堂教学中的阅读活动。

1. 信息差型阅读 (Information-gap Tasks)

以前，教师多将此活动定义为“两人结对完成”的活动，即两个学生各自持有对方不知道的信息。在阅读过后，各自运用所学语言进行交流，通过交流信息得到对方所阅读的内容。

其实，这种方法还可以设计得让学生的参与面更广，广到可以适合全班分组交流。具体做法是：教师将学生分为 4～5 人一组的小组，每组内每个学生阅读的材料不同。在规定时间内，每个学生要完成阅读内容，做好笔记，准备汇报。然后，各组中 1 号、2 号、3 号等号数相同的学生集中在一起，在重新组合的组内彼此交流读到的信息，并对听到的对方阅读的内容进行记录。汇报的学生只能按照自己的笔记汇报。在所有学生都交换信息后，教师检查部分学生是否获得了足够的信息。这样做可能会多用一点时间，但阅读内容增加了，学生在交流的过程中可以从他人那里学会如何更好地总结阅读内容，提高阅读质量。学生记的笔记又为完成写作任务做了一定的准备。

2. 拼图式阅读(Jigsaw Tasks)

此类活动是指小组成员各自持有阅读材料的一部分，经过合作将阅读材料拼凑为一个整体，阅读材料多为故事、信件、表格等。

例如，有四篇关于“hobby”的文章，阅读材料涉及的内容是一样的，但是每份阅读材料中都有信息缺失或者信息不够具体的地方，而故事是完整的。学生被分为 4 组，每组 4 人，每人拿一份阅读材料。在阅读之后，学生要通过相互问答，对阅读材料中缺失的信息进行补充，或信息重组。然后，学生通过讨论，回答教师提出的问题，加深并理解阅读材料的主要思想。这就要求教师精心准备相关材料，对部分内容适当地进行调整，保持其原有的真实性。

3. 问题式阅读(Raising-questions Tasks)

两个学生分别持有不同的阅读材料。在阅读完成后，教师要求学生针对对方所读的材料提出三个问题。一个是总体问题(a general question)，主要目的是了解对方材料的大意或主旨；另外两个是具体问题(specific questions)，主要是针对事实类或细节类的信息进行提问，如事件的起因、过程、结果，以及事件发生的时间、地点等。阅读材料通常是学生感兴趣的内容。阅读时，学生要尽量记录相关的语句或语段，为回答问题和课后的写作做准备。这项阅读活动还可以让学生自己找材料。通常情况下，教师可以让学生在报刊、网络上选择感兴趣的内容阅读。为了能更好地检测学生阅读的情况，教师可以在阅读练习结束后，让部分学生谈阅读后的收获。

4. 学生阅读自测 (Self-assessment Tasks)

国外学生学习的自我评估方式很多。自我评估大多被用于学习过程中或学期结束时对综合学习行为的评价。这种方式的阅读评估设计能更好地让学生了解自己在学习中的困难，找到解决问题的方法，寻求教师对自己的帮助等。教师可以在自我评估表中设计如下问题。

- Which words do you remember?
- Are you capable of looking up the words or guessing them in the context?
- Did you find it difficult to understand the passage?
- How did you manage your problems?
- Tell me your present problems in reading.

问题不多，目的是让学生自我反思学习过程中遇到的问题、解决问题的方法以及了解自己阅读中的优势与劣势。有的教师在学生评估后给出自己的看法，同时保存在学生的档案袋里。

上述各种教学活动设计虽然在形式上千变万化，但都有着共同的教学理念，即《普通高中英语课程标准(2017 年版)》课程标准指导下的英语教学要“以人为本，以学生为主体”。教师除了强调对语言技能的培养，更要强调对学生情感因素的关注及民主、宽松的教学氛围的营造。

教师根据不同类型的阅读材料，采取不同的教学途径，突出对学生自主能力的培养。师生之间是平等的关系，教师应该努力营造平等的、和谐的、愉悦的课堂气氛，使课堂教学以学生为中心，师生互动地进行探索和实践，促进学生积极主动地感受、体验和创造。

生动变化的教学途径、教学方法给课堂带来了活力，同时也对教师的素质、专业水平和创新精神提出了更高的要求，需要教师在实践中不断探索，不断反思，不断学习新的教学理念，总结出高效的教学模式，努力使英语教学达到最优化。

附录：学生要完成的教案

<table>
<tr><td>Name of the teacher</td><td></td><td>Subject</td><td></td></tr>
<tr><td>Title of the text</td><td></td><td></td><td></td></tr>
<tr><td>Goals (purpose)</td><td>1.
2.
3.</td><td></td><td></td></tr>
<tr><td>Difficult points</td><td>1.
2.
...</td><td></td><td></td></tr>
<tr><td colspan="4">Procedures</td></tr>
<tr><td>Task</td><td colspan="2">Teacher's activity</td><td>Students' activity</td></tr>
<tr><td>Task one</td><td colspan="2"></td><td></td></tr>
<tr><td>Task two</td><td colspan="2"></td><td></td></tr>
<tr><td>Task three</td><td colspan="2"></td><td></td></tr>
<tr><td colspan="4">After-class introspection(课后反思)</td></tr>
</table>

北京师范大学附属实验中学　李艳

>> 第二节　中学英语阅读课新模式探索：项目阅读法 <<

一、问题的提出

随着《普通高中英语课程标准(2017年版)》的颁布和实施，高中英语教学对阅读技能及课外阅读量也提出了更高的要求。与此相呼应的是，大多数高中学生也都认识到英语阅读的重要性，希望通过阅读来提高自己的英语水平。

目前，词汇量和阅读策略是影响学生的主要障碍，阅读材料的趣味性则是另一个影响因素。笔者从访谈中得知，在教师提供的阅读材料中，有的与学生正在学习的话题不相关，有的超出了学生的知识背景，那些信息量大的阅读材料一般篇幅较长，长句、难句、生词较多，会引起学生理解上的困难，影响阅读兴趣。还有一部分学生自控能力不强，自学能力较差，惰性和依赖性很强，并习惯于让教师“喂”知识。

针对以上现状，培养学生的阅读兴趣、激发其自主学习的积极性是当务之急。这就要求教师突破课本局限，多渠道选材，积极开发和使用多种课程资源，以全面提高学生的英语水平。

在此，笔者提出项目阅读法并进行探索，以期为今后的英语阅读教学改革提供一个实践参考。

二、项目阅读法

(一)项目阅读法的定义

项目阅读（project-based reading)是研究性学习或基于项目的学习被应用于语言学习领域的种类。项目阅读法，或研究性阅读法，顾名思义就是通过阅读，收集相关文献资料，进行研究性质的真实阅读，通过亲身实践获得特定的成果，并在成果构建过程中提高语言素养的学习方法。它具有开放性和挑战性等特征。它以阅读目的为前提，以信息论为理论指导，以围绕阅读目的准确、快速、有效把握文章的相关信息为基本原则，不断提高学生筛选、认知、处理信息的能力，进而培养学生的创造性。

项目阅读教学是以学生研究为主的一种阅读教学。在项目阅读教学中，教师要根据课程的总体目标，结合教学内容，创造性地设计贴近学生生活实际的教学活动，吸引和组织学生积极参与，为学生的学习创设研究的情境，营造研究的氛围，促进研究的开展，评价研究的成败。它最大的特点就是“自主地阅读获取和运用”。它充分体现了学生的主体地位，使学生真正成为阅读教学课堂的主人。

对于高中英语教学而言，项目阅读教学模式是指学生在教师的指导下，以研究探索的方式自主地进行阅读，以获取知识，激发兴趣，陶冶情操，提高阅读能力和运用语言的能力，优化英语综合素养的一种教学模式。

(二)项目阅读法的益处

在这方面，许多研究者已达成共识。

第一，项目阅读法除了可以大幅度提高学生的阅读能力，还可以使学生在两个方面有更大的收获。第一个方面是在研究中学会发现。学生在阅读中，能够用自己独特的眼光去发现。这里的“发现”包括两层意思：一是发现自身存在的问题，并能在深入研究的基础上加以解决；二是发现阅读文本中的特性(个性的)、规律(共性的)、问题(不足的)。第二个方面是在研究中学会创造。这里的“创造”也包括两层意思：一是学生在研究性阅读中增强了创造性思维能力，能够科学地运用不同的思维方式思考问题，如协调统一地运用集中思维与发散思维、抽象思维与形象思维、逻辑思维与直觉思维等；二是学生能够运用新方法独立解决问题，提出富有新意的观点(穆秀颖，2005)。

第二，项目阅读法充分体现了学生在阅读教学中的主体地位。学生从在传统教学中被动地掌握知识转变为主动地发现并研究解决问题，而教师也从传统教学中知识的传授者转变为项目研究的指导者甚至合作者。这种既要求学生独立思考，又要求学生互动合作的学习方式，将培养出学生团结协作、科学求实的优秀学习品质，有助于他们以后的终生学习及自我发展(邱伟峰，2006)。

(三)项目阅读法的分类

1. 问题阅读法

问题阅读法就是在阅读过程中发现问题并引起研究、探讨的一种研究性阅读方法。这种问题的落脚点在于培养学生通过阅读解决实际问题与建构新的知识、方法策略的能力，培养学生敢于质疑、勇于探究的精神与态度。

例如，在讲到“Cultural Relics”时，在阅读过程中，学生会想到如何既开发旅游又保护文化遗产，如何既发展当地经济又不让当地的古迹遭到破坏。学生借此可以确定一个“如何保护文化遗产”的研究话题。

又如，在讲到“Careers”时，学生要解决的问题是“未来的职业趋势是什么(job trends)?”“自己将来适合什么样的职业(a suitable career)?”“现在招聘单位都需要什么条件(what qualifications)?”“如何应对面试(job interview)?”，等等。

再如，在讲到“Healthy eating”时，学生可以挖掘不同的研究话题：怎样吃才更聪明、怎样吃才能保持苗条的身材，等等。在这些问题提出之后，学生就会自主地查找资料，合作探究。所有这些都能够培养学生发现问题、解决问题的能力。

2. 比较阅读法

比较阅读法是以比较异同、去伪存真、获取新知为目的的一种研究性阅读方法。它将内容或形式上有一定联系的文章集中起来阅读。学生通过比较分析，寻找并比较对象在内容或形式方面的相似点和不同点，以及形成这些异同的原因，从而获得对文章的新的认识。

例如，在讲到“Poetry”时，学生可以把一些有名的英美诗歌和中国古代诗歌，甚至现代诗歌进行比较。

又如，在讲到“British Isles”时，学生可以把英国和中国的地理、气候、人口和文化等进行比较。

再如，在讲到“Learning”这个主题时，学生可以查阅、比较中外学生的学习习惯和方法，学习名人的学习方法，反思自己的学习风格，等等。

3. 专题阅读法

专题阅读法是一种围绕特定的研究专题进行阅读的方法，它完全服从于研究专题的需要。学生在确定研究专题后，收集与专题有关的资料，然后进行阅读，解决实际问题。在具体解决问题的过程中，学生通过实践、体验，形成一定的观念、态度，掌握一定的方法。

例如，在讲到“Adventure travel”时，学生除了学习课文中提到的“Hiking、rafting”以外，还可以找一些其他的围绕“冒险旅行”这一专题的文章，比如“Bungee jumping、skiing、climbing”等，进行专题阅读。

又如，在讲“Music”这一主题时，学生可以围绕主题找出不同的音乐流派。关键在于对材料的筛选和整理。学生要学会弄清材料是否与专题有关、是否有价值，有价值的材料是从哪些方面与专题相关联的。

上面三种阅读法可以单独使用，也可结合起来使用；但无论怎么用，都要以研究问题、解决问题为目的。

(四)项目阅读法的实施步骤

1. 选定主题，确定阅读目标

主题应当尽量紧扣使用的教材。现行的高中英语教材每个单元都有一个主题，而且主题分布基本照顾了学生的知识结构，如文化体育、风俗传统、人物传记、历史资料、科学发现、名胜古迹、环境保护、文学原著等。这些问题一般具有一定的涵盖性、综合性。因此阅读活动可以根据单元的主题开展。

2. 自主探索，筛选目标信息

学生自主、独立、多渠道地进行相关信息的采集、分析、综合、提炼和重组。信息的来源很广，可以利用图书、卡片、电子图书馆、网络等。

3. 小组合作，贡献研究成果

学生分小组讨论、研究，根据阅读材料设定各种问题，包括选择题、问答题和思考讨论性问题，并解释材料中的重点生词，最后生成包含文章、问题、注释等的阅读材料，供其他同学使用。

4. 交流、评价成果

学生以书面形式提交阅读材料。在教师检查审阅之后，阅读材料被用于班级或更大范围内的阅读学习中，与课内教材相配合，并在实践中得到其他同学的评价。

(五)课堂实践

表 4-2 以北师大版高中英语必修模块第 1 单元“Lifestyles”为例，介绍项目阅读的具体课堂实践方法。

表 4-2　项目阅读教学设计表

<table>
<tr><th>单元</th><th>Unit 1 Lifestyles</th></tr>
<tr><td>年级</td><td>高一年级</td></tr>
<tr><td>内容</td><td>Culture Corner</td></tr>
<tr><td>课时</td><td>45 分钟</td></tr>
<tr><td>教材分析</td><td>本节课是本单元的最后一个课时，属于拓展学生文化视野的补充阅读课。课程设计定位在让学生通过对比和深入阅读进一步了解中外茶文化发展的历史和信息。本节课的课型为延伸性阅读课。</td></tr>
<tr><td>教学目标</td><td>知识目标：学生通过对比和深入阅读，了解中外茶文化发展的历史和生活知识。
能力目标：学生能够结合阅读材料提供的信息，提高提取和处理所需信息的能力，从而提高有效阅读的能力。
德育目标：学生能够理解中国茶文化对世界饮料文化的贡献，同时提高生活情趣。</td></tr>
<tr><td>重点与难点</td><td>重点：学生通过阅读，有效提取和处理信息。
难点：学生通过阅读茶文化的发展和传播史，学会利用类似方法研究其他饮料，如咖啡的发展和传播史。</td></tr>
<tr><td>教学策略</td><td>问题阅读法
比较阅读法
任务型阅读法</td></tr>
<tr><td rowspan="3">教学过程</td><td>步骤一：问题阅读法
教师展示合作学习小组设定好的六个问题，让全体学生带着这些问题，阅读教材中的“English Tea and Coffee Culture”。
这部分主要是让学生了解英国茶文化的一些基本情况。
阅读理解的相关问题有：
When was the idea of afternoon tea first introduced to Britain?
How was afternoon tea introduced to Britain?
（其余问题此处省略）</td></tr>
<tr><td>步骤二：比较阅读法
教师下发由学生提供的两篇类似的阅读材料，文章介绍了英国下午茶和中国茶文化的历史片段。学生先阅读，以文中各自出现的一个重要人物为线索，填写课前设计好的表格，进行中外茶文化相关方面的对比。
Reading the following two passages, and then complete the chart below.
<table>
<tr><th></th><th>Lu Yu</th><th>Anna</th></tr>
<tr><td>Time</td><td></td><td></td></tr>
<tr><td>Nationality</td><td></td><td></td></tr>
<tr><td>Place of work</td><td></td><td></td></tr>
<tr><td>Personal Identity</td><td></td><td></td></tr>
<tr><td>Contribution</td><td></td><td></td></tr>
</table>
</td></tr>
<tr><td>步骤三：任务型阅读法
这是对中国茶文化的进一步研究。阅读材料论述了中国茶文化的发展简史。学生阅读以后做分类归纳。操作建议如下。
第一，根据学生的实际能力处理这部分材料。
教师可以把学生分组，每组四至五人，由本组全体学生合作完成任务表格。这适用于语言和阅读能力较强的学生。
如果学生的语言和阅读能力较弱，教师同样可以将学生分组，每组两至三人。教师将阅读材料分成不同部分，每组同学仅阅读其中的某一部分，完成相关表格。</td></tr>
</table>

续表

<table>
<tr>
<td rowspan="2">教学过程</td>
<td>
<table>
<tr><th>Time</th><th>Tea form</th><th>Tea function</th></tr>
<tr><td>Pre-Spring & Autumn Period</td><td></td><td></td></tr>
<tr><td>During-Spring & Autumn Period</td><td></td><td></td></tr>
<tr><td>Qin & Han dynasties</td><td></td><td></td></tr>
<tr><td>Jin Dynasty</td><td></td><td></td></tr>
<tr><td>Tang Dynasty</td><td></td><td></td></tr>
<tr><td>Song Dynasty</td><td></td><td></td></tr>
<tr><td>Ming Dynasty</td><td></td><td></td></tr>
<tr><td>After Ming Dynasty</td><td></td><td></td></tr>
</table>
第二，学生完成这部分教学内容以后，教师可以提一些问题，检验学生的阅读效果，最终让学生自己对中国茶文化的历史做简要介绍。
第三，对于学习和研究能力较强的学生，教师可以补充下一个研究型任务，作为学生课后的一个研究型学习课题。
According to the case of the tea, you are supposed to make a research on the development and distribution of coffee and then give a presentation before class.
</td>
</tr>
<tr>
<td>步骤四：作业（可选用）
• 学生根据茶文化历史发展的线索，研究咖啡文化的发展和传播。
• 学生可以合作做一个展板，对茶进行分类，并简单列举喝茶的好处。</td>
</tr>
</table>

三、项目阅读法对教学的启示

（一）导趣是项目阅读法的关键

“兴趣是人类主动探求新知的思想倾向和内在动力。”这就告诉我们，作为一种具有探索意义的学习活动，项目阅读应以兴趣为驱动，其展开的过程也就是学生主动发展、自主发展的过程。在英语阅读教学过程中，在设定好专题的基础上，材料要向学生开放。材料可以由教师提供，也可以由学生自主从其他渠道中选定，以便在阅读中能充分发挥其个性特长和主观能动性。

（二）教师要发挥促进者、组织者、指导者的作用

教师要全程参与其中，帮助学生精心挑选文章和设计问题；组织发动专题活动，如“专题阅读报告会”“同伴作品大家练”等；鼓励学生各抒己见、标新立异；要保证学生对阅读有自主权、对文章有选择权，避免“一刀切”的训练模式。教师不应该是高高在上的先知，而应该成为学生的伙伴、朋友，尊重学生的体验。

（三）教师要重视阅读理解、情感教育、语法、词汇

教师要指导学生在阅读中强化思想，巩固知识，提高认识生活、分析社会、感悟人生的水

平。教师要指导学生把文章理解透彻，从不同角度设计问题，包括文章大意、作者意图、事实细节、推理判断等；同时还要帮助学生在语法、词汇方面进行巩固拓展；更要引导学生时时关注社会、关注自然、关注人生，做到思维活跃，视野开阔，在此基础上获得思维方法的改进，知识水平和生活感悟的同步提升。

(四)评价要全面、多元化

教师要正确评价学生的学习活动。例如，可以用自我评价、教师评价、合作评价等多样化的评价手段对学生的英语知识和技能、学习策略、合作意识和创新精神等进行全面评价，以激励学生。教师要多运用赏识、鼓励的评语，鼓励学生各抒己见；要允许学生思维“出格”，甚至“越轨”。学生只要能自圆其说、言之成理，教师就要对其加以肯定。

四、总结

以上是针对高中学生英语阅读现状提出的项目阅读法的实践与讨论。虽然这些只是在理论探讨基础上的初步实践，但笔者能够预见到一种好的收效——学生的阅读积极性会越来越高，能力会随之增强。如果继续长时间进行下去，英语阅读教学将会有更大的变化。这虽然还要靠长期实践来检验，但笔者坚信，每一种探索、每一种创新，不论成败都有它自身的价值，因为探索和创新的过程是一个宝贵的、收获的过程，它为以后的发展提供了借鉴。

参考文献

[1]穆秀颖．研究性阅读教学中课外专题研究机制探微[J]．天津教育，2005(1)：54-55.

[2]邱伟峰．研究性阅读的四种“读”法[J]．语文月刊，2006(5)：32.

北京师范大学附属实验中学　李艳

>> 第三节　开设中学泛读课，提高学生的阅读能力 <<

一、现状与问题

随着中学英语教学改革的不断深入，听、说、读、写在英语学习中已各占有一席之地。虽然教育界多年来一直都很重视阅读教学，但大多数学校仅停留在对教材中课文的精讲多练，以及高考题型的训练上。教师和学生希望通过精讲多练来提高学生的阅读水平。通过实施这种方法，学生虽然可达到一定的考试要求，甚至能通过高考，进入大学学习，但是他们的阅读意识大多还停留在高中的学习模式中，即细读课文，注意语法结构，牢记单词用法等。其结果是我们常得到大学教师这样的反馈：“他们(学生)不太适应大学英语的教法和学法，以为老师会把所有的知识点都讲给他们，逐字逐句分析课文，强调每个语言点的用法，带他们做练习，为他们指定要记的单词。另外，他们也不太适应课上和课下大量的、生词多、篇幅长、难度大、时事性强的英语阅读，常常是一句一句地读，速度较慢，词汇量也较小。阅读能力明显跟不上大学的要求。”大学教师建议高中教师应当采取一定的措施提高学生的阅读能力，以消除他们升入大学后遇到的学习困难。

二、大力提倡开设泛读课

解决上述问题的一个较有效的方法是在中学阶段开设泛读课。其教学目的是使学生能够并且喜欢用所学语言知识进行大量阅读。另外这也正迎合了《普通高中英语课程标准(2017 年版)》的理念与要求。

《普通高中英语课程标准(2017 年版)》要求学生具备的综合阅读能力包括语篇领悟能力和语言解码能力；强调多学科知识的贯通；注重培养学生的语篇分析能力、判断能力以及根据语义进行逻辑推理的能力；提高学生阅读速度，增加其阅读量，扩大其词汇量等。《普通高中英语课程标准(2017 年版)》对学生的阅读能力提出了很高的要求，同时也就对教师提出了相应的甚至更高的要求。教师不再可能抱着一本教材教到底。教学需要思考，需要创新！学生的阅读能力只有通过大量的阅读实践才能被培养起来，阅读能力的增强是与阅读量的多少成正比的。所以，开设泛读课或阅读选修课是相当必要的，而且教师应做好课外泛读的指导工作。

中学阅读课是通过精读和泛读两种方式进行的。泛读，也被称为综合性阅读，一般指课外阅读。泛读要求阅读内容面广、量大、阅读速度快。开设英语泛读课是学习、欣赏、扩大知识面、训练综合阅读能力的最为自然和有效的方法(章兼中，2000)。

许多研究表明，泛读对学生的语言学习是大有益处的。

在语言技能的培养方面，研究表明，泛读可以促进学生写作能力的提高。(Hafiz & Tudor，l990；Hedgcock & Atkinson，1993；Janopoulos，1986；Robb & Susser，1989；Tsang，1996)其典型设计是：让学生写一篇命题作文，然后让他们阅读一些材料，再写一篇同样题目的命题作文，学生在阅读前后的写作水平有了很大提高。2. 在泛读引起“附带”词汇习得方面，研究表明，泛读能够扩大词汇量。这里所说的“附带”是指在并非有意的情况下，在执行阅读任务时习得了生词。一般而言，学生应能够认识每页 95%～98%(Nation，l999) 的单词，或者每页只有两三个生词(Waring & Takahashi，2000)，这样才会取得显著的词汇收获。(Cho & Krashen，1994；Grabe & Stoller，1997；Horst，Cobb & Meara，1998)

在情感获得方面，研究表明，泛读对一些情感因素有积极的作用，如激发动机、增强信心等。其中最常见的是泛读对动机以及阅读态度的积极影响。(Constantino，1994；Mason & Krashen，1997；Krashen，1993)

泛读既然对学生这样有帮助，教师为什么不在中学阶段就尝试开设泛读课呢？当然这需要周密的计划与认真的准备才能确保这个课程的顺利开设。

教师必须要掌握泛读的一些主要原则：

• 学生阅读适合自己水平的大量读物；

• 学生可以选择他们喜欢的读物；

- 读物要有不同的题材和文体；
- 学生要有读后活动；
- 教师要和学生共同阅读，以起到榜样作用；
- 教师要给予学生一定的指导和帮助。

三、泛读课的设置

(一)总目标

泛读课的总目标是帮助学生提高阅读能力，扩大词汇量。该目标可被细化为：

- 学生愿意大量阅读；
- 学生掌握了一定的阅读技巧；
- 学生不需要频繁查字典就可以完成阅读；
- 学生能够根据不同的阅读目的，以不同速度完成学习任务。

(二)对象

泛读课的对象是高中学生。

(三)时长

每周一节，45分钟。

(四)内容

开始几周，教师应安排阅读技巧的训练，包括扫读、略读、猜测词义、推理判断等，其余时间进行泛读训练。

(五)读物

选择恰当的读物是泛读课成功的关键之一。在使用系列书目之前，教师可以鼓励学生每天读一篇他们自己喜欢的文章。让他们自己做记录，包括读书时间、题目、来源等。在下一周，教师可以让学生随意说出一篇他们读过的文章的大意。当学生的兴趣被激发起来之后，教师可以把系列泛读材料介绍给他们。

在选择泛读书目时，教师要牢记以下原则：

- 材料要适合学生的认知水平；
- 材料要包括不同的题材，如历险记、科幻小说、人物传记等；
- 材料不应过长，应保证学生能在几天之内读完，因为这样他们会有一种成就感。而且短篇读物不受时间、地点的限制，学生可以在零碎时间里随意翻看。

基于以上原则，教师可以为学生选择分级系列读物。

目前，图书市场上有许多高质量的英语分级系列读物，能够适合从初学者到中高级读者的不同阅读需求，如“书虫·牛津英汉对照系列读物”(分六级)、“企鹅·文学经典系列”(分五级)、“简易世界文学名著”“网络侦探丛书”等。

不同年级的学生读哪种等级的材料好呢？答案是：读不用频繁查字典就能够看懂的读物。

一般说来，每班最好有一个书箱，内有不同题材的分级读物，数量要比全班总人数大10。这样学生就能有一定的选择空间。但对教师来说，他们较难监控学生的阅读进展情况，也很难与学生进行同步阅读。学校不妨为整个年级购买20余种读物，每种读物30本左右(视班级数量而定)。将每班分成两个阅读小组，各组选择自己的一种读物。班级之间可以相互交换。这样每个学生就都有机会读完所有的书目，也便于教师监控。

(六)练习

在选定读物之后，教师要一起商定针对每篇读物的练习。练习可以包括以下内容：

- 查问读物中的主要事件；
- 查问读物中的关键人物；
- 查问学生读完该书的个人观点等。

练习的质量对监控学生的阅读是至关重要的。好的练习可以每年在相同的文章中被重复使用。

(七)课堂活动

1. 教师的读书讲座

教师每节课利用5分钟时间向两组学生介绍他们将要读的两种读物。教师可以向学生展示书中的某些插图，读一两处有趣的地方，以激发学生的兴趣；同时还能起到示范作用，因为教师这时是以一个读者的身份出现的。

2. 重复性的计时阅读

学生开始阅读教师新介绍的读物，在起始处做个记号；教师说“开始”后，学生以正常速度默读直到教师叫停(5分钟左右)；学生在停顿处做记号，然后回到起点处开始重复阅读。学生在每次停止时都做记号，每次阅读都只求读懂意思。这种练习没有相互之间的竞争。学生按自己的速度阅读，每次重复都是对自己速度的挑战。

3. 练习试卷

学生完成教师设定的与阅读篇目有关的题目。

4. 口头读书报告

这种活动是学生对读物的总结，能够帮助学生将各种能力综合在一起运用。上课时学生两人一组分别向对方介绍自己所读文章的大概意思。这样叙述一方和聆听一方都要通过努力使对方明白。聆听者还可以记笔记、提问题等。

四、对泛读课的评估

一门好课需要不断得到评估。这种评估可以是学生的年终反馈、他们在平时试卷练习中的成绩及课堂讨论的表现。

如果教师想知道这门课是否有助于学生阅读能力的提高，不妨在学期初和学期末分别进行两次测验，并使用同一水平的材料。学生的阅读水平如有提高，他们就应该能够在单位时间内读到更多的词并且正确率也会提高。教师还可以通过问卷调查，调查除了指定读物外，学生还读了哪些材料。优秀的学生应得到奖励。

评估之后，教师要及时总结，在相应的读物或练习上要做适当修改，这样才能使课程不断完善。

五、结论

在英语学习的过程中，如果缺少了泛读，那么学生在各方面的发展都不会均衡。在中学外语的教与学中，情况也是如此。但泛读课不仅仅是为学生提供大量不同的读物，它的成功需要精心安排和系统地实施。

我们有理由相信，开设泛读课之后，学生会慢慢喜欢上英语阅读，乐学爱学，并逐步提高阅读能力；在步入大学后，学生能够很快适应那里的学习生活，度过一段愉快而美好的时光。

参考文献

[1]章兼中．外语教育心理学[M]．合肥：安徽教育出版社，1986：332.

[2]Hafiz F. M.，Tudor I. "Graded readers as an input medium in L2 learning"[J]. *System*，1990，18(1)：31-42.

[3]Hedgcock J. S.，Atkinson D. "Differing Reading-Writing Relationships in L1 and L2 Literacy Development?"[J]. *Tesol Quarterly*，1993，27(2)：329-333.

[4]Janopoulos M. "The Relationship of Pleasure Reading and Second Language Writing Proficiency" [J]. *Tesol Quarterly*，1986，20(4)：763-768.

[5]Bernard Susser，Thomas N.，Robb. "EFL Extensive Reading Instruction：Research and Procedure"[J]. *JALT*，1990(12).

[6]Tsang M. C. "Financial Reform of Basic Education in China"[J]. *Economics of Education Review*，1996，15(4)：423-444.

[7]Waring R.，Takahashi S. *The Why and How of Using Graded Readers*[M]. Tokyo：Oxford，2000.

[8]Cho K. S.，Krashen S. "Acquisition of vocabulary from the Sweet Valley Kids series：Adult ESL acquisition"[J]. *Journal of Reading*，1994，37(8)：662-667.

[9]Grabe W.，Stoller F. "Reading and vocabulary devel-opment in a second language：A case study"[A]. //J. Coady，T. Huckin. *Second Language Vocabulary Acquisition：A Rationale for Pedagogy*[M]. Cambridge：Cambridge University Press，1997.

[10] Horst M.，Cobb T. "Beyond a Clockwork Orange：Acquiring Second Language

Vocabulary Through Readign"[J]. *Reading in A Foreign Language*, 1998, 11(2): 207-223.

[11]Constantino R. "A Study Concerning Instruction of ESL Students Comparing All-English Classroom Teacher Knowledge and English as a Second Language Teacher Knowledge"[J]. *Journal of Educational Issues of Language Minority Students*, 1994, 13: 37-57.

[12]Mason B., Krashen S. "Extensive reading in English as a foreign language"[J]. *System*, 1997, 25(1): 0-102.

[13]Dupuy B., Krashen S. D. "Incidental Vocabulary Acquisition in French as a Foreign Language"[J]. *Applied Language Learning*, 1993.

北京师范大学附属实验中学　李艳

>> 第四节　将英文小说原著阅读嵌入高中英语课堂教学的实践与探究 <<

将英文小说原著阅读嵌入中学英语教学已有悄然兴起之势，尤其在大城市的重点学校。但目前英文小说原著多为课下泛读材料，作为教师推荐的读物与英语教学产生或多或少的联系，而将英文小说原著阅读嵌入英语课堂进行系列性教学还是极其罕见的。笔者所在学校是北京市一所示范性学校。近三年来，英文小说原著阅读已经成为学校英语教学的组成部分。在过去一年中，笔者所在的高一年级进行了将英文小说原著阅读嵌入英语课堂教学的大胆尝试，本节将介绍实施过程中的一些做法，针对教学实例进行反思与归纳。

"嵌入"的意思有三：一是牢固地或深深地固定或树立，二是紧紧地埋入，三是镶入。嵌入式教学模式最早源自西方的"课程替换教学"思维模式，在我国最先被应用于高校计算机软件专业。本节中的"嵌入"指前后两者高度融合，形成一个有机统一的整体。具体地说，就是把英文小说原著阅读从课堂外转至课堂内，使之成为英语课堂教学的一部分，与其相关的作业布置、形成性评价、终结性评价等环节也随之有了一系列调整。

一、二语习得的本质和当下英语课程改革使英文小说原著阅读与英语教学的结合成为必然

根据加斯(Gass)的二语习得理论，输入最终要融入中介语系统，变成可以自由调用的隐性知识系统，其包含四个过程：被统觉的输入(apperceived input)、被理解的输入(comprehended input)、吸收(intake)和整合(integration)。被统觉的输入是习得的初始阶段，包括对目标语言特征的感知和注意。完成统觉阶段并不等于完成了语言学习，因为并非所有被统觉的输入都能被理解。同样，被理解的输入也并非完全被吸收。吸收是一个目标语言输入和学习者内化了的语言规则之间的加工过程，只有经过"整合"才能真正成为隐性知识系统的一部分(Rod Ellis, 1999)。我们可以把这一理论简化为"统觉→理解→吸收→整合"四段式，只有完成这四步，才算从真正意义上掌握了目标语言。传统的英语课堂教学，由于时间、形式等限制，学生的语言学习大多只停留在前两步，更高阶段的"吸收"与"整合"需要课外大量广泛的阅读和更多的内化

时间。

与加斯的二语习得理论有相似之处的语言输入假设理论认为，一个人的语言能力主要是通过习得获得的，而二语习得则是在自然语言环境下，学习者大量接触略高于自己现有水平的可理解性语言、自然而然地习得语言。因此，促成语言习得发生的首要条件是有足够的可理解性的语言输入。传统的教材在语言输入的质和量上都存有不足，课外补充阅读必不可少。

英语课程改革已实施数年，改革重点就是要改变英语课程过分重视语法和词汇知识的讲解与传授、忽视对学生实际语言运用能力的培养的倾向，强调课程从学生的学习兴趣、生活经验和认知水平出发，倡导体验、实践、参与、合作与交流的学习方式和任务型的教学途径，发展学生的综合语言运用能力，使语言学习的过程成为学生形成积极的情感态度，主动思维、大胆实践，提高跨文化意识和形成自主学习能力的过程。《义务教育英语课程标准(2011 年版)》重视培养学生综合运用语言的能力和多元化的素质与技能，使其拓宽文化视野，陶冶艺术情操，增添生活情趣，树立积极健康的人生观、价值观和世界观。

与此同时，《义务教育英语课程标准(2011 年版)》鼓励学校、教师开发课程资源，拓展学用渠道，为学生提供贴近生活、贴近时代的、内容健康和丰富的教学资源。换言之，教材已经不是教学的唯一载体，多元化、多渠道的信息输入是英语课堂教学必不可少的组成部分。

基于二语习得的本质以及当下英语教学改革之趋势，为学生补充课外阅读材料是教师不可忽视的重要任务。那么，补充什么材料？如何使用补充材料呢？

第一，选择真实语料作为补充阅读材料。真实语料是“在真实环境下实际交际所使用，而不是专为语言教学而准备的材料，不会为了学习者而进行简化”，是“在某语言团体中产生的实现社交目的的文本”，包括报纸、杂志、小说、诗歌、广播、电视节目、电影、游戏、说明书、广告、日历、明信片、宣传单、菜谱等。学生可以从真实语料中找到文化产品、文化实践和文化观念，在一定程度上保持学习兴趣，增强学习目标语言的技能，从而增强学习效果。(Widdowson，1978)认为，语料的真实性与真实语料是不同的概念。真实语料是指语料本身真实，而语料的真实性是指语料与学习者之间的交互关系，它存在于学习者使用语料的过程中，是对语料做出的恰当反应。也就是说，真实性不应仅仅体现在语料本身，也应体现在语料的使用上。

在众多的真实语料中，英文小说原著是最容易实现语料真实性的素材。学生可以随时随地阅读。只要一本书在手，学生就可以无拘无束地品读起来。一部精心挑选、迎合学生口味的英文小说原著不仅可以让学生在享受情节与内容的同时不知不觉地提高英语水平，而且能让他们在成功阅读和讨论文本的过程中得到成就感、喜悦感。阅读英文小说原著还能使学生深入了解西方文化，感受文字和想象力带来的缤纷世界，有利于培养学生的批判性思维、逻辑性思维等多方面的高阶思维能力。

第二，将英文小说原著阅读引入英语课堂教学是有效学习的重要保证。教师不应只是阅读材料的提供者和建议者，更应借助阅读材料为学生提供特殊的语言学习机会并帮助其解决阅读中实际存在的问题，进行“导读”。此处的“导读”不是指英语教学环节中的“导入阅读”，而是“指导阅读”。教师在学生阅读英文小说原著之前适当讲解与本书有关的西方文化背景知识，激发学生的阅读兴趣，扫除学生的阅读障碍；学生开始阅读后，帮助其养成良好的阅读习惯，使之更有效、更高效地进行阅读活动。如果教师只是将英文小说原著阅读作为课外作业布置给学生，那么由于词汇障碍等其他阅读困难，以及抽不出时间等主、客观原因，能够坚持阅读的学生会少之甚少。教师的课堂教学环节既是对英文小说原著阅读的指导与帮助，又是对学生持久阅读的鼓励与督促，再加上适量作业就可以更好地巩固阅读成果。

二、将英文小说原著阅读嵌入高中英语教学的实践

为了让学生真正从英文小说原著阅读中获益，学校高一年级尝试了将英文小说阅读嵌入英语课堂，使之成为固定的教学环节，具体做法如下。

(一)选定阅读文本

在众多英文小说原著中，选择一本适合高一年级全体学生共同阅读的小说几乎是一项不可完成的任务。参照大多数学生的英语水平，依据语言难度稍具挑战性、迎合多数学生兴趣口味、主题思想具有积极引导性等多个参考维度，我们最终选定了热销多年、已被译成多种语言的《相约星期二》(*Tuesdays with Morrie*)这本小说。本书长度适中，主要讲述了一位大学教授临终前与他的学生探讨了关于人生的诸多话题，是一本有助于学生形成积极健康的人生观、价值观、世界观的枕边书。本书包含二十多章，每一章篇幅不长，学生在一周之内可以不费力地完成一章的阅读，于是我们果断选取了这本“生命之书”。

(二)编写校本教材

为了更好地辅助学生阅读英文小说原著，引导学生对重要内容及时地反思并表达见解，我们完成了辅助学生阅读的学案(示例见附录1)。学案主要包括如下四部分。

1. 根据英文小说原著内容单项选择

这部分的目的在于引导学生阅读时关注重要细节。

2. 根据英文小说原著内容回答问题

这部分的目的在于引发学生对重要情节进行思考，使其用英语表达出个人见解或抒发情感。

3. 好词、好句摘录或概述章节内容

摘录好词、好句旨在引导学生在关注内容的同时注意语言的收集与学习，鼓励学生概括章节内容以提高归纳、概括、综述的能力。

4. 生词列表

教师将本章较为重要的生词做成词汇表，主要目的是引导学生对一章的词汇进行归纳性复习。复现是学习词汇的必要环节，此处的复现也是为了增强学生的巩固、复习词汇的意识。

(三)配备教师，改变授课方式

最初的教学活动都是由中国教师(以下简称中教)组织实施的：备课、讲课、检查作业，每

位教师都忙得不亦乐乎。不到一个月，教师们就显得力不从心了。大家普遍认为自身对英文小说原著中渗透的文化及社会背景知识了解有限，如果逐一查阅学习，备课量会大得无法想象；但如果不把功课做足，上课时文化渗透这一方面就会很干瘪。于是有教师提议：是否可以请一位美籍教师(以下简称外教)来讲授这本大量融入美国文化的小说。学校给出了及时且肯定的答复。很快，外教开始授课，但由于师资不足，学生需要到礼堂听大课才能保证全体学生都能享受外教资源。考虑到大课是大学的主要授课方式，为了让学生提早感受和适应这一学习方式，我们大胆进行了尝试。

(四)规定阅读进度，定期检查作业

作为年级统一要求，学生每周需要完成至少一章的阅读，并把这章的学案完成。每周三外教对上一周学生所读内容进行讲授，学生听讲的同时需要记笔记，课下需要整理。中教负责检查、批改作业，并对学生进行适当反馈。

(五)逐渐完善形成性、终结性评价系统

《普通高中英语课程标准(2017 年版)》的评价标准要求形成性评价与终结性评价相结合。作为英语教学环节的一部分，英文小说原著阅读的检测也同时遵循这两种评价体系。

1. 注重形成性评价对学生发展的作用

听外教上大课对很多学生而言是不小的挑战。听力水平有限、师生互动少等客观原因让一些学生上课时昏昏欲睡。一节课下来，学生收获甚少。发现问题后，我们采取了积极的应对措施。首先，我们指导学生如何记笔记。有学生说不是不想记，只是跟不上、记不全，我们就告诉学生记笔记不求面面俱到，而应挑难点、重点选择性记录；也有学生说记笔记会干扰听讲和理解，我们就告诉他们听与记的协调统一是一项重要的学习技能，需要不断地训练。此外，我们建议学生课后及时对笔记进行有序整理，此举既可以复习巩固课上知识，又可以对课上疑难点进行补漏。为了让学生真正养成课上科学有效记笔记、课下及时复习巩固的良好习惯，我们在形成性评价标准中增加了“英文小说原著讲座听讲检测”的项目，即在外教课次日的英语课上，让学生用 10～15 分钟完成一份“英文小说原著讲座听讲测试题”(见附录 2)，并将成绩记录在形成性评价系统中。

2. 发挥终结性评价的杠杆作用

将英文小说原著阅读嵌入英语课堂教学的想法很好，此举得到了学生、家长的一致认可，但实际困难还是有的，最大的困难莫过于学生抽不出时间读书。很多学生反映，他们的课余时间几乎被各科作业、各种课外班等占满，读英文小说几乎是不可能的事。现状虽然如此，作为英语教师，我们很清楚阅读对于语言学习不可替代的作用，让学生认识到这一点的同时，我们也必须想出实际有效的办法解决这一问题。考试是最好的指向标。学生知道要考的就是重要的，会因此而调整自己的课余时间安排。当发现学生由于各种理由和借口抽不出时间读英文小说原著时，我们在第一时间告知学生期中、期末考试英文小说原著阅读所占的分值比例以及考查方法，让他们意识到，不读书是万万不可的。此法果然有效。得知此消息后，很多学生设法

挤出时间开始定期、持续地阅读。随后有学生表示："看进去之后，发现这本书(《相约星期二》)还是很值得一读的！"

三、英文小说原著阅读课堂教学实例及特点分析

(一)中教、外教两节英文小说原著阅读教学实例

1. 学生阅读完英文小说《相约星期二》某一章后笔者授课的教学实例(具体教学步骤及内容见附录3)

步骤1：学生被分为A、B两组，每组用词典查阅教师圈定的5个不同的词(A组的5个词是关于主人公Mitch的；B组的5个词是关于主人公Morrie的)。针对每个词，学生需要写下英文解释和一个例句。

步骤2：A、B两组的组员一对一组成二人小组，向对方讲授自己所学的词。

步骤3：学生回到先前的A、B两组，将之前所查的5个词按教师的指引在小说中找到，并画出其所在句子并读给同伴听。

步骤4：A、B两组学生分别将教师指定的句子在书中画出，并说出此句表现出的主人公的品质或特征(A组的2句是关于主人公Mitch的；B组3句是关于主人公Morrie的)。

步骤5：(全班分享)A组和B组分别找学生讲述对目标语句的理解及其表现出的主人公的性格特征。

作业：(尽可能使用本节课所学词汇)A组学生写一段文字，介绍本阶段Mitch的生活及其性格特点；B组学生写一段文字，介绍本阶段Morrie的生活及其性格特点。

2. 外教关于此小说阅读初始课的教学实例(具体教学步骤及内容见附录4)

步骤1：封面所传达的信息(先提问，后讲述)。

步骤2：关于书的题目(先提问，后讲述)。

步骤3：书中主人公所代表的真实人物(直接讲述)。

步骤4：关于作者(直接讲述)。

步骤5：关于故事的社会背景及主要事件介绍(直接讲述)。

(二)英文小说原著阅读课堂教学的特点与意义

1. 英语课堂中借助英文小说原著阅读提高学生综合运用语言能力

学习者应像本族语使用者那样，对文本的宏观理解应优先于对其细节的理解。对真实的英语语料进行扫描，不去考虑不相关的因素，避免企图理解每个细节(Clarke，1989)。理解语料中所要传达的信息和意义是第一位的，因此教师在小说阅读的教学中，应首先把握整体性原则，让学生从内容、情节着眼，而非进行单纯的语言教学。在具体的教学环节中，教师应设法激发学生兴趣，鼓励他们独立思考，让他们进行有意义的交流，同时融语言功能、语言意义及语言技巧为一体，以增强学生的自信心、自尊感和整体把握语言的能力。

课例1涉及了词汇学习，但教师采用的是学生查词典的自学方式，旨在帮助学生培养借助词典自学英文单词的良好习惯。教师把学生分成A、B两组，形成了信息差，所以学生间的相

互讲解是相对真实的任务，这便于任务型教学的有效实施。学生在教师指引下记录英文解释，并选择一个例句，久而久之学生就会养成用英语思维记忆单词词义，并在适当语境下学习单词的习惯。步骤 3 是对目标词汇的深入学习，学生通过语境体会生词的用法和含义，这也是英语阅读所需要的技能技巧之一。步骤 4 引发学生对小说中关键句的思考与理解，教师同样把学生分为 A、B 组，两组同学分析两组不同的句子(以产生信息差)，学生透过句义揭示两位主人公不同的性格特征。步骤 5 是口语表达环节，学生把上一环节的思考结果用英语表达出来、讲给全班同学听，这对很多学生而言是不小的挑战，当然也是训练口语的大好良机。听完学生的众多回答后，笔者突发奇想附加了一个问题："How would you like to characterize Morrie(你认为 Morrie 有哪些性格特征)?"设计这个问题是想让学生归纳总结刚才同学的发言，同时也是对他们相关词汇的一次挑战和复习。令我吃惊的是，学生的答案覆盖了"innocent、childlike、sentimental、loving、physically small but mentally strong"等众多词汇，可见孩子们对主人公的理解比较全面和到位，学生综合运用语言的能力得到了很好的证明。本课作业是让学生分为两组分别写出两位主人公此阶段的生活状态及性格特征，这项作业不仅为学生提供了写的机会，而且是对本课所读、所说、所听的综合与概述。

2. 英文小说原著阅读的教学活动注重培养学生自主学习意识

自主学习研究一直以来倍受国内外诸多专家学者的关注。很多人片面地将自主学习理解为"独自学习"，或"课下学习"，错误地认为自主学习是学生自己的事情，不需要教师的参与。西方学者霍莱茨(Holec)认为，自主学习就是"自己主宰学习的能力"。它不是与生俱来的，学习者需要教师的引导、训练等方式才可获得。另一位学者班森(Benson)认为，学习者自主性的特点是管理自己的学习活动，学习者应有交际责任感，具备独立学习和与他人合作的能力与意愿。迪・麦加里(Dee McGarry)则认为，语言学习成功的关键在于语言学习者必须达到明显的自主程度。

课例 1 中，教师对生词的处理方式很大程度地体现了对学生自主学习意识的培养：教师没有教授任何生词，而是指引学生借助词典和上下文学习、并以向同伴讲解的方式巩固学习内容；为了挖掘主人公的特点，教师也是通过引导、启发的方式让学生自主分析、小组讨论并与全班分享。教学过程中，教师主要起到搭设桥梁的作用，为学生提供一个自由、开放、健康的思想碰撞、语言交汇、情感表达的时间与空间。

课例 2 中，外教从五个维度对小说进行介绍和引入，前两个环节中，教师都由提问开始，启发学生自主思考、大胆表达，之后才把课前收集的信息和资料讲述给学生。从宏观角度看，外教所选取的五个维度(封面、书名、主人公背后的真实人物、作者、社会背景)为学生今后自主阅读英文小说提供了很好的切入、分析、理解、判断的视角。

3. 以英文小说原著讲解为载体增强学生文化意识

语言与文化有着密切的联系，语言是文化的重要载体。教师应处理好二者的关系，努力使学生在学习英语的过程中了解外国文化，特别是英语国家文化；帮助他们提高理解和恰当运用英语的能力，不断拓展文化视野，加深对本民族文化的理解，发展跨文化交际的意识和能力。

外教除了语言之外的最大优势就是他们对本国文化和风土人情的熟知，借助讲解小说这一渠道可以向学生大量传达与小说相关的各种信息。课例2中，外教谈到了本书在美国文学史上的地位，讲到了故事背后真实人物的生平和有关作者的众多信息；讲述当时社会背景时，外教涉及了辛普森案、Rodney King遭警袭击事件、名人效应，以及美国人看电视上网时间的与日俱增、报纸书刊的急剧下降等众多社会现象与热门话题。大量的社会文化背景知识不仅为学生理解小说内容扫除了众多障碍，更让学生获取了很多小说之外的广博的知识、开阔了眼界、加深了对西方世界更直接、更全面、更客观的了解和认识。一节课就有如此大的信息容量，久而久之，外教每周一课的小说讲解将会日积月累地帮助学生全方位地了解西方文化、政治、经济、娱乐、教育等各个领域的信息，学生的文化意识和跨文化交流能力都会大大增强。

英文小说原著阅读嵌入中学英语课堂教学还只是新的尝试，但因其符合语言学习规律且适应当下教改潮流，让学生在增强文化意识、自主学习意识和综合运用语言能力等诸多方面获得益处。将小说阅读纳入中学英语课堂意味着对英语教师更大的挑战，依靠外教协助不是长久之计，如何提高自身修养、拓宽自身文化视野是处在改革浪潮前沿的一线英语教师亟待思考和解决的问题。

附录1：英文小说原著阅读教学学案节选

The Curriculum

I. Multiple Choices

1. In"The Curriculum", the author talks about one last class. What do you have to do in this "special"class to receive extra credit?

A. Wave to the professor. B. Kiss the professor goodbye.

C. Score high grades. D. Finish the assignments on time.

2. How many students are participating in the one last class in "The Curriculum"?

A. Six. B. One. C. Four. D. Two.

3. What is the name of the paper produced from the one last class in "The Curriculum"?

A. The Last Class. B. My Old Professor.

C. Tuesdays With Morrie. D. Tuesdays with Schwartz.

4. From which university did the narrator graduate?

A. Brandeis University. B. Harvard University.

C. Brandwine University. D. Yale University.

5. After his graduation ceremony, who did the narrator introduces his favorite professor to?

A. His parents. B. Morrie Schwartz.

C. His old uncle. D. Another professor.

6. Which gift did the narrator present his favorite professor after the graduation ceremony?

A. A leather briefcase. B. A hug.

C. A leather suitcase. D. A silver pen.

II. Short Essay Questions

1. In"The Curriculum", Mitch describes his former professor's last class. What happened in that class?

____

____

2. What did Mitch do after his college graduation ceremony?

____

____

III. Significant quotations or useful sentences/Summary

____

____

IV. Vocabulary list

1. pose *v.* 提出
2. pillow *n.* 枕头
3. credit *n.* 学分
4. in lieu of = instead of
5. whisk *v.* 挥，甩
6. prophet *n.* 先知
7. elf *n.* 小精灵
8. spill *v.* 溢出；洒出
9. slanted *a.* 倾斜的
10. punch *v.* 用拳猛击
11. initial *n.*（姓名等的）首字母

附录 2：小说讲座听讲测试样题

Part I Ask and answer

ATTENTION：ALL YOUR ANSWERS SHOULD BE SENTENCES.

Question 1. Why did Morrie refuse to dress up for his interview?

Question 2. What did Morrie dread most?

Question 3. What did Mitch mean by saying "not easy to cut a class"?

Question 4. Mitch did five things at a time in his car. And suddenly he pushed the brakes, spilling coffee. What can you learn from it?

Question 5. Why didn't Morrie say no when Mitch offered to feed him?

Question 6. What are the questions you'd like to ask to find out somebody's true character? (At least one question)

Part II Explain the following words and verbal phrases.

1. Narcissus ________________________________

2. flip channels ____________________________

3. gaunt ____________________________________

4. compensate _______________________________

5. foreshadow _______________________________

附录 3：小说阅读(中教)教学实例

Step 1：Look up the words in the dictionary and write down：①English meanings；②One example sentence.

Group A：

1. hypocritical
2. demon
3. accomplishment
4. bury
5. numb

Group B：

1. chore
2. deny & discard
3. withdraw
4. dignity
5. composure

Step 2：Teach your partner the new words you've learned.

Step 3：Find these words in the novel and then read the sentences to your partner.

Group A：

1. hypocritical(P16-L19)
2. demon(P16-L25)
3. accomplishment (P17-L7)
4. bury (P17-L7/L19)
5. numb(P23-L5)

Group B：

1. chore (P18-L8)
2. deny & discard (P18-L16)
3. withdraw (P21-L17)
4. dignity (P21-L19)
5. composure (P21-L20)

Step 4：Find the sentences in the novel and tell your partner what these sentences tell us about Morrie or Mitch.

Group A (About Mitch)：

• P4：I didn't want to forget him. Maybe I didn't want him to forget me.

• P4：I am taller than he is，and when he holds me，I feel awkward，older，as if I were the parent and he were the child.

Group B (About Morrie)：

• P3：He is a small man who takes small steps，as if a strong wind could，at any time，whisk him up into the clouds.

• P4：When he smiles it's as if you'd just told him the first joke on earth.

• P4：When he steps back，I see that he is crying.

Homework：(try to use the words you've learned today)

Group A：Write a short passage about Mitch and his life of this stage.

Group B：Write a short passage about Morrie and his life of this stage.

附录 4：小说阅读(外教)教学实例

Step 1：About the cover

What's on the cover?

• Title

• Author

• Subtitle：an old man，a young man，and life's greatest lesson

• Other info：National Bestseller；The No. 1 International Bestseller；10th anniversary edition，with new reflections by the author；With a new afterword by the author.

Step 2：About the title

1. Why is "tuesdays" lower-case?

2. Who chose the title?

3. Does each day of the week have a different feeling?

4. Would "Fridays with Morrie" convey a different feeling?

Step 3：About the real Morrie

1. Born Dec. 20，1916

2. Graduated from City College in New York

3. Sociology Professor at Brandeis University

4. Author；had two sons

5. Wife was also a professor at Brandeis

6. Died Nov. 4，1995 (78)

Step 4：About the writer

1. Born in 1958，New Jersey

2. Details in "The Student"

3. Well-known sports reporter

4. Columbia Graduate School of Journalism

5. Detroit Free Press-Replaced Mike Downey in 1985

6. Last and only guest on Ted Koppel's *Nightline*

Step 5：About the setting

1. OJ Simpson trial-racial tension

• African-American sports star，broadcaster and actor accused of murdering two Euros-his ex-wife and a Jew who was returning her eyeglasses.

2. Rodney King-drug addict whose beating by police was videotaped

• The police were found not guilty in state court-1982

• Riots in African parts of Los Angeles, and smaller riots in other cities

• Police found guilty in a federal (national court) trial in 1983

3. Many people have become "famous for being famous"

4. The celebrity-making industry generates billions of $ $ $

5. Since 1995, the time of the book:

• The number of hours Americans spend watching TV or Internet programs or engaging in social media has risen dramatically since 1995.

• The number of TV channels has risen.

• The number of newspapers has fallen.

• Book sales have fallen.

参考文献

[1]Ellis R. *Learning a Second Language through Interaction. Learning a second language through interaction*[M]. John Benjamins publishing Company, 1999.

[2]Allen J. P. B. , Widdowson H. G. *English In Socieal Studies*[M]. The Univ. Pr, 1978.

[3] Clarke, D. F. " Communicativetheoryandits influenceonmaterialsproduction " [J]. *Language Teaching*, 1989(22).

北京师范大学附属实验中学　孙小梅　陈耀

第五章　活力课堂的专题探索：写作

>> 第一节　用美文和随笔搭建阅读和写作的桥梁 <<

一、背景与问题

听、说、读、写是英语学习者必须掌握的四项基本技能，这些无疑都是英语教学和研究应关注的焦点。然而，我国中学英语写作教学不容乐观。学生总体写作能力是落后于阅读能力的。具体现状表现为以下两点。

(一)教师教学方面

第一，现行的高中英语教学容量大，课时少(每周只有5节课)。虽然每个单元的"Integrating Skills"部分都对写作有所要求，但不少教师在实际教学中一味追求课时进度，只重视对词汇和短语的讲解，将教材中安排的写作任务一带而过，课堂上指导学生写作的时间很少。第二，教师对写作教学缺乏重视，没有把英语写作当作一项重要的技能来培养。高中阶段没有开设写作课，且不少教师只注重写作过程而忽视写前的引导过程，没有注重引导和培养学生向着"阅读→理解→欣赏→借鉴"这样一个科学的过程发展。

(二)学生写作中存在的问题

很少有学生主动有意识地从阅读中吸取可用于写作的营养，其结果是阅读与写作脱节，长期以来学生的写作水平难以提高。学生的英语作文常出现以下问题。第一，词汇贫乏，语言不地道，表达不到位或用词不当。第二，言之无物，不会展开深入的描写和议论。受母语思维习惯的影响，作文中出现很多不符合英语表达习惯的句子。

现代语言学理论告诉我们，语言技能的提高离不开语言输入和知识积累，而阅读正是学生获得语言输入的主要途径。离开了阅读的写作只能是无源之水。

针对高中学生写作中存在的困难和问题，笔者提出通过阅读英语美文、写随笔的方法提高高中生英语写作能力。

二、用美文和随笔沟通阅读与写作

英语美文常常涉及生活中可能遇到的小事或对人生、境遇的随想，使读者在享受阅读乐趣、品味语言美的同时，情操得到陶冶，心灵受到启迪。

随笔是一种随时记录所见、所闻、所想、所感的散文体裁，表面上写得随意，信手拈来，任意挥洒，实际上平中见奇，需要很高的艺术修养。英国作家本森在《随笔写作》一文中说："随笔的妙处……在于个性的魅力。随笔自然要写出……某种可供人嗅察、听到、看见、感知、想象、思考的东西；但是最根本的一点，作者必须有自己的看法，这看法又必须在他自己的心灵中自然形成。"

结合美文和随笔的特点，笔者认为这种形式的阅读与写作能够带给学生许多益处。

（一）美文和随笔能促进学生的精神成长

美文能陶冶情操，培养学生良好的道德素养。从许多英语美文作品中，学生会渐渐地领悟到一些人生道理，净化心灵，陶冶情操，从而由内而外的散发出良好的心理素养。而在随笔写作中，用从自己的美丽生活和情感世界中汲取的灵感之水汇聚成的随笔妙文，正是学生对自己某时某刻的精神沃土的松土施肥，让自己的这片精神领域绿草丰茂、莺啼阵阵。在真情的抒发中，学生的人格气质渐渐变化，学生的纯真美丽渐渐显现。

（二）美文和随笔能激发学生的写作兴趣

阅读是写作的重要源泉，美文会在学生的心底激起波澜，使他们产生写作与交流的冲动。随笔内容丰富，形式多样，使学生摆脱了条条框框的束缚，表达起来更灵活，品尝到自由写作的快乐。正如"源头活水"汩汩而流，才会使学生心灵清澈、文思泉涌。语言能力强、写作水平高的学生自然可以大展身手。写作能力稍弱的学生也不会东拉西扯，他们也会体验到写作的乐趣，体会到成长的速度和真情表达的快感。

（三）美文和随笔能促进文化的积累和写作素材的积累

《普通高中英语课程标准（2017 年版）》特别强调了文化在英语写作中的作用。通过阅读英语美文，学生可以了解英美国家的语言风格，进而熟知其风土人情、地域文化和语言背景，拓宽自己的视野，从中发现中西文化的相似和差异，取之精华并且化为己用。

写作素材是写作的最基础要素。素材永远取自生活本身。要写出好的东西，就要读好的东西。"美文"顾名思义，必然是取材于生活中值得欣赏的东西。在英语美文阅读的过程中，学生应随时准备提取文章中的精华段落，作为自己以后英语写作的备用语录。教师也应在课堂中提倡学生用心从所读的英文作品中发现语言的精华，引导其主动地寻找文章中的美。

三、美文和随笔的选材与使用

（一）依据课程标准，精选美文

在选材上，教师需要充分考虑《普通高中英语课程标准(2017 年版)》的要求和现行英语教材的语法、词汇及话题。《普通高中英语课程标准(2017 年版)》要求关注学生情感态度的培养，把对学生积极情感态度的培养作为课程目标之一。因此，教师可选用“心灵鸡汤”系列，包括亲情、友谊、学生方面的故事。这方面的文章不但思想性强，而且贴近学生的生活。从耳熟能详的励志故事，到耐人寻味的人生片段；从童年的一件小事，到一段生死历程。英文大多来自国外原文刊物与网站，内容紧跟时代潮流，语言地道真实。目的是让学生在阅读时融入故事情节中，充分享受文章的精彩，享受阅读的快乐，激发阅读兴趣，使学生乐于读书，从而拓宽视野，更好地了解英语世界和文化。学生在阅读能力得到培养的同时，情操也受到潜移默化的熏陶。以下这些文章可以作为借鉴。

Never, Never, Never Give Up（《永远、永远不要放弃》）

How Much Music Can You Make（《你能演奏什么样的音乐》）

Quadriplegic—A Harvard（《一位四肢瘫痪的哈佛大学优等生》）

Dad's Been Behind Him for 65 Marathons（《爸爸陪他参加了 65 次马拉松》）

From Homeless to Harvard（《从无家可归到哈佛大学》）

What Makes Champions（《什么创造了冠军》）

The Apple Basket（《苹果篮子》）

Refusing to Accept Failure（《永不言败》）

The Winner（《胜利者》）

（二）实施过程

1. 找到切入点，有感而写

随笔的最大特点是让学生尽情发挥。因此，切入点可以很多，不受限制。学生可以从某句话、某个意境，甚至某个优美的句子切入，有感而写。体裁不受约束，学生只需要抓住每一篇中一个值得写的点，当长即长，能短则短。只有这样，阅读中的亮点才有用武之地。

以句子切入为例。学生在文中读到这样一句话：I am also those whose names and faces have long been forgotten but whose lessons and character will always be remembered in the accomplishments of their students. (From *I am a teacher* by John W. Schlatter) 学生的随笔：That's right. I can still remember my Chinese teacher in primary school. Her lessons made me cheerful. I was always eager to raise my hands and answer her questions in class. 学生还可以从文章整体思想切入。学生在读完一篇美文后这样写道：This passage, like many before, touches my deepest heart. It's like a beautiful and inspiring writing. At first I wonder if a teacher can really have such strong power and honor, but as I read on and on, no doubt any more. Teachers are honorable, respectable and can receive the sweetest feelings in the world. So I think, Mrs. Sun, that you own the qualities of a good teacher. I think I am lucky to have you as my teacher.

2. 有感而写建议包括“议”和“联”

议就是针对材料进行评析，既可以就事论事，对所读内容做一番分析；又可以由现象到本质，由个别到一般地做一番挖掘。学生对寓意深的材料更要深入剖析，然后水到渠成地写出自己的观点。例如，学生在文中读到这样一句话：If parents are not careful and don't supervise what their kids can see—their kids can lose some of their innocence because of freedom. 学生的随笔：Nowadays, the Internet is flooded with both helpful and harmful information. If kids are given too much freedom to get online or are not often watched by their parents, their innocence will soon get lost.

“联”就是联系实际，既可以由此及彼地联系现实生活中相类似的现象，又可以由古及今联系现实生活中的相反的种种问题，有时候还可以是个人的思想、言行、经历。例如，学生在文中读到这样一句话：Happiness is a journey, not a destination. So, work like you don't need money, love like you've never been hurt, and dance like no one's watching. 学生的随笔：That's right. I'm now studying, thus in the process of pursuing happiness. I will treasure every moment of my life.

3. 留下阅读的痕迹，体会思想和语言的独特

教师可以要求学生在阅读时用记号笔在文中留下痕迹。这是阅读过程的体现。阅读的痕迹包括兴奋处、疑难处、共鸣点。学生更可以将文中的优美句子用红笔标出，感受其表达效果。请看以下几例。

It takes courage to grow up and become who you really are. 这个句子非常励志，它会激励人们鼓起勇气前行。

The street corner witnessed many traffic accidents. 这个句子中用词灵活，值得借鉴。

Some books are to be tasted, others to be swallowed, and some few to be chewed and digested. 这个从培根的“论读书”中出来的句子一定能引起大家的共鸣。

四、教师在美文和随笔实践中的作用

（一）示范作用

改变他人要先从自己开始。试想一下，如果教师主动向学生推荐好书、好文章，与学生一起讨论读书感想，与学生一起写周记或随笔，向学生读自己的文章，那么这时，学生的眼神将会怎样。榜样的力量是无穷的，教师的示范作用是不可低估的。如果一位教师饱读美文、妙语连珠、下笔如神，这本身就是一种最好的教育，远胜于那无数的高招妙解。

（二）引导作用

教师的引导作用体现在最初阶段的指导学生找切入点，找有感而发的点，找文中句子的优美之处；同时在课堂上与学生分享好的随笔，帮助学生把优美灵活的句式与常规句式进行比较，让学生在比较中感受其优美之处、与常规句式不同的表达效果和感情色彩，体会各种修辞方法的表达效果。以下是教师引导学生找出的句子举例。

The river winds its way to the south.

The river flows to the south.

The street corner witnessed many traffic accidents.

Many traffic accidents happened at the street corner.

（三）激励作用

中学生写作的动力主要来自教师的激励以及成功的体验。因此教师的激励作用格外重要。除了在课堂上分享好的随笔文章，教师还可组织学生参加书评、各类作文比赛；鼓励优秀学生把自己的作品寄给报刊社发表；每学期利用假期，让学生整理一学期以来的美文随笔，每人编辑一本美文随笔选，自定书名，自己作序，教师为美文随笔积累丰富的学生颁发奖状或给予其一定的物质奖励。这样做可以使学生在日常写作中被激发起来的写作兴趣得以延续，使他们获得写作的成功感，从而使其写作能力达到“更上一层楼”的境地。

五、值得思考的问题

（一）评价——教师还是学生？

给出评语是教师对学生完成随笔的一个评价环节。评语要中肯并以鼓励为主。教师、学生都可以成为评判者。学生普遍认为教师更有经验，喜欢把教师看作权威，所以对教师的评语更加信任；而且，他们认为教师的评语更加具体，包含建设性的修改意见。但如果学生经常写美文随笔，且班级人数较多，那么写评语就会逐渐成为教师的负担，教师不能及时反馈。这时学生的互评活动则是不错的选择。互评提升了学生的参与度，还能锻炼其分析、判断、概括和评议能力。互评可以四人一组，每人读其余三人的文章，这样每篇随笔都能得到三个人从不同角度给出的评价，学生的交流面也得以扩大。但要考虑到学生是否能积极地参与到互评活动中以及学生的英语水平等问题，教师应根据不同的具体教学情况，随时调整评价活动。

（二）标准——什么样的随笔才算好？

学生发挥空间大小不一，表达自由度高低有别，评价标准就应有所区别。在教学实践中，教师要确立“以学生为本”的教学理念，根据学生年龄特点和知识水平，尊重学生的写作成果，在给出评语时也要因类施“评”。而对随笔的评价，可以重内容，轻形式（拼写、语法），略批。在评价过程中，教师要考虑切入点是否能与被评价者产生共鸣，思路是否清晰，语言是否流畅等。反馈可以有话则长，无话则短。遇到问题师生共同讨论，共同协商。但有一个方向是不变的，教师应依据鼓励为主、修改为辅的原则，写出具有欣赏性的评语。

六、结语

阅读是写作的重要源泉。动人的故事、美丽的景色、独到的见解、精巧的构思、优美的语言，都会在学生心底激起波澜，使他们产生写作与交流的欲望。英语阅读和写作的提高不是一蹴而就的，要细水长流。教师只有不断激发学生兴趣，帮助他们养成读美文写随笔的习惯，才能在他们今后的学习中搭建起阅读与写作之间的桥梁，让美文和随笔熏陶学生、激励学生、成就学生。

北京师范大学附属实验中学 李艳

>> 第二节 以读带写提高中学生英语写作水平<<

一、英语课堂写作教学状况

在中学英语教学中，多数学生的写作水平一直处于造句和背诵的交替循环中。学生词不达意和各种翻译式作文困扰着学生和教师。除了课本和辅导材料的范文背诵外，学生们基本都不敢越雷池一步，恐怕被炸个粉身碎骨还得赔上一个中式英语的坏名声。

分析其中，问题主要在于：第一，中英文之间的差距(认知和语言两方面)是阻碍学生写出好作文的难点。语言习得应以第二语言的语言能力为基本出发点而不是母语的语言和认知能力为起点。大多数的学生对自己的英语语言水平估计过高，经常用自己的汉语认知能力来评价自己的英语语言能力，比如“flowers are open”在中文认知能力中认为是幼儿园水平的孩子都会的词，于是在学习“flowers”的过程中简单的中英文直译就结束了，殊不知在英文中的合理表达方式为“flowers are blooming”；因此第一个学习的重点是让中学生的语言学习从学生的英文水平开始进行可理解性输入。第二，语言表达的多样性。中学生的两个优势是好奇心和创造力。语言学习是多样表达的习得，比如“butterflies are flying in the flowers”在中学阶段我们需要引导学生说出更多的表述方式，例如“butterflies flit to and fro.”。学生在学习中对生活的感知是多样性表达的根本途径，看、听、闻、尝、触才能不断地对学生综合思考问题提供各种证据。

实际上，学生应该有独立思想，不同学生作文应该是多样的，是对生活的有感而发，而不是连词成句。教师应鼓励学生不断阅读，自主思考，从自己的生活出发，写出属于自己真情实感的作文。而这其中，学生的大量阅读至关重要，写作训练也是关键，两者的紧密结合一定会帮助学生在作文上取得进步。因此，我们可以通过“以读带写”来帮助学生提高英语写作水平。

二、“以读带写”的理论基础

克拉申习得学得假说认为语言输入的两种方式为习得和学得两种不同的途径。习得为无意识的获得语言能力的过程而学得是有意识的学习的过程。

克拉申的输入假说认为有效的语言输入是可理解性输入(comprehensible input)。并且给出理想输入的 4 个条件：①输入是可理解的；②输入是有趣或相关的；③输入不按语法顺序进行；④输入必须有足够数量。

奥德林(Odlin)的母语迁移理论认为先前获得语言主要是母语和目的语之间的共性引起的迁移为“正向迁移”；学习者把母语中知识不恰当的应用到目的语中叫作“负向迁移”认知语言学认为语言的习得过程中内隐式学习才能真正把语言内化到自己的知识体系中。而英语单词也在文本中被习得是二语习得中的重要途径。中学生在英语学习的过程中需要教师不断的搭建平台(包括与主题相关的材料和协助学生习得英语的方法两个方面)从而逐渐实现由简入繁的习得英语。

基于以上的理论基础，我们可以制定出围绕以读带写而制定的两个对策。

三、以读带写策略一：阅读输入

(一)体验生活和小说阅读是学生输入的主要来源

作文要想写得好，并不是靠凭空的想象就能编造出来的，而是日常的阅读、生活、旅行和思考相结合自然流淌出来的产物。不可一日不阅读，得时时刻刻观察生活中的细节。每天在阅读中期待转角碰上某种英文表述的地点、心情、行为的表达方式，在生活中期待转身碰到书中某个情景再现时的兴奋。而这种感动和顿悟是阅读和生活的结合，更是写好作文的源泉。这种兴奋和期待才能使学生对阅读和写作保持永久的动力。对英文表述的能力才能实现多样化的提升。比如在小说《小猪梅西》(*The Pig Mercy*)中讲到梅西(Mercy)一直在做一个梦，梦见涂满黄油的面包，英文是“hot buttered toast”，而和同学吃饭的时候自己一边涂黄油一边这个短语就会蹦出来。再比如在《哈利·波特与魔法石》(*Harry Potter and Philosopher's Stone*)中弗农(Vernon)认为周末终于可以休息不被信件打扰的时候，他很开心地把黄油抹到了报纸上，颇让人捧腹。文中的表达方式是“spread the butter across the newspaper”。在这两个例子中“butter”“spread”才完成了从识记到理解再到习得的输入。

以“place”为例，每个同学都要做展示来介绍自己阅读的过程中觉得最好的地方是什么？为什么？限定每个同学摘取两句话做分析。在分析的过程中教师帮助学生进行文本对比和生活联想。在此过程中教师的问题尤为重要，否则整个过程就会流于形式。比如以《哈利·波特与魔法石》中的“九又四分之三站台”(platform nine and three-quarters)为例。有同学引用了“the platform packed with people; passengers jostled by…”可引导学生联想高峰期时的西单地铁站，长城上的人山人海等。又比如哈利·波特到站台被告知站台的柱子是入口时他不是太相信，于是他的具体动作是“pushed his cart around and stared at the barrier”，也颇为传神。试想我们觉得怀疑某种东西的时候是不是也会转一圈仔细观察一下呢？接下来一句给的是“It looked solid!”节奏把握得特别好，简洁有据。把哈利·波特此时的尴尬和怀疑一下子勾勒了出来。如果选送的句子不能引起对生活的理解抑或是引发兴趣或共鸣，那么这个输入本身很可能就无效了。长此以往，学生在阅读的过程中就会更加关注自己对于地点的选择和描述方法。

（二）输入中可能出现的问题

写作输入中的阅读体会是一个主观认知的过程，也是激活学生体验的关键。这个过程可以总结为工一力一智一心一毅几个关键步骤的总和。工指阅读中花费的工夫一“工作时长”；力指有效的付出；智指动脑联想和分类的过程；心指用心感受的过程；毅指的是坚持小说阅读的毅力。在任何一个环节出现问题都会使阅读陷于被动和停滞。首先，“出工不出力”是其中比较典型的特征，具体表现为阅读时间不短效率却不高。这主要是由学生阅读目标不清晰和对自己的阅读习惯了解不够两方面的原因造成的。在英语阅读中，最小的理解单位是意象，出发点是自己感兴趣的话题，考试词汇的掌握应该在话题阅读的引导下有效地完成。也就是说一方面日常生活的各类话题下的意象应该是基本涉猎一下，比如“got a papercut，the leaves rustled，the icy gray sky，feel light headed”等日常生活会碰到的意象。另一方面应都自己的爱好兴趣多做意象分类，比如男生如果喜欢足球，在阅读文本中会找到和球类活动、感触相关的多种意象。分类总结一下，大致包括：球场上的活动，比如，“juggling the soccer，tackle the attacker，tap the ball to the left、drive the ball into the net”等；胜利和失败的对比，在《失败者》(*Loser*)中有发奖杯的环节(give out trophies)其中的“black pedestal、a golden soccer player with a golden soccer ball at his foot”，以及“it glows as if it has been painted in sunlight”，都会让有踢球经历，有过成功获奖的球迷产生共鸣。阅读习惯因人而异。有的同学边走边读而有的同学可以坐着一动不动连续阅读2小时。如果强迫自己采用了别人的不适合自己的方式，阅读就变成了一种折磨。如果集中精力的时间只有30分钟并且需要拿着书来回地溜达是喜欢的方式就没有必要非得把自己按在座位上经受身体和精神的双重折磨！第二，只问耕耘，不问收获。在阅读中有的同学把所有自己不认识的词都查了出来并工整地写在笔记本上给自己造成很认真的假象。好的学习者在阅读输入过程中会有效的使用两项技能：联想和分类。不动脑、不分类的一通狂抄大大降低了阅读的效率！联想是指在故事中意象才有意义，如果自己总结的意象不能与已有的故事体系产生联系，这个词在我们的认知体系中就容易被忘。比如在《了不起的大盗奶奶》(*Gangster Granny*)中提到奶奶只会做卷心菜汤，为了不让奶奶知道自己讨厌这种汤，作者悄悄的把汤倒到了家里的花盆中。盆栽植物“the pot plant”这一意象在这里既是前面故事作者不喜欢奶奶的情绪出口，又是在故事中的特殊意义的代表。小说阅读可以提供一个大的阅读故事内容和结构前提从而让赋予新的意象意义。在《哈利·波特与阿兹卡班的囚徒》(*Harry Potter and the Prisoner from Azkaban*)中，哈利·波特在开学前从弗农家生气出走来到对角卷(Diagon Alley)从古灵阁(Gringgotts)取出钱的时候想把钱花掉，因为有太多的东西让他着迷，但是想到还得在霍格沃茨(Hogwarts)待5年，想到没钱还得向弗农借钱的画面时，作者用了意象“the exercise of his self-control”，让人眼前一亮，之前在弗农家的各种遭遇，此时口袋里的巨款让“the exercise”一词变得意味悠长。分类的方式因人而异，在阅读中有的意象会比较容易记住，但有的则不容易，这就需要我们进行分类记忆，有时写得好的意象甚至需要可以识记。因为小说多涉及日常，所以我们应留心的是按照自己喜爱的方式分类识记。比如人可分为外貌，行为，心理；景物可分为颜色，形状，给人的感受等分类。每次将新的相关意象进行整合时会发现描写的高频词和不同作家的用词倾向。比如干练的女性描述时，“her hair was drawn back into a tight bun / ball、keep a stern look”都是常见的意象。小说阅读是一个在故事中不断理解新的意象的过程，更是在一个完整的故事体系中不断期待惊喜和遇见的过程，在这个过程中英语的习得变得有趣和有效。

(三)输入中教师的作用

教师的作用无论是克拉申的可理解性输入的提出，还是后来语言学家对于输入、输出理论的不断解读都在强调输入的重要性。教师在其中的作用主要体现在帮助学生找到自己喜爱的主题，合适每个学生能力的书籍，以及每个学生可行的分类整理的方式等方面。每个学生都有自己喜欢的主题，教师应引导学生如何在这一主题下观照客观生活。教师好像博物馆的馆长，应教会学生观察馆藏的方法。新的话题变成可理解的输入需要教师一步步地搭台阶。主题是学生阅读的出发点。统计全班喜欢的主题做阅读推介，在这个环节应注意即使在同一主题下学生的阅读水平和词汇能力也是不一样的，教师应帮助学生找到与自身能力相匹配的主题。以球类为例，作为入门级的学生需要读的是《海特教练很疯狂！》(*Coach Hyatt is a Riot*！)，然后是《失败者》(*Loser*)，再是《橘子》(*Tangerine*)，再难一点的是《哈利·波特》(*Harry Potter*)。大多数学生的英语水平其实只能到入门级，其认知水平已是高级，于是在选主题和书籍的时候往往“眼高手低”，造成后期高不成低不就、不得不放弃的尴尬！一方面，教师应从学生的语言水平出发，尽快鼓励帮助学生填补语言水平和认知水平的差距。另一方面，不仅在内容让应帮助学生保持对阅读的持续动力，教师应在语言的“小逻辑”中帮助学生建立有序，有效的语言“小结构”。意象之间的简单逻辑关系是这个环节学生阅读的重点，对后期学生的写作逻辑影响巨大。在《铁石心肠》(*Stone Heart*)中伊迪(Edie)这样解释“panic”一词：“She knew the feeling was panic，and she knew giving in to panic was dangerous，because she'd stop thinking clearly.”。这里的“小逻辑”是“panic”和“dangerous”之间的联系是通过否则她会“stop thinking clearly”。可以先让学生们回想一下在自己的生活中或读过故事中关于“panic”的例子。然后让学生分享一下自己关于这句话的理解。最后引出故事中对“panic”的解释再和同学们的理解对比分析。分析的最后并不是闭合的而是开放的。“小逻辑”是“Giving in to panic was dangerous，because…”而这种“小逻辑”的整理可归类到“情绪”分类中。教师在这个环节中会影响学生在碰到类似小逻辑的时候建立自己的简单逻辑库，从而为在写作中考虑多种可能性建立简单证据支持。最后的小逻辑库可成为“Panic…，because…”的大逻辑库。如果没有这个环节，各个意象大多是故事情节联系到一起。意象之间的联系逻辑性则变成了单一线性联系，对于学生后期的写作训练的支持多半会非常有限。因此，主题，书籍，分类是相对独立但又紧密相连的三个重要部分，而这三个部分对于阅读处于起始阶段的学生来说是非常重要的，而教师在内容和逻辑可理解性输入环节的重要作用尤为重要。

四、以读带写策略二：写作输出

(一)分解话题，切身体会

中学生的作文以记叙文为主，多是描述那人、那地、那时情感。地点不外乎学校、家里和旅游地等。如何让学生写出好的文章主要取决于学生相关话题的准备和类似的生活体验的交叉对比。比如以校园为例，有一次我让学生利用课上15分钟的时间去校园里找声音，回来让学生们把声音写在黑板上进行男女生比赛。找声音之前我们预估大家能找到的声音应该有10种左右，但是结果却让我们大跌眼镜。同学们整整写了一黑板(我估计黑板有多大同学们应该可以写多少)，我们把声音进行了分类：人的、昆虫的、植物的、天气的、鸟的、汽车、空调的，等等(见图5-1)。

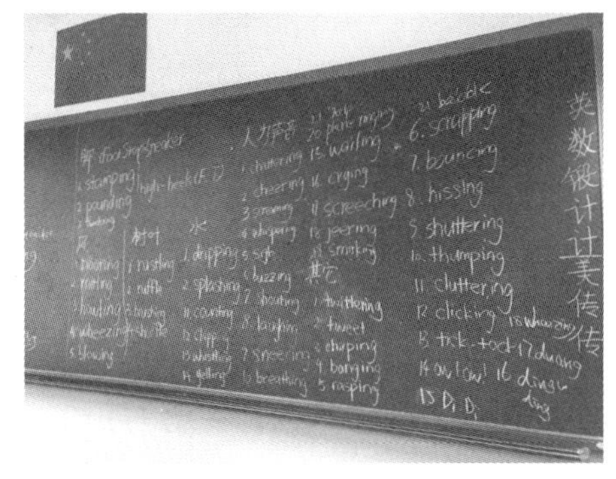

图5-1 学生学习成果展示

当然有的声音同学的描述还不是非常准确，于是我们就把这些存疑的声音记录下来，让大家在接下来阅读中去找寻这种声音。下一次可以让同学们去找颜色、植物、器械、建筑等，如果没有这些分类和切身体会，学生们就不能体会教师提供的素材的美感和作家创作的细节支持。比如校园里会听到汽车在街道上行驶的声音，而这种声音又分为轮胎和地面接触的声音(humming)、喇叭声(blaring)、马达声(revving)和加速驶过时的风声(whistling)、排气管的声音(zoom-zoom)等。随着大家关注点的不断提高，时刻对声音充满期待，才能把有趣的素材表述出来。

(二)中英对照，交叉对比

我们经常会提倡在英语的环境中学习英语，这对于二语习得的学生来说是有待考虑的。二语习得的过程中我们不可能脱离母语的影响，尤其是相对复杂的表述和比较抽象的概念。当母语和英语能够产生共鸣时，这种母语影响叫作正向迁移，如果引起歧义则称为负向迁移。所以在教学过程中，如果英语来得简单那就用英文解释，如果画面感强就用图片展示，如果汉语解释方便就用汉语。举例来说，解释“philosophy”这样的概念就直接说哲学好了，否则英文解释半天教师自己都不知道说的什么东西。在一次段落讲解时，我们提到如“风吹草低”的意象时很多同学想起了汉语中的吹皱一池春水，而在英文中用的是“the gentle breeze rippled the grass”。当时我们就觉得“ripple”这个词比“wrinkle”更有意思，于是我们给了这个表达方式一个好评，也能提高学生表达的多样性。解释颜色的时候，图片往往可以更好地帮助学生理解，比如在《哈利·波特》中提到麦格教授(Professor McGonagall)的“emerald green cloak”的时候，我们可以不再拘泥于到底是“fresh green”还是“dark green”或者“smooth green”。当然如果先用：“What's the color of her cloak and what makes this green different?”提问学生，同学们给出的答案往往让我们感受到想象力对于语言习得是多么美妙的一件事情。比如有同学认为穿着这种颜色的女生往往给人比较难以接近，不好惹的感觉。再一对比小说中的人物描述也有类似的表达：“Harry's first thought was that this was not someone to cross.”。当我们再碰上颜色的时候，大家脑子中马上就会条件反射似的想到“哪种颜色？是麦格教授的那种不好惹的绿色吗?”于是当所有的颜色有了感情的时候，同学们在描写的过程中就更加生动有趣。所以教师可以尽可能用问题、图片、母语对学生的英语学习形成正向迁移的影响，借助不同的媒介使学生感受英语，理解英语从而习得这门语言。

(三)化整为零，自由整合

1. 由小到大，化整为零

写作之初，很多同学的困惑是没啥可写而引发的写作恐惧症，或是由于害怕出错而拒绝写作。作文是写出来的，要想写出好的作文，首先得从小的话题下手，从简单的描述开始。比如“an evil aunt”，可以限定学生在几分钟内写出不多于 30 个词的两句话来表达对一个邪恶的姨妈可能的描述。鼓励学生们用自己的语言和“小逻辑”来表述。然后全班分组讨论哪方面的描述更有趣，最后从小说中找到这种小逻辑让同学们读和仿写，从而提高自己的写作水平。在《哈利·波特》中提到哈利·波特自己的姨妈的时候有这么两句表达：

On the threshold stood Aunt Marge. She was very like Uncle Vernon：large，beefy，and purple-faced，she even had a mustache，though not as bushy as his. In one hand she held an enormous suit-case，and tucked under the other was an old and evil-tempered bulldog.

我们发现里面的意象如姨妈的“长相”和手里的“狗”达到了自带邪恶的气场，同时其中的小逻辑也让我们会心一笑。开门见姨妈对哈利·波特来讲是开门见惊吓，坏消息和反派登场总是这么的直接，于是书中的“on the threshold stood someone”就可以作为学生们写作时表示惊吓的“地点小逻辑”，接下来这个看脸的时代：有谁会用“beefy，purple faced，bushy mustache”来形容姨妈呢？更不用说她手里那只“狗仗人势”的“evil-tempered bulldog”。我们理解了有一种邪恶叫你的宠物很邪恶！而其中“In one hand she held… and tucked under the other was an… and…”这样的结构也确实好玩。

对于小错误在写作的初期不应过多的干涉，相反应该鼓励大家写作，对于内容的关注应放在第一位。每天练习小的话题写作，化整为零。

2. 自由写作，整理素材

当讲完一个模块或结束一个章节，可单独拿出一堂课让学生就本单元的话题进行自由写作，把各种素材进行整合。比如讲“transportation”这个模块，可以首先打开窗户让学生收集一下能够听到的声音，然后和这个模块课本中的内容进行对比分析，从不同角度让同学们去感受交通工具在现实生活中的作用。之后可以带同学们去地铁站让大家观察一下高峰期西单地铁熙熙攘攘的人群和各种嘈杂的声音。之后可以跟学生一起分析哈利·波特在“九又四分之三站台”的所见所闻所感。

He started to walk toward it. People jostled him on their way to platforms nine and ten. Harry walked more quickly. He was going to smash right into that barrier and then he'd be in trouble…

“jostle”一词描绘出了站台上人们摩肩接踵的动态，而“smash right into the barrier”则描写出哈利·波特当时面对站台柱子的种种疑惑。

A scarlet steam engine was waiting next to a platform packed with people. A sign overhead said Hogwarts Express, eleven o'clock.

“a platform packed with people”描述的是熙熙攘攘的站台，而“a sign overhead said”这一组小逻辑词可以用于各种表述有一个写着……的标示牌。

The first few carriages were already packed with students, some hanging out of the window to talk to their families, some fighting over seats. Harry pushed his cart off down the platform in search of an empty seat. He passed a round-faced boy who was saying, “Gran, I've lost my toad again.”

在这一段中，“some hanging out of the window”形象地表达出送别前各个家庭的不舍和担心，而“some fighting over seats”这种情况也确实会在地铁或火车中发生。而此时哈利·波特也只能“pushed his cart off down the platform”去寻找座位。

The train began to move. Harry saw the boys' mother waving and their sister, half laughing, half crying, running to keep up with the train until it gathered too much speed, then she fell back and waved.

当列车开动时“half laughing, half crying, running to keep up with the train”生动地描绘出当时送别的复杂心情……直到最终“fell back and waved”。在分析的过程中不断构建各种小逻辑，让学生们既能欣赏文章，又能有效地提升自己的语言能力，从而在现实生活中抓住某个瞬间写出自己的小故事。

3. 教学案例图示

下面给大家提供一个日常教学的案例。

以“museum”话题为例，教师可以从学生的已知出发，通过小组讨论的方式先让学生总结出自己在基本描述，自己去过的博物馆，书中曾经见到博物馆，以及自己认为的博物馆的意义等几个方面的已知进行充分的讨论，然后教师根据学生的总结在这几个方面提出自己不同的想法和经历，其中尤其要关注哪些部分是中英文中学生已知的表达方式，哪些是英文需要再理解提高的部分。语言表达的多样性和对细节不断地总结、分类、讨论、对比是提高学生用词、审美、语言极为重要的一环。

五、总结

语言能力的习得过程应在可理解性输入的基础上对于母语和二语之间的差距进行有效学习。通过阅读，生活中对细节的不断观察使学生尽可能地感受和认知第二语言。而输出是对于输入的加工整理。可输入性阅读是提高学生作文水平的有效来源而写作的练习可由自由写作和命题写作相结合的方式使学生能够明确地感受到自己水平的不断提高。

参考文献

[1] J. K. Rowling. *Harry Potter and the Sorcerer's Stone* [M]. New York: Scholastic Inc, 1998.

[2] J. K. Rowling. *Harry Potter and the Prisoner of Azkaban* [M]. New York: ScholasticInc, 1999.

[3]Rod Ellis. *The Study of Second Language Acquisition* (*Second Edition*) [M]. 上海：上海外语教育出版社，2013.

[4]Jerry Spinelli. *Loser* [M]. Harper Collins, 2003.

北京师范大学附属实验中学　何明

>> 第三节　巧妙设计写作课，多维建构添活力<<

一、写作课的困境与分析

在传统的写作课上，教师常常是一味地讲授写作方法，不仅教学气氛沉闷乏味，课堂缺乏生命活力，而且学生听得百无聊赖，缺乏创作的兴趣与活力。究其成因在于，在英语教学过程中，重听、说、读而轻视写作的传统教学思想根深蒂固；应试教育导致学生失去作文兴趣和热情；另外，学生觉得无话可说，而且能够熟练用于写作的词汇少之又少，严重影响了写作思想的表达。要想将作文教学从困境中解脱，需要改变教育理念，确立学生的主体地位；要使教学贴近生活，强调真实；要改变陈旧的作文教学方法，提高作文教学水平和能力。

经过多年的探究，笔者总结出有效的教与学的切入点。在追求有效性的基础上，课堂应经历“有效→高效→优效→活力”的发展过程。教师应针对不同层次的学生设计从选材到启发，从探究到互动，甚至结尾都释放活力的目标及活动，让不同层次的学生都感受到快乐，让课堂真正“活”起来。

二、如何让写作训练课堂充满活力

（一）选材要有吸引力——现实性、趣味性、挑战性

写作原本是枯燥的，很多学生思维匮乏，即便语言功底扎实也总是苦于没有内容可写。写作训练课的目的是对学生进行引导，而不仅仅是让他们在课上完成一篇作文。苏霍姆林斯基认为，课堂上最重要的教育目的就在于点燃学生渴望知识的火花。如果学生在课后，不想花更多的时间去读更多的书，那就说明课堂上的教育目的没有达到。在以“my favourite…”为题的专项写作训练中，笔者依据抛锚式教学策略，首先以“my favouite book”为话题，以自己最喜欢的书

以及各种理由为引子，抛出一个锚，引发学生基于实际生活中自己最喜欢的书，从不同角度思考自己喜欢这本书的各种理由，使学生通过讨论、分享，将相关信息储存在大脑中，让各种程度的学生都能更容易找到自己熟悉且可利用的写作素材。通过引导，学生从单一地说出自己喜欢的某一本书的名字，到学会给自己喜欢的书分类；学会不仅可以从某一本特定的书出发进行写作，而且可以从某个作者的系列丛书出发进行写作，还可以从某个类别的书出发去进行写作，从而避免了在写作过程中没有思路，表达内容单一，千篇一律。这大大增强了学生对写作的兴趣。同时，笔者在对该话题的教学设计中分两次从不同角度引导学生思考和阐述自己喜欢一本书的理由。理由可以是喜欢书中的情节，也可是喜欢书中的人物，还可以是因为喜欢书的作者而喜欢这本书。这些都是学生最容易想到的理由。目的在于既照顾语言功底及表达能力弱、思维不活跃的学生，又不忽略语言和表达能力强的学生，给他们一定的挑战空间，引导他们从更多的层面去思考、观察、阐述自己的观点。例如，学生喜欢书的理由还可以是因为从众心理，因为喜欢由同名小说改编的影视作品，甚至只是因为喜欢里面的插画。这样一来，不同程度的学生都能在这堂课中充分活跃自己的思维，充分展示和表达自己，从而积极参与到讨论中来。教师要让学生自觉地跟着教师的问题走，让他们以教师的问题为基础，相互讨论、合作学习、主动质疑；巧妙地在学生的最近发展区里布置的任务，让"难题"引发学生的好奇心和学习兴趣，激发其挑战自我的欲望。

(二)启发要有穿透力——启情、启智、启能

专家教师和新手教师的一个重要区别就在于能不能找到学生会与不会的平衡点。赞科夫指出，只有当教学走在发展前面的时候，这才是好的教学。这里的关键在于：教师能不能提出让学生思维活跃起来的一个又一个问题；教师能不能在关键的时候超越具体的问题，从思维的高度给学生点拨思路。一堂"活"课是学生充分参与的课，学生要敢于提出有深度的问题。下面以"My Holiday Journey"的写作训练为例。如果教师只是单纯地问学生他们去过哪里、什么时候去的、都做了些什么，学生可以用几月几日、谁和谁、到了哪里、进行了哪些系列活动拼凑出一篇游记类的文章。但这样的文章是单调乏味的。学生在写的过程中也无须过多思考，拼凑信息即可。教师在课堂上要巧设问题，引导学生，点拨学生的思路；学生要通过自己的活动，获取知识。笔者结合支架式教学策略，在进行自主性学习设计时，围绕事先确定的学习主题"My Holiday Journey"，建立了一个概念框架。支架式教学要事先把复杂的学习任务加以分解，把学习者的理解逐步引向深入。那么，一位专家教师应该做到的是，深度挖掘这些简单问题背后学生可以发挥的想象力。而想象力不是说有就有的，教师可借由其他媒介激发学生的想象力。例如，教师可以引导学生分段观看《憨豆先生的假期》(*Mr. Bean's Holiday*)，先从视觉的角度引起学生的兴趣，从而激发学生想要去探究憨豆先生假期趣闻趣事的欲望。教师可以在播放影片之前先运用启发式的提问让学生预测内容，如"Why did Mr. Bean decide to travel?""How did Mr. Bean get there?"。这些问题对于学生是很简单的。他们大都能从最常见的角度去进行猜测。例如，学生回答说因为憨豆先生想去，去见朋友，或去看亲戚；他是坐飞机去的，或是坐火车去的。在最常规的回答下教师可以进一步启发学生想象在旅行的过程中还有没有更离奇的方式

和交通工具可以选择，让学生分小组进行讨论。因为电影内容比学生的旅行经历要戏剧化得多，所以学生可讨论和阐述的空间也就大了许多。其实，憨豆先生并非坐船或坐车到一个地方的，而是辗转各地，历经千辛万苦才到达目的地的。他们可以用“by train、by bike、by car、on foot”等描述，可使用的语言支撑也比描述他们自己旅行时要多。另外，学生在独立解决问题时的实际发展水平与潜在水平之间存在着差异，有效的教学可以帮助学生消除这种差异。因此，教师不要一次性播放完整的影片，然后让学生去写关于憨豆先生旅行的文章；而应该在憨豆先生每经历一件事后就停下来，引导学生猜测接下来会发生什么。问题相对开放，有利于适应不同程度学生之间的差异。学生可以选择从自己会的内容入手去表达自己的猜测。看完影片之后，教师可以让学生说说到底发生了什么。这样既能给程度好的学生一个挑战，又能给程度不好的学生提供一个学习的榜样，在很大程度上消除差异。除了带领学生预测接下来发生的事情，教师还可以引导学生分小组探讨每件事情发生后憨豆先生的心情，引导学生去体会他周边的人的心情。例如，当他把自己不想吃的东西倒到邻桌女士的手包里的时候，邻桌女士发现后是什么心情。教师不仅要启发学生想象，而且要从情感上要引导学生思考，使其体会不同的人物的不同情绪。学生对电影内容的探讨不仅能简单地引出写游记所需要的结构，而且大大增加了趣味性。丰富的内容给了程度好的学生更大的挑战，让他们有更多的东西可思考，有更多的内容可表达；同时也给了程度不好的学生更大的选择性，既启发了他们情感上的诸多思考，又让他们可以适度地避开自己不太会写的部分，而简单描述他们能力所及的部分。教师在逐渐帮助学生将零零散散的观点、论点、知识、技巧集中到一起后将学生引向深入，使其进一步打开思路，丰富头脑中对生活实践存在的单一的认识，逐步挖掘自身的内在潜力，最大限度地启发智慧。

(三)探究要有思维力——探究的方式灵活新颖

自主探究的课堂，应该是重视学生主体、真正站在学生的角度进行教学的课堂，既要重视基本知识和基本技能，又要重视知识、技能的形成过程，发展学生的能力。在笔者的写作训练教学设计中，最常用又最能体现学生自主探究的部分应该是教师引导学生自我评价和相互评价的过程。笔者在学生相互评价的过程中一步步引导他们完成表 5-1。

表 5-1 师生评价表

项目	自我诊断	小组评价	教师评价
1. 要点是否齐全			
2. 动词时态使用是否准确			
3. 句子是否通顺			
4. 句型是否丰富			
5. 拼写、用词是否准确			
6. 标点符号使用是否准确			
7. 书写是否工整			

笔者引导学生在阅读和评价他人文章的过程中思考自己的文章是否要点齐全。关注自己文章使用的时态以及语句是否正确通顺，在阅读他人文章的过程中对比反思并学习他人语言的丰富性及表达的准确性。同时，在阅读他人文章时更直接地感受视觉愉悦的重要性。在传统的写作评价中，大部分学生习惯写完作文不检查，直接交给教师。尽管教师再三强调书写工整的重要性，再三声明写作要有逻辑性，很多学生写作时甚至在自判的过程中往往仍不以为然。教师纠错的过程并不是学生习得的过程。写作训练相当缺乏的就是训练学生写作完成后认真阅读自己的文章，检查纠错，发现问题的过程。而互判的过程则是利用了"旁观者清"的原理。读别人的文章能给学生一个"旁观者清"的机会。他们会发现，如果别人的书写不工整，自己读起来会很费力。他们会在阅读别人逻辑混乱的文章时哈哈大笑，笑过之后也会自省。或许学生的作文上交给教师批阅发回统一讲解的过程简单省时，但我仍然觉得用一个课时去让学生自判互判的方式既灵活新颖，又更有利于学生在自主探究问题的过程中体现学生的思维力以及课堂活力。

(四)互动要有亲和力——强调民主开放的氛围

课堂本应是舒展心灵、放飞想象的场所，统一的要求、统一的方法、统一的标准答案，往往束缚了孩子们的思维，遏制了孩子们的天性。所以，新课程中，特别强调要尊重孩子的天性，将课堂还给孩子，于是，也就有了热热闹闹的课堂，有了满堂问答的课堂。心理学家认为："课堂上只有经常性启发学生动手、动口、动脑，自己去发现问题，解决问题，才能使学生始终处于一种积极探索知识，寻求答案的最佳学习状态中。"在进行"Is it good for students to use cell phone"相关话题的写作训练时。笔者从始至终都把自己当成学生中的一员，和学生平等地交流，虚心聆听学生的表达。在学生看到类似题目时，心里便有了芥蒂。他们会预测无论他们说什么，教师肯定是不会认可学生使用手机的。因此，在这样的写作训练中，教师更需要有亲和力的与学生互动。可以采用民主交谈的方式，用问题引出写作的结构。例如，引导学生对："When do you usually use cell phone? How long do you usually use cell phone? Is it easy for you to stop using it?"这样的问题进行思考。教师不直接灌输学生自己的观点，而是引导学生仁者见仁，智者见智，大胆地各抒己见。让学生在表达自己观点的过程中渐渐了解当我们阐述是否可以使用手机这一问题时，不是简单地回答可以或是不可以。而是要从多角度去思考和分析问题。例如：从使用手机的时间出发。如果能够控制使用手机的时间，如果能够做到在不合适的时间对手机使用进行很好的控制，学生使用手机也是可以的。但是，相反的则不好。然后，可以从时间牵引到地点，在什么场合可以使用手机，什么场合则不行。让学生明白，此类文章的特点就是阐述事物的两面性，没有绝对的好与坏，而是要充分思考问题。给学生更多的自主学习空间，教师也毫不吝惜地让学生去思考，争辩，真正让学生的思维在无拘无束的讨论中碰撞出智慧的火花，给课堂教学注入生机。同时，可以采用多种形式的互动。可以是教师与学生的问与答，可以是分小组的辩论，不同形式的互动不仅可以缓解学生单独起来发言时的紧张感和压迫感，同时也能让表达能力强与弱的学生之间形成互帮互助的合力。避免将一节课上成表演课，能力弱的学生"活"不起来，只在一边当看客。真正让两头学生都能动起来，能感到这节课对他有帮助，才能让学生在一节课上始终保持旺盛的学习积极性和学习热情，才能让课堂真正有活力。

(五)结尾要有扩张力——留着激情，留着思想，留着悬念

一节课的结束并不应该是写作训练的结束，而是写作迁移的开始。教师要让学生在一节写作课中掌握尽可能多的写作技巧，掌握尽可能多的发散性思维方式，从而在课后迁移到其他的写作中。才是写作课真正要留给学生的。还是以“my favourite…”写作训练为例。家庭作业里的两个写作题目：“我最喜欢的礼物”和“我最喜欢的校园一角”同样贴近学生的生活。易于激发学生在课堂上意犹未尽的思考激情。有益于举一反三的运用课堂上所生成的思维火花。甚至可以直接将课堂上讨论的话题套用到课后作业中去。写“我最喜欢的礼物”，礼物可以是书。写“我最喜欢的校园一角”，可以写图书馆，因为图书馆里有我最喜欢的书。教师并没有在布置该作业时就明确对学生指出他们可以将课上所学迁移到课后作业中，而是留下给学生的思考空间。不明就里的孩子可能会将课堂内学到的技巧运用到新的话题中，却不知这一课时中所讨论的与“我最喜欢的书”相关的所有信息，只需稍加变动便能几乎照搬到课后的作文中。课后作业是给学生留下的一个悬念。以待看到下一课时中揭开神秘面纱那一刻学生的兴奋与进一步期待。同时，在下一课时学生的交流中，让学生自己发现彼此的差距，彼此学习。而不是听教师空口无凭的去辨别学生在写作中所存在的思维灵活性的差异。再以“My Holiday Journey”写作训练为例。教师不仅可以让学生单纯地描述憨豆先生的假期，而且可以让学生去想象一个更有趣的假期加以描述，然后让学生在下一课时中相互交流与分享。这样，在最大程度上激发了学生的写作激情，同时，因为具有很大的想象和思想空间，每个学生的写作内容大有不同，从而为下一课时埋下了诸多悬念。也更好地激发学生课下认真写作，期待课上尽情交流的欲望。真正让课堂充满活力。

英语活力课堂的构建是一次自下而上的课堂教育教学探索。“活”的核心实质追求是学生主体思维活跃程度高。教师作为学习的主持人、启发者、引导者、参与者，在任何一节课堂的设计中都应把握好梯度，能引起学生思考欲，激活学生的脑细胞。能让全体学生都积极思考、跃跃欲试地发表自己的见解，且答案是丰富多彩的。做到课堂不是表演，而是学生智慧展现的舞台。

北京师范大学附属实验中学　黄乐佳

>> 第四节　中考总复习中写作教学的探索性方法 <<

在高级中等学校招生考试(以下简称中考)中，英语学科考试是以《义务教育英语课程标准(2011 年版)》规定的五级目标要求为考试范围的。其中，对“写”的技能要求为：能初步运用准确的语法、恰当的词汇和句式完成书面任务；能在表达上初步做到内容完整、意思连贯、条理清楚和交际得体。写作技能是中考中评价学生综合运用语言能力的重要方面，也是中考总复习中英语教学的重点和难点。在中考中，书面表达的分值也在逐年增加，而且检测标准更加细化。然而，尽管中考总复习中写作教学的重要性增强了，但是写作教学和学生写作能力的现状却不容乐观。

一、中考总复习中写作教学存在的问题

目前中考总复习中较少有针对写作技能进行系统的完善的高效的指导。据笔者了解，写作教学费时费力，见效慢而且缺乏可借鉴的有效策略，从而写作教学往往停留在单纯的习作练习模式，即学生写—教师批—学生改。此种普遍做法不仅会导致学生对此机械性练习丧失兴趣甚至厌倦写作，同时繁重且不易见成效的批改也会使教师倦怠。而且在此过程中，部分教师对于写作教学缺乏重视，表现为：①用于指导写作的时间较少；②不能系统地根据考纲和学情设计写作任务而是直接采用中考题或是模拟题中的书面表达题目作为作业或是测验；③缺乏对学生落实要点、谋篇布局、遣词造句、美化句式等微技能的培养；④讲评作文环节缺乏针对性，甚至无讲评；⑤没能落实学生对习作的修改工作，个别教师甚至代替学生修改好习作。这种“包办式”的反馈不仅不会引起学生对教师辛苦修改的地方加以重视或是加深印象，还会产生依赖。以上这些问题久而久之造成了初三学生的英语写作水平停滞不前，对写作缺乏重视，失去兴趣或是产生畏难情绪。

二、中考总复习中学生写作存在的问题

中考写作题一般分为控制性写作和开放性写作。该部分试题要求考生根据所给文字提示，用英语写一篇不少于50词的短文。虽然中考试题由各个地区出题，内容和形式不尽相同，但是中考阅卷中评分标准大同小异(以北京市2015年中考阅卷作文评分标准为例，见表5-2)。

表5-2 北京市2015年中考阅卷作文评分标准第一档

第一档	内容要点	完全符合题目要求，内容完整、丰富、健康
	语句词汇	能够使用多种句型结构和丰富的词汇。语言通顺，语意连贯
	逻辑性	具有逻辑性
	表达	表达清楚

笔者近五年在中考阅卷过程中发现，符合一档标准的考生文章较少，而且中考考生写作中存在的问题可谓五花八门。笔者将其大体上分为五类：①遗漏题目要求的要点，例如，2007年北京中考英语作文题目要求写“谈谈你的看法”，有些学生的作文中只字未提此要点；②选材不切题，或是较偏，例如，2009年北京中考英语作文题目要求写“帮助父母做家务有什么体会”，有些作文所提到的体会和做家务基本不相关甚至说不想再做家务；③行文缺少逻辑性或是主次不分；④句式不够丰富，千篇一律地使用简单句；⑤语法错误导致行文不流畅或是文不达义。

综上所述，当前中考总复习中英语写作教学亟待改进，研究有效的英语写作教学模式和系统的写作技能的培养方式是有着实际意义的。

三、中考总复习中的写作教学

在中考总复习阶段，教师应先有计划地从基础抓起，加强对学生英语书面表达基本功的落实。在此基础上，有效地利用课堂，系统地、全方位、多角度地对其写作技能进行指导。故笔者将中考总复习中写作教学分为两个阶段——基础落实和技能提高；分别运用控制性写作教学

模式和任务型写作教学模式。

（一）第一阶段：控制性写作教学模式的功能训练

控制性写作教学模式重视语言运用的准确性，在我国英语教学中发展的较成熟且沿用至今。控制性写作是通过各种方式的练习句子来帮助学生能够正确书写目的语句子，文段直至文章；其旨在通过起初的控制逐步达到最终的不控制，即在培养学生正确掌握目的语言基本知识的基础上达到自行运用所学目的语进行书面表达。在中考总复习中写作教学第一阶段应该重点落实书面表达的语言准确性。故借鉴(Raimes，1983)提出的控制性写作在初级阶段的写作教学中的模式和应用与王昌艳(2011)的控制性写作在初中的运用模式，笔者认为在第一阶段至少要进行两方面的控制性写作教学。

1. 在写作形式上加以控制

这一阶段的写作形式以难度递增的顺序被控制为：翻译句子—翻译段落—连词成句—成复合句—合句成段—合段成文。

翻译句子，即常见句子的中译英。翻译段落，如将某一学生生活话题的段落的中译英。连词成句，即将所给单词利用固定句型进行连接。合复合句，即将简单句合成定语从句、宾语从句、状语从句等复合句。合句成段，即按照逻辑顺序或是时间顺序，正确使用相关连词将句子合为一段。合段成文，是将同一话题下的相关段落按照逻辑顺序或是时间顺序合成文章。

2. 在写作内容上加以控制

所谓控制写作内容，就是在进行上述写作形式的训练时，所作内容要符合《义务教育英语课程标准(2011 年版)》所要求掌握的基本知识和技能。其中包括：①话题：《义务教育英语课程标准(2011 年版)》话题项目表中提供了 24 项话题，笔者根据表达功能(描写人物、提出建议、讲述经历、描述习惯、列明计划、表达感想、论述观点、介绍信息)将其整合成 8 大类话题；其他训练将围绕 8 类话题进行；②词汇短语：《义务教育英语课程标准(2011 年版)》词汇表中提供的五级词汇和短语；③句型：《义务教育英语课程标准(2011 年版)》五级所要求掌握的六种英语基本句型和常用句型；④语法：时态和语态等《义务教育英语课程标准(2011 年版)》五级所要求掌握的基本语法。

实际教学操作：中考总复习前学生已基本掌握中考高频词汇和特殊动词的过去式的拼写和基本用法，在此基础上，教师引导学生将高频词汇按照话题和常用词性进行分类。之后，学生按照控制型写作模式进行基于话题的基本知识训练。

（二）第二阶段：任务型写作教学模式的话题训练

任务型写作教学是以完成写作任务为目标，具体实施任务的过程为学习过程的写作教学模式。其旨在促进学生有目标地主动地运用所学语言知识和以往相关知识去完成语言的输出和发展。

笔者将《义务教育英语课程标准(2011 年版)》话题项目表中提供的 24 项话题整合成契合学生生活并素材丰富的 8 大类话题(写人、写物、城市、叙述经历、课内外活动、环境保护、重大日子、人际关系)，通过任务型写作教学模式、围绕整合的话题引导学生运用中考所需掌握的基础知识。通常来说，任务型写作分为三个阶段：写作前期、写作中期和写作后期。

1. 写作前期

(1)任务设计

教师需要在课前设计好写作提纲训练任务。设计写作任务时应遵循以下四个原则：①具有明确的写作主题；②要点具体清晰；③提供真实的语言环境；④贴近学生生活。写作任务的形式可以根据学生情况和兴趣点选择中文提示式、信件式、图画式、图表式。由于同一话题下不同写作任务输出侧重点不同，教师可以参考已有相关资源设计三项同一话题，不同任务要素的写作任务。例如，围绕中心话题“英语学习”，笔者设计了以下三项写作任务。

题目1：回想初中三年的英语学习历程，你一定积累和总结了如何学好英语这一学科的经验。请你以“How to improve your English”为题写一篇英语短文，谈谈中学生应该怎样做，才能使英语学习更有效。

题目2：请你选择最喜欢的一门学科，以“My favourite subject”为题，写一篇短文，说说喜欢这门学科的理由，以及平时是怎样学习的。

题目3：回顾初中三年的学习历程，你在学习英语方面是否遇到过困难？你是通过什么方法解决的呢？请以“How I overcame my difficulty in English learning” 为题，写一篇80个词左右的英文作文。请在文中谈谈：

· What difficulty did you meet while learning English?

· How did you overcome it/them?

(2)话题导入

鉴于进入总复习阶段的初三学生已经学习过同一话题所涉及的所有模块，写作教学中的话题导入可以开门见山，单刀直入。教师可通过直接抛出话题的形式引导学生小组或是整体一起回顾该话题下的模块内容，梳理相关词汇短语。

(3)提纲训练

前文提到中考中许多作文因为要点少或要点不清晰而丢分，其中不乏语言表述很得体的作文。这种现象与考生缺乏审题习惯和列提纲习惯有相当关联。故在此环节中，教师指导学生就所呈现的同一话题不同要点的三项写作任务进行提纲训练。提纲中应包括写作目的、对象、要点、素材、段落、时态、人称、顺序，以及典型句式、过渡词、转折词。下面是笔者的一位学生就以上三项写作任务在课堂上所列的提纲。

题目1：How to improve your English

Paragraph 1：Brief start

As a middle school student … have a lot of experience in learning English. In order to learn English more effectively，follow the suggestions …

Paragraph 2：Details (what to do to learn English more effectively)

First of all—students should—in class—pay attention，take notes

Also—In order not to make the same mistakes—gather，analyze test papers

More over—at home—watch videos，read books—to improve vocabulary，grammar …

Paragraph 3：Ending

Everyone can learn English well，but one can achieve nothing without efforts，start now.

题目 2：My favorite subject

Paragraph 1：My favorite subject is Physics

Paragraph 2：I like it because…

First—it is—interesting—with lots of information connected to daily life

Also—it has—lively，hand-on experiments—which helps…

Further more—Not only it requires… —but also it makes…

Paragraph 3：How I learn it

I always—Pay close attention… take notes at the same time

More over—write down discoveries during experiments

Most importantly—Whenever I have a problem with… I ask…

题目 3：How I overcame my difficulty in English learning

Paragraph 1：[DID]What difficulty I met

I met a few difficulties… but reading was a big problem.

I was often confused with… And I often failed to understand…

Paragraph 2：[DID]How I overcame it

Decided not to fall behind…

From then on…

Always paid close attention to… asked questions about…

Besides，I prepared sth. to do sth.

Also，I analyzed test papers and did sth. to make sure I wouldn't…

Moreover，always kept my enthusiasm high and did… whenever I was free

In addition，I tried to challenge… so that I could…

Paragraph 3：Ending

Where there is a will，there is always a way

After making much effort… I conquered…

（注：本文所列举的学生习作未做语言改动。）

(4)搜集素材

提纲练习进行之后，教师要根据学生情况和发展规律选择一项写作任务让学生进行实际写作练习。即在形成了文章的“骨架”之后，要引导学生丰富它的“血肉”。让学生通过头脑风暴的方式共同梳理出写作任务所需的句式、具体信息，即“血肉”。例如，在谈论如何学习英语时，教师可以引导学生思考“学习英语的方法”、提建议的句式、具体的学习方法、连接每个建议之间的关联词，并将关键词写在黑板上供学生以参考。这种利用不同层次学生的信息差、促进学生多角度思维的生成活动，激发了学生的表达欲望而且丰富了学生的写作内容，为完成初稿做了充分的准备。

2. 写作中期

(1)撰写初稿

教师指导学生将“血肉”注入文章“骨架”中，即根据文章提纲组织具体信息、句式初步形成文章。

(2)自查修改

教师指导学生品读自己的作品并根据写作评价反馈表(见表5-3)提出的问题进行检查和修改。制定写作评价反馈表，对学生习作进行问题反馈和等级评定，可以唤醒学生进取争优的热情，也有利于师生明确共同的评价标准。(王笃勤，2007)为了进一步调动学生的积极性、强化评价标准的意识，教师可以引导学生共同制定写作评价反馈表，而且要根据不同的话题进行调整，使其更好地为教学服务。

(3)同伴互改

第一，教师示范和评改：在写作过程中，教师应将评改作为一个中间环节，且应该置于学生写作的全过程中。(杨敬清，1996)教师可以通过投影展示一篇集合了各种典型问题的文章，进行师生共同修改，给同伴反馈做示范。教师提前准备例文，而不从学生习作中选取可以保护学生的自尊心和积极性，还可以集中可能出现的问题进行评改。

第二，同伴反馈和修改：可以让学生两人或四人一组根据写作评价反馈表进行相互检查、讨论、修改、美化。在检查之后，教师要指导学生进行面对面的协商，说明修改理由，征求对方意见，进行修改(杨华堂，2009)，甚至美化句式。同伴反馈这一活动不仅可以培养学生写作时的读者意识、阅读同伴作品时的辩证思维和分析问题的能力、讨论时的合作能力，而且可以通过发现同伴作品中的亮点和不足以及讨论中迸出的思维火花促进自身写作技能的提高。之后，可以要求学生把修改之后的作品换一个同伴再次进行阅读和评改，从而保证同伴反馈的实效性。在这一过程中，教师应在小组间巡视并提供必要的帮助，保证同伴间的讨论顺利进行。

(4)完成一稿

学生在和同伴沟通和协商之后，进一步修订初稿，完成一稿。

3. 写作后期

(1)教师反馈

课下批阅：教师对学生修改过的一稿进行批阅，用不同的标记圈点出语言错误、漂亮的词句，并且根据写作评价反馈表给予面对个体学生的细节评价和整体反馈。在这一过程中，教师可以着重地分类记录学生习作中典型的问题，以幻灯片或投影形式反馈给全体学生。

课上指导：教师可根据所记录学生习作中典型的问题，指导全体学生对一稿进行修订。之后可将优秀作文打印下发，供学生借鉴和美化一稿。当然也可以采取多种形式展示优秀习作，如张贴在班级墙上，装订成优秀作品集等。

(2)学生修订

对于语言错误等问题，学生可以根据教师指导在一稿空白处进行修改；对于有结构不清，要点不明等涉及全文问题的习作，学生要进行修改并完成二稿，再次交由教师批阅。

(3)限时复写

在针对一类话题进行写作训练之后短期内，可以进行一次限制时间限制题目的写作练习来检验学生对此话题下的语言掌握和列提纲习惯。同时，此复写练习可以让学生意识到不断修改习作能够促使写作水平有所提升，从而获得成就感。

教师和学生可以通过写作评价反馈表建立写作训练体系(如表 5-3)。

表 5-3　写作评价反馈表

评价 目标	自我评价	小组评价	教师评价
1. 结构清晰			
2. 要点齐全			
3. 时态正确			
4. 词汇丰富			
5. 句子顺畅			
6. 逻辑通顺			
7. 句式丰富			
8. 主次分明			

四、结语

中考总复习中的写作训练需要系统的完善的高效的指导。在此过程中，语言基础落实和语言技能提高缺一不可。想要达到上述两项训练的落实，教师应根据学生学习特点采用合适的教学模式。王蔷(2011)指出，新课程是发展和继承的和谐统一。传统教学中有很多成功有效、值得借鉴的教学方法和模式。控制性写作虽然是一种传统的教学方法，但是我们可以根据其特点灵活地融入一些情境设置、合作学习、多媒体等现代教学手段，从而发展出有利于学生学习过程和效果的新模式。此外，任务型写作教学模式把培养学生语言综合能力作为出发点，引导学生通过完成各种任务来提升自我的语言交际能力；比较适合运用到培养语言技能的提高上。故笔者分别运用新型的控制性写作教学模式和任务型写作教学模式分别来落实学生写作语言基础和写作技能，旨在全面地、系统地指导中考总复习中的写作训练。

参考文献

[1]Raimes A. “Techniques in Teaching Writing”[J]. *Relc Journal*, 1983(1): 164.

[2]王昌艳．控制性写作在初中英语写作教学中的应用[J]．当代教育理论与实践，2011(3)：76-77.

[3]王笃勤．真实性评价：从理论到实践[M]．北京：外语教学与研究出版社，2007.

[4]杨敬清．提高英语写作评改有效性的反馈机制——实验与分析[J]．外语界，1996(3)：41-46.

[5]杨华堂．英语教学中同伴修改作文的实验研究[J]．中小学外语教学(中学篇)，2009(5)：22-26.

[6]王蔷．英语教学法教程[M]．北京：高等教育出版社，2011.

北京师范大学附属实验中学　张媛

第六章　活力课堂的其他过程性探索

>> 第一节　立足学科特点提升课堂品质 <<

教学是一门艺术。课堂教学的重点，不仅在于传授知识，而且在于如何引导学生主动去学。课堂教学的成效不仅在于教师教了多少书本知识，而且在于课堂呈现了怎样的品质，由量到质，这样课堂教学才更有内涵、更有价值。英语课是人文学科的一个重要领域，是传递信息、交流思想的主要场所。在教学实践中，笔者感悟到，教师可以把一堂课上得很有效率，但这不意味着这堂课的品质很高。那什么是课堂品质呢？

一、如何理解课堂品质

对于课堂品质，我们很难制定一个量化的标准。不同的专家或教师有着不同的理解：华东师范大学课程与教材研究所的张华指出，“品质”是一个表达境界的词汇，其核心是良知和审美的融合，代表的是一种高境界的生活和有尊严的人格。“有品质的教学”就是有境界的教学，它在教学过程中实现了良知和审美的融合，体现了教师和学生生活质量的提升和人格尊严的捍卫。也有教师认为，品质课堂建立在信赖、平等、坦诚的基础之上，学生被赋予了话语权，师生思维发生碰撞，心灵沟通，彼此之间信息的互为传送和广泛生成，构建了一个高品质的理想课堂。还有的人认为，有品质的课堂是美的课堂，是生命成长的课堂，是学生、教师互动的民主融合的课堂，是思想、科学、艺术三性合一的真善美的课堂，是知识与能力，过程与方法，情感、态度、价值观三维合一的整体增值目标的课堂。

从英语的课堂教学看，笔者以为高品质的课堂有以下特征。

(一)味道浓，即学科特色强

教学品质是学科本质的呈现，学科味道越浓，课堂品质越明显。英语学科具有工具性和人文性的特点。就工具性而言，英语课程承担着培养学生基本英语素养的任务，即学生通过英语课程掌握基本的英语语言知识，发展基本的英语听说读写技能，形成用英语与他人交流的能力，为今后继续学习英语和用英语学习其他相关科学文化知识奠定基础。因此高品质的课堂应该是用英语交流思想、传递信息的课堂。人文性是指英语虽是一门语言，但我们在学习英语的过程中所学到的又不仅仅是语言，我们还可以了解到异国的风土人情、历史文化……因此高品质课堂应该是关注情感态度、人生观、文化意识等人文素养的课堂。

(二)品位高，即在精神层面上有一定的高度

其实，这是英语学科人文性特点的进一步展开。之所以把这一点单独抽出来，是因为在平时课堂教学中教师过分强调了英语的工具性，而忽视了课程标准要求的态度、情感价值观这样的软性指标。课程标准中提出要关注学生的情感。要使学生在英语学习过程中提高独立思考和判断的能力，发展与人沟通、合作的能力，增进跨文化理解和跨文化交际的能力，树立正确的人生观、世界观和价值观，培养高度的社会责任感，全面提高人文素养。这种高定位、高要求决定了中学英语必须把人文性摆在教学工作的适当高位。学生通过学习要能够开阔视野，丰富生活经历，形成跨文化意识，发展创新能力，形成良好的品格和正确的人生观与价值观。因此，具体来说品位高的英语课堂应该是启迪道德情感的课堂、用语言放飞想象的课堂、思想不断交汇的课堂、链接实际生活的课堂。

二、如何提升课堂品质

基于以上对英语课堂品质的理解，我们如何做才能提升课堂的品质呢？

(一)要想体现英语味道，就要拉近教材与生活的距离，引导学生用英语做事情

在课堂上，教师要尽量多地使用英语教与学，创造英语环境，让学生达到用英语与其他人交流的层次，体现它的语言独特性和工具使用性的特点。同时，用英语做事情正是符合任务型教学的建议要求。

1. 利用真实任务来设计课堂

利用真实任务即利用接近或类似现实生活中所做各种事情的任务。比如，预订飞机票、写信、在地图上找到目的地、查找、号码、收听天气预报等。真实的任务还可以是为明天的野餐或班级聚会制定购物单，制定生日晚会邀请客人的名单等。采用真实任务的理由是，语言学习的最终目的是使学生能够用所学语言完成现实生活中的各种事情，所以课堂语言学习活动应是做这些事情的演练过程。举一个课堂中的例子：在学到职业规划这一话题时，要求学生根据自己目前的情况或将来大学毕业后的情况用英语填写求职简历表，这样就在真实的语境中锻炼了学生的写作能力。同学们填写完后，也发现了自己的竞争优势和不足，纷纷表示今后学习和生活的努力有了方向。还有，可以请学生向英语报投稿，发表治理当前交通堵塞问题的建议或治理环境污染的好方法。

2. 设计模拟真实任务的学习型任务

课堂语言教学不可能演练现实中的所有事情，因此我们可以模拟真实性任务。尽管某些学习型任务在现实生活中一般不会发生，但这些任务有利于促进语言学习。在完成学习型任务的

过程中，学习者也需要接收、处理和传递信息，也需要表达意见和观点。比如，找出两幅图片中的不同之处并对比(教师可以借用这个信息差活动教授词汇，或开展口语活动)，完成故事接龙或拼接完整(教师可以利用这种类似拼图的任务开展写作或口语训练)，模拟辩论会讨论某个话题(交换意见任务)。看一个课堂上应用的例子：学习完“Find Your Way”这一课后，教师让学生在当堂课上画出学校到他们家的路线图，并在图下用英语配上一段文字，不会的单词问老师或查词典，写完了师生共同修改。由于这是模拟真实性任务的学习活动，学生很有兴趣地完成了这样的任务，并很快画好了路线图。教师把作品收集起来，用投影仪投影出来，让学生分享成功的喜悦。

(二)对品位、人文素养的培养

教师在课堂中要有意识地从弘扬民族文化、启迪道德情感、关注学生未来等方面设计课堂活动。不论什么课型，只要教师有加强人文素养的意识，都能够想办法利用不同的活动将其渗透进去。

1. 语法课中的渗透可以以人文活动为依托

在传统的语法教学过程中，课堂的重点在于讲解规则，而与人文素养的培养联系得甚少。学习语法的过程只是重复讲解、不断做题，因此学生记得快也忘得快。如何让单调的语法学习变得有趣又高效呢？教师不妨在语法教学中渗透含有文化元素的活动，用人文色彩提高语法课的品质。比如，在学习定语从句时，我们可以中国文化作为依托，通过介绍中国传统的节日、历史人物、代表中国文化的老物件、中国著名景点来学习并应用定语从句的不同关系词。最后再利用介绍中国成语故事来将所学知识进行综合运用。其设计目的有两个：一是为了辨别和正确使用不同的关系代词和关系副词；二是培养学生热爱中国文化，传扬历史精髓的爱国意识。再举一个例子，学习虚拟语气这个语法时，教师可以借助《泰坦尼克号》电影里的故事，让时光倒流。假如没有这样的悲剧发生，故事里的主人公的命运会是怎样？那一连串的假设就会从学生的脑海中浮现。他们对其中的道德伦理、人性思考都会产生新的理解。这样一来，随着任务的不断加深，学生的兴趣得到不断激发，使得一堂本是枯燥的语法课变得生动起来，课堂品质得到提高。

2. 读写课中的渗透可以通过品味作品语言，挖掘思想内涵来实现

在阅读中既可培养学生获得语篇信息的能力，又能培养学生的审美情趣，学会欣赏英语文学作品的美，陶冶学生良好的情操。英语阅读和篇章理解不应该只停留在得到信息的层面时，教师要结合文章主题，善于挖掘隐含在文章中的人文信息，结合学生生活实际和社会热点问题，设计开放性的问题，激发学生积极思考，这样既丰富了阅读内容，又浸润了学生的人文意识。例如，在学习《海伦·凯勒》这一课时，教师不但要关注语言的使用，更要通过挖掘文本，关注海伦·凯勒这个人成长的过程、学习的过程、克服困难、永不放弃的精神。在旅游话题上，教师要通过文本阅读让学生注意外出旅游的行为规范，维护公共秩序，注意环境保护，引导学生参与课外活动，走向社会；鼓励学生接近自然，探索自然，建立与自然之间的和谐关系。在自然灾害话题上，教师要通过各种资料的阅读有意识地培养学生在地震、洪水、台风等自然灾害面前，能够冷静顽强，积极自救，提高生存能力。在餐桌礼仪话题上，教师通过“中西方餐桌习俗对比”提高学生跨文化交际意识与人文意识。而所有这些在文本输入和深挖之后，教师都可以让学生用写的形式在语言层面和人文层面上再次升华，课堂的品质也因此得以提升。

3. 听说课中的渗透可以利用各种媒体资源，帮助学生获得感悟和启发

教师应充分利用现代化教学手段，结合广播电视、英语报刊图书，通过视频、图片、录音等内容丰富、形式多样的媒介向学生展示英语国家的历史、地理、风土人情、传统习俗、生活方式、文学艺术、行为规范和价值观念等。例如，在讨论“送礼物”这个话题的时候，教师可以利用“麦琪的礼物”这个视频，向学生介绍什么样的礼物更值得珍视；还可以利用美国影视剧中某个片段，让学生讨论送礼物时是“精神”层面的礼物好还是“物质”层面的礼物好。在讨论未来职场话题时，教师可以利用英文原版电影《当幸福来敲门》来鼓励学生向主人公学习，不要畏惧任何困难，要努力、要坚持。除了以上提到的以视听为主的活动外，教师还可以通过有针对性的英语辩论赛，有效地激发学生的思辨潜质。这样提高了学生的兴趣，开启了学生想象的闸门，并训练了学生逻辑思维的流畅性和变通性。既延伸了学习内容，超越了学习内容的限制，又使学生自由地发表真实的看法，发挥了各自的潜能，并使学生相互启发、相互补充、集思广益、合作学习。

总之，高品质的课堂必然是既有浓厚的英语味道，又有自由表达真情实感这样富有人文素养的、有内涵的课堂。英语的工具性和人文性不是对立的，而是并重的。英语课程在实施的过程中，特别要注意两者的结合。不能只顾培养语言能力、提高分数而忽视了人文素养的培养。但也不能把课上得缺少语言因素，丢掉了“英语味儿”，更像是“人文素养课”。高品质的英语课堂应该是在提高学生人文素养的前提下，凸显英语学科特点，使学生在英语学习过程中既能够发展综合语言运用能力，又能够懂得如何学习，如何处理人与人、人与社会、人与自然的关系，养成良好的意志品质和合作意识。在学习过程中体验人生，收获幸福。这也是我们教育的最终目标所在。

参考文献

[1]D. Nunan. *Second Language Teaching and Learning*[M]. Cole Publishing Company, USA. 1999：190.

[2]J. C. Richards T. S. Rodgers. *Approaches and Methods in Language Teaching* (2nd edition)[M]. Cambridge：Cambridge University Press，2008.

[3]张华，顾之川，肖家芸．“教学品质”三人谈[J]. 语文学习，2010(6)：9-13.

[4]杨华．有效对话，建构品质课堂[J]. 读写算(教师版)(素质教育论坛)，2012(21)：81-82.

北京师范大学附属实验中学　李艳

>> 第二节　建构充满活力的和谐课堂生态 <<

英语课是一门英语语言学习及运用的课程，是文化的重要载体，强调对学生语言能力、文化品格、思维品质和学习能力等核心素养的综合培养，具有工具性和人文性融合统一的特点。对学生而言，课堂教学是其学校生活的最基本的构成部分，是进行英语有效学习的主阵地。英语课堂的生命力和灵动活力，直接影响教与学质量和学生成长发展。如何提升英语课堂活力，是高中教师共同关注的一个热点问题、难点问题。

庞德等认为，学习发生的每一个背景都包含学习者、教师、学习信息和学习环境，所以，学习的发生离不开生态系统。从社会生态视角出发，课堂被看作一个微观的社会。教师、学生和课堂环境三个生态因子，构成了相互依存和制约的多元互动关系，共同维护课堂系统的整体动态"平衡"。教师和学生是该系统中的主导和能动因素。课堂环境是教学活动能够顺利展开的物质基础，包括教学目标、内容、方法、物理环境等。教学主体与课堂环境各因素之间密切结合、合作共生，共同完成系统的育人基本功能。叶澜认为："课堂教学蕴含着巨大的生命活力，只有师生的生命活力在课堂教学中得到有效发挥，才能真正有助于新人的培养和教师的成长，课堂上才有真正的生活……必须研究影响课堂教学师生状态的众多因素，研究课堂教学中师生活动的全部丰富性，研究如何开发课堂教学的生命潜力。"这为我们提供了一个审视课堂活力的视角：从生命的高度、从动态生成的角度，去思考和探索如何让课堂充满"氧气"、焕发生命的活力。

一、以心交心，孕育情感活力

情感是教育的基础，入情才能入理，入理才能入心。有人曾这样诗意地表达：英语课堂是一扇窗，推开窗，学生发现的是一个奇妙的世界；语言是一个家，在这个家中最重要的是人。课堂的真正活力来自教师与学生之间的心心相印。他们达到一种默契，协调教学中各要素之间的关系，使其形成一种合力。

(一)要明确英语课堂首先是情感课堂

课堂是教师与学生情感的媒介和载体，情感具有迁移功能。"亲其师，信其道。"通过建立和谐的师生关系，将学生对教师的爱，迁移到教师所教授的教学内容上，改善学生对所学知识的倾向性和内动力，这就是情感的激励作用。高中学生正处于发展转型的关键阶段，他们能更充分地认识自己，自我意识水平较高，独立意识增强，同时存在不同程度的焦虑、抑郁、孤独、敌对、恐惧等不良情绪。要建立和谐的师生关系，教师必须要有责任心和宽容心，去充分了解学生性格心理反应和心理障碍，从而与学生轻松沟通，进而使教学内容与学生主体合作。教师要通过点点滴滴耐心细致地了解帮助每个学生，给他们及时指导，课堂上能调动学生，课外也能感染学生。教师除了要与学生建立真挚的感情，还要对教学内容有极为深刻的感受和确切的认识，吃透教材，将情感融入教学内容，使课堂教学张弛结合、起伏跌宕，形成巨大的

“磁场”，从而提高教学的亲和力和吸引力。

（二）要努力营造课堂正能量

情绪是会传染的。教师是学生情绪的主导者。良好课堂氛围的营造，首先要求教师在课堂上情绪饱满，对上课充满信心，带着微笑，带着轻松自信的情绪走进课堂；教师应该看到每个学生都有闪光的一面，都有不可替代的旺盛的活力和生命的潜能，这样才会懂得欣赏每个学生，对每个学生充满希望和期待。只有激情和真情才会在师生间产生一种互相感染的效应。无论前一秒心情有多糟糕，只要进入课堂，教师就要尽一切可能调试好个人情绪，用灿烂的微笑、亲切的话语、友爱的目光，让每一个学生感到放松、愉悦。在平日的英语课堂上，教师需要及时捕捉交流的契机，更多地用即时性评价的方式了解学生当天有哪些收获、哪些疑惑，需要哪些指导，而不是进行简单的课堂评测；需要更多地巧设提问，对学生回答不下去的问题给予提示和引导，当学生出现语法、语音、拼写错误时，给予适度的谅解和宽容，并予以纠正，而不是简单的负面评价；需要更多地进行耐心、专注地倾听，而不是单纯为了赶课堂进度和任务而打断或中止学生的发言；需要更多给予尊重和评价具体、有针对性的激励和评价，而不是仅用“很好”和“很棒”一言带过。一堂带有赞许眼神、温和微笑的课堂无疑是调节学生情绪课堂表现的催化剂。有了良好的情绪背景，学生兴致勃勃、兴趣浓厚，甚至兴高采烈，再加上教师富有智慧的设计和启发，学生的智慧之火被点燃了，课堂也就有了灵动的旋律和活力。

（三）要注重课堂语言的吸引力

课堂上，学生听得专心，是课堂“活”的标志之一。而学生听得是否专心，在很大程度上取决于教师的语言是否地道和有感染力。吉尔伯特认为，如果一个人善于运用语言，即使是二流的学者，也可能成为优秀的教师；否则，即使很有才华和灵气，也不能成为合格的教师。教师自身就是活的教材，他们的课堂语言，既可以是学生学习的“兴奋剂”，又可能成为学生恹恹欲睡或呼呼大睡的“催眠曲”。在教学实践中，课堂活力的产生大多源于教师的魅力、人文素养和语言表达艺术。教师语言简练通俗、绘声绘色，课堂教学有轻重缓急、波澜起伏，让学生的情感意识随课堂气氛的升降而起落，这样的课堂一定会更有吸引力。因此，提升语言表达力和沟通艺术应该成为师者不懈的追求。此外，教师要展示出具有自己特色的教法、渊博的知识和优美的板书，要将自身的外在美和内在美一一呈现在学生面前，要用特有的风格和方式去开启、唤醒和提升学生的心智。

二、创设情境，提升资源活力

德国学者有过一个精辟的比喻：将 15 克盐放在你的面前，无论如何你也难以下咽。但将 15 克盐放入一碗美味可口的汤中，你在享用佳肴时，就将 15 克盐全部吸收了。情境之于知识，犹如汤之于盐。盐溶于汤中，才能被吸收；知识融入情境之中，才能显示出活力和美感。因此，教师要因课而异、因材而异，创设有效情境，特别是要突出问题情境和问题意识，激发学生的学习兴趣和求知欲。

(一)情境创设要贴近生活

丰富多彩的现实生活是学生学习的兴趣之源。英语来源于生活，离不开生活。教师要把课堂变成一个浓缩的微型社会，把花草树木、琴棋书画、生旦净末、唱念做打都“请”进课堂，让其充满生活味道。例如，北师大版高中英语必修模块2第5单元第2课“Beijing Opera”，教师在上课前播放京剧《苏三起解》片段，选取学校京剧社学生演唱版并配有英文字幕，之后用幻灯片呈现该段有关的京剧剧照，特别是同学们看到“身边同学”的剧照时，课堂气氛瞬间被点燃。“好的开始是成功的一半。”课堂从“头”活起来，随后教师便自然导入该课主题。又如，北师大版高中英语必修模块1第3单元第2课“Parties”主要讲英国晚宴礼仪，教师可以补充拓展国外餐桌礼仪这一情境，把几个课桌摆成一个大餐桌，摆放刀叉、酒杯等，播放背景音乐，让学生分别扮演主人和晚宴宾客，并遵循相关的用餐礼仪，使学生在模拟的情境中感受真实的语言学习和应用。另外，通过观看英文原声电影，定期举行课堂戏剧表演，设计英文广告牌、菜单等实践活动，使学生亲身体验到英语就在身边，自然而然产生对英语的亲近感。

(二)情境创设要有深度和广度

英语教学的生命在于课堂的激趣、创新。情境创设要有新意，有深度和广度，让学生充满期待，保持旺盛的求知欲。当今学生国际视野开阔，思维活跃，求新求异的愿望强烈。因此，情境创设要生成学习的兴趣点，能激发他们的学习心向。例如，北师大版高中英语必修模块1第3单元涉及西方节日文化，而西方文化背景常识正是学生渴望进一步了解的，恰当利用(信息差)，必然会激起学生的求知欲。为此，在语篇内容基础上，教师可以对相关内容做拓展深化，比如介绍“Independence Day、St. Patrick's Day、Veterans Day、Memorial Day”以及“Columbus Day”等。又如，必修模块4第11单元提及西方媒体，教师可以向学生拓展介绍英美最具影响力的一些报纸杂志，如*Times*、*The New York Times*、*Washington Post*、*The Wall Street Journal*等。这样既有利于拓宽学生的知识面，激发他们的学习兴趣，又有助于培养学生的国际视野，增进跨文化理解和跨文化交际的能力。

(三)情境创设要巧用信息技术

推动信息技术与教育教学深度融合，是优化英语教学、提升课堂活力的有效途径。在教学中，需要教师努力探索，灵活应用相关视频、音频、图像、图形与文本融合，并将其生动、直观、形象地表现出来，从而更好地服务课堂教学。例如，北师大版教材语言输入和输出量都很大，设计的教学环节活动多，如果简单地遵循教材编排，现有课时安排明显不够。鉴于此，在课堂上只有充分发挥多媒体教学的优势，教学过程才可能进行多方面的兼顾，从而保证有限的课堂教学时间内发挥最大效用。例如，选修模块8第22单元第2课“Endangered Species”中第二、第六、第七部分，涉及内容较多，如果使用传统的教学手段，很难在有限的40分钟完成教学。教师可以通过搜集、扫描相关图片，把对话设计的问题放图边，插入听力对话链接，使课堂容量和密度加大。学生边看动画、边听原声、边想问题，确保了课堂的快节奏、高效率。

三、主动参与，激发思维活力

有活力的英语课堂不能仅仅是表面上的“热闹”，华而不实，应讲究实效和高效，真正具有生命张力。英语课堂如果只有教师“教”的积极性，而没有学生“学”的积极性与主动性，即使教师“教”得再好，也可能劳而无功。课堂教学过程是教师引导、学生主动参与的过程。只有充分发挥师生双方的积极性，才能形成浓厚的民主氛围，才能使英语课堂充满活力。

(一)要关注全体

在传统的课堂生态中，我们经常见到这样的经典画面：课堂成了演出“教案剧本”的舞台，教师是“导演”兼“主角”，学习好的学生是主要的“配角”，大多数学生只是不起眼的“群众演员”，很多情况下只是“观众”与“听众”。教师是教学过程的设计师和建筑师，要搭建一个能使学生多方面成长需要的舞台，让每个学生在这个舞台上发挥自己的潜能，展示自己的思维灵性和生命活力，同时也要充分考虑学生的差异性，注意难度系数，考虑不同层次学生的需要，让每个人都有话可说、都有事可做。例如，每日的“English presentation、2-minute TED talk、news report”，英文名曲欣赏、英文板报和墙报等，教师可以鼓励和要求学生全员参与，不让一个人掉队，让人人体验到“课堂因我而精彩”。

(二)要注重合作

英语学习本质上要求进行合作交流。师生之间和生生之间互动合作、平等交流，才能使英语课堂充满青春活力，促进师生共同成长。基于不同教学需要，可以把教学内容分成若干部分，师生分工合作、互相答疑，互相启发或是让学生参与命题；可以用邻近同学合作、小组合作、角色表演、集体讨论等方式；可以通过举行英语辩论赛、模拟联合国、模拟论证会等组内合作、组间竞争方式，激发学生的学习兴趣，使英语课堂成为发展创造思维的载体、表现自我的舞台，从而使课堂充满活力。

(三)要鼓励“翻转”

英语课实践性很强，“授人以鱼，不如授人以渔”。教师需要积极尝试调整自己的思维坐标，为学生自主参与创造条件和平台，放手让学生自己进行教学设计、组织教学内容，走上讲台，在实践中感受生命的涌动和成长。例如，必修模块3第9单元第4课“Car Culture”中的“The Road to Destruction”，内容主要涉及英国伦敦道路拥堵问题和解决策略。课前指导“学生老师”备课，收集、加工、提炼教学微视频以及拓展学习材料。课上，“学生老师”通过幻灯片首先呈现一组标志性的伦敦交通拥堵图片，并配经典摇滚乐“The Road to Destruction”。通过恰当地、有创意地导入，课堂气氛一下子活跃起来。随后采用小组合作呈现“Problems caused by cars”和“Solutions to the problems”，拓展讨论解决伦敦道路拥堵问题建议对北京是否适用。各小组综合比较分析伦敦、东京、新加坡和香港的经验做法，最后提出了治理拥堵的七大药方，包括公交优先(bus priority)、公车改革(official car reform campaign)、错峰上下班

(Staggering work)、单双号限行(odd-even number traffic control)、提高停车费(Raise parking fees)、征收拥堵费(congestion charge)、打造智能交通(intelligent transportation systems)等。在课堂讨论基础上，课后形成相关建议报告，提交给北京市交通委。翻转课堂为学生提供了不一样的学习体验。通过问卷调查和学生访谈，超过2/3的学生表示更喜欢这种教学模式，认为并没有额外增加他们的学习时间，几乎所有的学生表示，知识点掌握更牢固、信息获取更丰富、学习效率更高。

一堂课犹如一出戏。有教师的全情投入，有全体学生的积极参与，有充满多种刺激因素的舞台环境，和谐的课堂生态必能让英语课堂焕发出一片生机和活力。

参考文献

[1]Jill Hadfield. *Classroom Dynamics*[M]. Oxford：Oxford University Press. 1992.

[2]贺勋．激发课堂活力 优化教学过程——浅谈英语课堂教学活动中的激励方法[J]. 课程教材教学研究(中教研究)，2004(C4)：38-40.

[3]章玉芳．创建生态英语课堂，提高课堂教学效能[J]. 江苏教育，2013(30)：29-30.

[4]陈俭贤．英语自主学习能力的培养策略[J]. 基础外语教育，2012(5)：62-68.

[5]顾晓东．高中地理生态课堂构建研究[D]. 南京：南京师范大学，2007.

[6]刘信波．论大学英语课堂整体教学模式的建构——一个教育生态学的视角[J]. 湖南师范大学教育科学学报，2014(3)：122-125.

[7]叶澜．让课堂焕发出生命活力——论中小学教学改革的深化[J]. 教育研究，1997(9)：3-8.

[8]唐敏．试谈教师语言的“五性”[J]. 长春教育学院学报，2011(3)：160.

[9]万显军．激情课堂，活力英语[J]. 出国与就业(就业版)，2010(24)，120-121.

[10]余文森．有效课堂教学的基本要素[J]. 素质教育大参考，2007(10B)：40-43.

[11]范智勇．活力是课堂之魂[J]，考试周刊，2013(26)：103-104.

北京师范大学附属实验中学　郝静

>>第三节　英语活力课堂之有效提问<<

一、问题的提出

提问是课堂教学中广泛使用的一种教学手段，通常出现在启动—应答—反馈(IRF，Initiation-Response-Feedback)教学模式中。教师通常以提问的方式发起师生之间的互动，学生作答，教师以评价、纠正或者评论的方式给出反馈；教师接着给出下一个问题，然后开始下一轮学生作答，教师反馈。(Sinclair & Coulthard，1975)实践表明，师生之间的问答活动有时候会占用一半左右的课堂时间。因此对于英语教学来说，如何生成真正有活力的课堂，提问的重要性是显而易见的。高质量的提问可以调动学生的积极性，启迪学生不断思考，激发学生思维，培养能力，促进参与，提高学生的任职水平和解决问题的能力(姜发兵，2007)；教师也会从学生的作答中得到启发，开拓思维，师生都受益。然而，课堂观察发现，由于受提问预设和预期答案的限制，有些问题没有让教师很好的融入学生的思维，所提的问题并未得到真正的解答。例如，在北师大版模块高中英语选修模块6第17单元第3课中师生互动如下。

T：What impresses you most in Text 1?

S1：Mr. Bean has so many funny ideas.

T：Good.

S2：He made interesting acts. I think he is kind of stupid.

T：Oh. Sorry. Sit down. My question is what impresses you most. You clear?

在这个片段中，教师问了一个开放性问题。但是从学生的作答和教师的反馈来看，教师在学生作答之后并未积极跟进，学生1表面上似乎回答了问题，但是“so many funny ideas”的拓展内容到底是什么，学生1没作交代，而教师给出的反馈却是“Good”。学生2给出的答案本可做深层挖掘，教师的反馈却否定了学生的作答。这里如果教师提出非预设的新问题，“Oh, what makes you think Mr. Bean is stupid?”然后可以问其他同学的看法，课堂气氛就可能活跃起来，就有可能开拓学生思维，同时维护学生自身对文本发生的情感态度。

在英语教学中，教师应该思考如何有效进行课堂提问，塑造有活力，以人为本的英语课堂，推动学生积极思考问题，促进学生思维能力的培养。

二、有效提问的特点

基于对课堂提问的研究，有效提问一般都有以下特点(王笃勤，2002)。

第一，有效提问的问题一般都是开放性问题，发散性问题，要求回答这运用其思维机制进行回答，鼓励学生做出自己的答复，有助于学生认知能力和思维能力的发展。有效问题发人深省，需要回答者具有一定的洞察力和推理能力。

第二，有效提问意思明了、具体，为回答者提供清晰的回答模式。

第三，有效提问能够引发活跃的课堂对话。

第四，有效提问照顾学生的思想和理解力，能够运用学生的语言，从而给学生提供一个安全的氛围，能够让学生畅所欲言。

第五，有效提问通过组织学生推论、概括，给学生提供机会加深其对材料的理解。

第六，有效提问要求学生能够在各个概念之间建立联系。

作为教师，提问的目的是使所有学生积极参与所学语言材料，受到感染，认真思考，给出全方位答案。否则，提问只涉及优秀学生，或者给出的答案过于简单或者未达成教师的预设目标，课堂会导致长时间沉默甚至无聊，等等。这些都是活力英语课堂必须避免发生的状况。

(Penny Ur，2000)就如何评判有效提问，给出了以下标准(见表6-1)。

表 6-1　有效提问评判表

CRITERIA FOR EFFECTIVE QUESTIONS
1. Clarity: do the learners immediately grasp not only what the question means, but also what kind of an answer is required?
2. Learning value: does the question stimulate thinking and responses that will continue to further learning of the target material? Or is it irrelevant, unhelpful or merely time-filling?
3. Interest: do learners find the question interesting, challenging, or stimulating?
4. Availability: can most of the members of the class try to answer it? Or only the more advanced, confident, knowledgeable? (Note that the mere addition of a few seconds' wait-time before accepting a response can make the question available to a significantly larger number of learners.)
5. Extension: does the question invite and encourage extended and/or varied answers?
6. Teacher reaction: are the learners sure that their responses will be related to with respect, that they will not be put down or ridiculed if they say something inappropriate?

有效提问有助于活力课堂的生成，它可以激发学生强烈的学习愿望，使之注意力高度集中，帮助学生积极主动投入学习。教师在教学中应学会使用并不断完善提问的策略。

三、有效提问的主要策略

提问的有效性依赖于提问的策略性。综合诺顿(Norton，1989)和奥恩斯坦(Ornstein，1995)研究的有效提问的特点和提问原则，王笃勤(2002)提出提问的四个阶段：准备、发问、学生组织答案、教师提供反馈。有效提问策略因之可分为四个环节：计划策略、问题设计策略、控制策略和评估策略，其中最主要的是计划策略和问题设计策略。

(一)计划策略

教师在课堂提问之前针对本节课要达成的目标提前准备，认真备课。在这个环节，教师需要确定提问的目的(deciding on the goal or purpose for asking questions)，选择提问的内容(selecting content for questioning)，组织问题(phrasing the questions)。

(二)问题设计策略

教师提问的方式，提问问题的类型影响着提问的有效性。设计问题策略是指提问阶段帮助教师选择恰当问题的方式和技巧。常用的方法有：①用简化语言(simplifying)；②提问启发思维的问题(asking thought-provoking questions)；③提问继续性问题(asking follow-up questions)；④提问发散性问题(asking divergent questions)。根据调查研究(Yin Jing，2000)，学生比较喜欢发散性问题，而不太喜欢聚合性问题，因此，在提问时应该根据学生所学文本增加发散性问题。

以北师大版高中英语必修模块 4 第 12 单元中的"Culture Corner"部分为例。从语言和内容上看，前四课在话题和语言上已经有了足够的铺垫，本文是对此话题相关语言和内容的进一步深化。从学生已有的知识和技能基础来看，本文作者所教学生词汇量较大，阅读能力较强。但如何从课文中探究问题，提炼思想，并经过反思来表达对澳大利亚土著居民的认识和理解，这些对学生还有一定挑战性。所以，在提问设计时要层层铺垫，为学生的思维和语言表述搭建好平台。作者从学生需求层面出发，学习此课前，通过学生完成教师设计的问卷调查，知晓了学生的问题和学习需要，了解到学生对澳大利亚这个国家“已经知道了什么”“想知道什么”和“需要知道什么”。本节课以公布问卷调查结果开始，创设了问题情境，并引导学生带着问题进行本节课的学习探究。上课计划安排的步骤如图 6-1 所示。

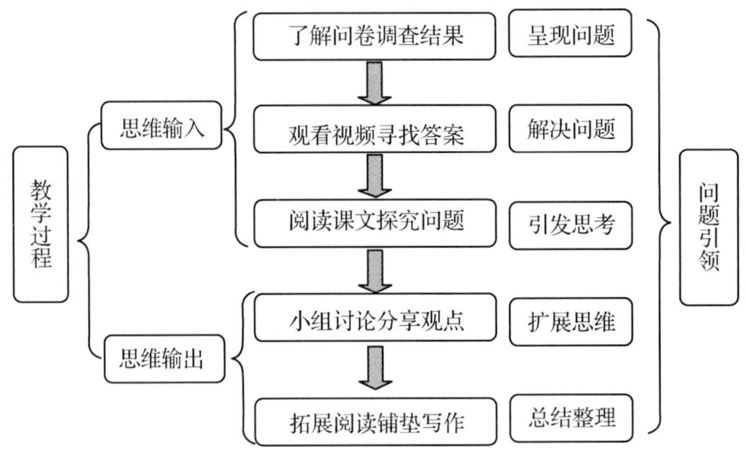

图 6-1　课程计划步骤

本节课的教学目标由浅入深定位在：①have a clear understanding of Australian aborigines and their current situations；②share the opinions of the importance to protect Aborigines and their culture；③After class, write comments on Aborigines' changing way of life from different angles. 因此，在提问的层次上本文作者力图从浅显到深层次提问，由封闭性到开放性提问，从聚合性到发散性提问，如从上课开始时的“When did Aborigines come to Australia? How do Aborigines dress themselves in their daily life? ”到读了文本之后，教师在小组讨论环节设计了开放型问题“ Do you think they should move to cities or live where they used to live? Your ideas? What do you think are the advantages and disadvantages for Aborigines moving to cities from their tribal lands? Do you think it important to take the above measures? Why or why not?”学生课堂的参与热情始终非常高。在教师设计的问题的引导下，学生通过听读和深入思考，发表见解，引发争论，使问题讨论逐步深入进行。

一堂充满生机的课堂教学不是“按既定方针办”，而要动态生成，灵活开放地进行教学。从这点看，虽然这节课最后的一个教学环节（学生观看视频继续发现问题探讨解决方案的环节）没有充分进行，但是就“the advantages and disadvantages of aborigines moving into cities”这个开放性的问题，教师使用了提问策略中的控制策略，没有按照预设方案进行，而是给予学生充分的讨论时间和发言机会。令人惊喜的是，在课堂上甚至出现了学生可以用英语流畅进行辩论的局面。来自不同家庭不同的文化背景的学生，对教师提出的问题，有不同的看法，学生们各抒己见，交流思想。如果教师能够使用诱导(probing)和转移(redirecting)等有效提问的策略，必然会激发学生更深层次的思考和语言输出。

四、结语

有活力的英语课堂能够培养和强化学生的思维。思维起始于问题，以解决问题情境为目的。通过有效提问，教师能够促进学生更深刻、更全面地思考并且引发更多的语言输出。并且通过教师灵活使用有效的现场提问，激活、澄清或者深化学生的作答，从而形成师生之间具有真实意义的双向对话和交流。有效提问既能够学生唤起已有知识和独特的生活感受，激发学生学习热情，又能够给英语课堂带来多样性和朝气与活力。从这个角度看，有效提问成为英语活力课堂的重要源泉和不竭的动力之一。

因此，教师应依据教学内容和学生学习需要，多用心思创设有效的问题情境，以问题的发现、探究和解决来激发学生的求知欲和主体意识。只有这样才能真正适应当下英语活力教学的需要和以人为本的课堂需要。

附录：

Survey about Australia

October 14，2013

Please take the time to read and respond carefully to the items in this survey. This survey is designed to learn more about your knowledge on some topics about Australia. The more answers you give，the more useful it will be for your English teacher. Information provided in this survey WILL NOT affect your English grade or anything else. Thank you for your time.

Your Chinese name：__________ Your English name：__________ Your class：__________

Did you know?

(   )1. Australia is the ______________ largest country in the world.

A. second B. twentieth C. sixth D. I don't know.

(   )2. Australia is called ______________ continent.

A. vast B. lonely C. diverse D. I don't know.

(   )3. Australia leads the world in ______________ production.

A. coal B. wool C. meat D. I don't know.

(   )4. The explorer who sailed the entire length of the eastern coast was ____________.

A. Magellan B. James Cook C. Vespucci D. I don't know.

(   )5. What is the Australian indigenous（土生土长的）animal?

A. Dolphin. B. Shark. C. Kangaroo. D. I don't know.

(   )6. What is the official name of the country?

A. Australia. B. The commonwealth of Australia.

C. Australia the commonwealth. D. I don't know.

(　　)7. What is the official language of the country?

A. English.　　B. French.　　C. Portuguese.　　D. I don't know.

(　　)8. Nearly one-third of the continent lies in the ________ zone.

A. tropical　　B. temperate　　C. oceanic　　D. I don't know.

(　　)9. Which city hosted the 2000 Olympic Games?

A. Sydney.　　B. Canberra.　　C. Melbourne.　　D. I don't know.

(　　)10. Where is the Australian continent situated?

A. In the Northern Hemisphere.　　B. In the Southern Hemisphere.

C. In the South America.　　D. I don't know.

(　　)11. What part of the continent do deserts occupy?

A. The west.　　B. The east.

C. The center.　　D. I don't know.

(　　)12. Which animal sleeps around 20 hours a day?

A. Kangaroo.　　B. Koala.　　C. Platypus.　　D. I don't know.

(　　)13. What is the capital of the country?

A. Sydney.　　B. Canberra.　　C. Melbourne.　　D. I don't know.

(　　)14. What is name of the opera house situated in Sydney?

A. Sydney Opera House.　　B. The Opera House in Sydney.

C. Australia National Opera House.　　D. I don't know.

(　　)15. What is the Australian national anthem?

A. God save the Queen.　　B. Advance Australia Fair.

C. The Seekers Waltzing Matilda.　　D. I don't know.

(　　)16. What animal belongs to the family of reptiles?

A. Platypus.　　B. Thorny devil.

C. Emu.　　D. I don't know.

(　　)17. Which tree is indigenous in Australia?

A. Fig tree (无花果树).　　B. Gum tree (桉树).

C. Birch tree (桦树).　　D. I don't know.

(　　)18. What are the biggest cities in Australia?

A. Sydney.　　B. Canberra.

C. Melbourne.　　D. I don't know.

(　　)19. Who are the name of native people in Australia?

A. Maoris.　　B. Aborigines.

C. Guineas.　　D. I don't know.

(　　)20. Where did Australia's native people come from?

A. India.　　B. South east Asia.

C. South America.　　　　D. I don't know.

(　　)21. When did the native Australians come to the country?

A. 10 000 years ago.　　　　B. 20 000 years ago.

C. 40 000 years ago.　　　　D. I don't know.

(　　)22. What is boomerang?

A. An Australian dish.　　　　B. A flower.

C. A kind of tool used by Aborigines.　　　　D. I don't know.

(　　)23. How do Aborigines dress themselves in their daily life now?

A. The way like other Australians.

B. The way like their ancestors.

C. The way they are told to by the government.

D. I don't know.

(　　)24. The Union Jack in the flag of Australia represents ________________.

A. the British monarch　　　　B. the link with Britain

C. Australia's independence　　　　D. I don't know

(　　)25. In addition to the Olympic Games, Sydney also hosted this event in the year 2000.

A. Commonwealth Games.　　　　B. Australian Regatta.

C. Australian Football Final.　　　　D. Paralympics.

(　　)26. What are the main products of Australia?

A. Wool.　　　　B. Fish.

C. Farms.　　　　D. I don't know.

(　　)27. Sydney has a population of ________________ million.

A. 2　　　　B. 1.3　　　　C. 3.9　　　　D. I don't know

(　　)28. What is one of the most popular sports in Australia?

A. Basketball.　　　　B. Rugby.　　　　C. Volleyball.　　　　D. Tennis.

(　　)29. What does "Stolen Generation" mean?

A. Aborigines who were forced to move away from their land.

B. The native people who were stolen since they were born in Australia.

C. Aboriginal children who grow up in other Australian families.

D. I don't know.

30. What do you want to know more about Australian Aborigines?

____

____

参考文献

[1]Norton. *The Effective Teaching of Language Arts*[M]. Princeton: Merril Publishing

House Nuttal C, 1989.

[2]Orstein, Allan C. *Strategies for Effective Teaching*[M]. Wm. Brown Communication Inc, 1995.

[3]Penny Ur. *A Course in Language Teaching*: *Practice and Theory*[M]. Beijing: Foreign language Teaching and Research Press & Cambridge University Press, 2000.

[4]Sinclair J., Mc H., Coulthard R. M. *Towards an Analysis of Discourse*[M]. Oxford: Oxford University Press, 1975.

[5]Yin Jing. Instructional Strategies in Questioning: A Study in ESP Courses[D]. Beijing: Department of Foreign languages Beijing Normal University, 2000.

[6]姜发兵．英语课堂教学中的现场提问[J]. 山东师范大学外国语学院学报，2007(1)：49-52.

[7]王笃勤．英语教学策略论[M]. 北京：外语教学与研究出版社，2002.

北京师范大学附属实验中学　陈林林

>> 第四节　将戏剧理念融入英语课堂教学的实践研究 <<

近年来，关于英语教学的改革很多，争论也很大。包括汤尼·巴特菲尔德在内的很多研究者都对“正式教学法”的课程设计理念提出了尖锐的批判。我国的一些研究者也反思了目前英语教学中存在的不足：在教学上只重视语言符号识记、语言规则记忆、“刺激—反应”的机械式句型操练，而忽略了学习者在知识内化过程中的交际环境和心理特征。

在针对初一新生入学之初的英语学习情况的问卷调查中发现，37%的学生“很喜欢英语老师”，31%的学生对英语老师“感觉一般”，32%的学生感觉“不喜欢甚至厌恶英语老师”；35%的学生“很喜欢英语”，40%的学生“兴趣一般”，25%的学生“根本不喜欢英语”。调查还表明，在“英语学习习惯”方面，25%的学生“从不预习或复习”，48%的学生要靠家长逼着学。虽然这次问卷调查的信度和效度还值得商榷，但却或多或少反映了学生对于英语的一些想法：英语仅仅是一门课程，学生对英语学习的兴趣更多地基于“考试的需要”。笔者开始不断反思为什么这么多的学生对英语不感兴趣、英语教学到底出了哪些问题。

《义务教育英语课程标准(2011 年版)》明确指出：“基础教育阶段英语课程的任务是激发和培养学生学习英语的兴趣，使学生树立信心，养成良好的学习习惯和形成有效的学习策略……”经过几年的教学实践，笔者认为，英语教学要想达到课程标准的目标，教师首先要激发学生的兴趣，并使其养成良好的学习习惯。笔者在英语实验班进行了一些教学尝试，以期增强学生的学习兴趣，提高英语教学的实际效果。

一、“戏剧教学法”的理念

戏剧将人、社会、生活融为一体的独特性使它成为最能反映生命的一种全方位艺术。英国教育学家约翰·桑姆斯认为，戏剧基本上可从四个方面来看，一是一种手段、方法、媒介；二是一种沟通方式；三是一种文学文本；四是一个学科、科目。如此一来，将戏剧应用于英语教学则是再自然不过的了。

语言的教学技巧涵盖三个主要阶段，那就是呈现、练习、内化。第一阶段是将所要教的内容清楚地呈现给学生并使学生了解，第二个阶段是使学生在安排好的状态下练习，第三个阶段是创设情境，使学生自由地使用所学的语言。戏剧活动最主要的优点是向学生提供从安排好的语言练习到自由表达的机会，让学生说一些真正想要说的话，这是将戏剧应用于英语教学的精髓。

将戏剧应用于英语教学，其目的是以戏剧的种种不同形式带领学生学习外语。其重点是外语的学习而非表演。作为一种新的教学方式，其最大特点之一是把发言权交给学生，强调学生是主动的参与者而非被动的接收者。事实上，戏剧就是在“做中学”，这种学习是内化型的学习。

二、教学实践

戏剧本质上是一种表演艺术。戏剧表演随着演员状态的深入，会进入不同的层次：讲述故事—机械地表演—如游戏般轻松自如地表演—对自我和他人不断探求和发现的旅程……教学过程与戏剧表演具有异曲同工之处。在三年的初中教学实践中，笔者的“戏剧教学”实践也经历着这样一种循序渐进，不断升华的过程。

（一）预备级戏剧教学

由于刚入学的初一学生来自不同的小学，各个学校英语教学的侧重点有很大差异，有的学校侧重书面英语，有的学校侧重口头英语，虽然笔者所带班级是优中选优，但学生的英语综合水平还是参差不齐。除此之外，学生在小学阶段所学词汇和句型有限，因此，在初一日常英语教学中，基于强化基础语言训练的前提下，“戏剧教学”的重点是采用基于课本的简单会话练习。人教版初一统编教材每篇课文后面都编有与该课文主题相关的情境对话练习，除了有范例会话可供参考外，还有类似的引导主题可让学生做仿真练习。全班学生先听录音，熟悉对话内容，再挑出关键句(key sentences)或句型(sentence patterns)加以讲解并做情境式练习或代换练习，之后，学生与学生之间进行“角色扮演”。在学生熟悉话题之后，留给学生讨论时间去设计另一个类似情境的对话，并邀请若干组学生上台表演展示。坚持一段时间后，学生们的英语学习积极性被逐渐调动起来，教师在课堂上与同学的互动也逐渐增加，课堂气氛非常活跃，在各种测验中成绩也不断提高，英语水平上，“量”的提升速度明显。

（二）中级戏剧教学

随着学生所学英语词汇和句型的增加，英语综合能力的不断增强，课本上的对话和短文已逐渐不能满足学生的兴趣和需要，在给学生们补充大量课外材料的基础上，课外开设英文电影选修课是戏剧教学中一项重要实践。电影选修课的教学材料主要是来自学生喜闻乐见的迪士尼动画以及一些适合初中学生特点的国外经典影片。在课程的最初阶段，教师让学生先看会话教学视频，再按照视频对话顺序请学生进行“角色扮演”(静音，只看到画面)，然后进行句型讲解，最后关掉视频，以回忆的方式将今天所学会话句型重新在脑海里复习一次。这个阶段，教师掌握着课程进展的“遥控器”，根据课程设计，教师会在影片一个片段结束之后，打断同学们的“雅兴”，插入教师的教学“表演”，即插入提前设计好的教学内容。随着课程的不断深入，学生们已经不仅仅满足于语法规则的学习，他们希望“自己掌握遥控器”，能够完整地看完一部影片，最后再依照自己的理解，进行总结性陈述或者写影评。而教师的“角色”就是结合影片为学生们介绍相关的文化背景知识，组织学生们就某一热点话题进行讨论和分析。

虽然有时候学生并不能完全理解或者掌握这些课本外的扩展知识，但这样的实践活动为学生提供了一个近距离感受“英语文化”的舞台，学生从最初的“看热闹”发展到逐步融入“英语知识学习”以及“感受英语文化氛围”的大舞台当中。经过一年多的选修课教学实践，学生的英语综合能力有了“质”的提升。

(三)高级戏剧教学

如果上到文学作品课(如诗歌、童话故事、小说篇章或戏剧剧本)，则更适合采用戏剧教学的方式。诗的朗诵可以以戏剧化的声调进行，让每一位同学找一篇自己喜欢的英文诗，加上创意的表情上台朗诵。童话故事则请学生改编成对话形态，内化成戏剧形式，再分组演出。若是现成的剧本就先研究剧本的情节与编排，再实际演出一次，从而使学生借着背剧本的机会，产生学习英语的兴趣及勇于表达的信心。

辩论也是一种很好的英语练习机会，初三第 13 单元讲“世界人口”，在这个单元的教学活动中，教师尝试把话题缩小，转化为和学生自己切实相关的独生子女问题。同学们对“垃圾分类”(Refuse Classfication)进行利与弊的讨论。同学们扮演着不同“角色”，慷慨陈词，甚至辅之以情景剧进行现场表演，取得了很好的教学效果。

戏剧教学的另一项重大实践是在班级开展“Show Time”(表演时间)活动。这项活动为学生提供了更多展示和锻炼英语综合能力的机会，也让学生体会到了在做中学的乐趣。每周学生们都有不同的话题供选择，同学们也可以根据自己的喜好自创话题，自由组合，编写剧本，选导演，分角色，定演员和准备道具。每周班级都会有一节别开生面，妙趣横生的表演课。在每一次的“Show Time”活动中，每组同学都会精心表演已准备好的英文短剧，表演后，其他小组要根据表演的语言、内容、效果进行综合评价并打分，最终评出最佳男女演员、最佳编剧、最佳导演等奖项。随着“Show Time”的持续开展，它已经成为一张班级“名片”，其影响力也越来越大，班级也经常获邀去其他班级巡演，或在市区文化节展演中获奖。

三、取得的成果

戏剧教学法注重营造丰富的英语学习环境，让学生置身其中，以自然的方式学习英语。戏剧教学将我们经常强调的各种理念，如以学习者为中心、合作式学习、以内容为导向的学习和任务导向的教学等，在教学活动中进行全面实践。

戏剧教学中的教材是剧本，它能提供明确的主题、虚拟的角色、真实而有意义的情境。它帮助学习者在一个完整的教育氛围中学习词汇、句型。教师让学生在构思好的情境中自选角色和自编台词，不但在语言运用上有温故知新的功效，而且在创意上还可展现学生面对问题的应变能力，在表达上可训练清晰的口语和自然的肢体动作，这是戏剧教学的重心。同学们在表演过程中，增强了团队的分工合作精神，训练了沟通技巧，形成了和谐向上的班级文化氛围。

另外，从剧场艺术的角度而言，表演需要服装、道具和音效的辅助，在设计与制作的过程中，学生可运用并展现他们在音乐和视觉艺术方面的天赋和实力。经过长时间的熏陶，学生对英语文化环境了解越来越深，对于运用英语也更加具有信心。

在初三上学期期末针对学生英语学习基本情况的跟踪调查发现，与初一开学初相比，表示“很喜欢英语”的学生的比例上升了40%，达到了75%；表示“很喜欢英语老师”的学生的比例已达85%，上升了48%。学生的英语综合素质，包括口语表达、组织能力得到了进一步的提升。另外，这种兴趣也带动了同学们对其他学科的学习兴趣，将学习英语的激情带到了其他学科的学习当中。例如在历史课中，学生也会采取“角色扮演”的形式，用自己的方式来演绎历史，将一些“枯燥”的历史事件进行还原。在政治课上，同学们采用“模拟联合国”的形式，对当前的一些热点问题进行演绎。这种教学方式的适当应用，不但提高了同学们的学习兴趣，又提高了实际的教学效果，产生了“溢出效应”。

四、反思

反思三年的戏剧英语教学实践，笔者有以下几点思考。一是活动设计尽量具有创意性和趣味性。课程设计、教材的内容选择以及活动设计都要以学生的特质、需求和兴趣为主要依据。教师扮演的是辅助、催化、协助学习的角色。二是教材、教法要多元化。教师应多选择一些课外辅助教材，教学应根据学习内容和学生情况而定，提倡多种学习方式并存，传统的句式操练、问答式等教学方式也同样重要。三是表演时间要适度，不要就表演而表演。戏剧表演是英语教学的一种手段，教师在运用时要有选择、有取舍。简单重复的表演不但占用了教师大量的课堂教学时间，也会使学生感觉到枯燥乏味，难以保持持久动力。

此外，戏剧教学法要求教师具有更强的驾驭课堂的能力，对教师的课堂管理能力也提出了更高要求。而且教师要具有奉献精神，在教学中投入更多的精力。而如何保障每一个学生的参与积极性，避免强的更强，弱的更弱，也是教师必须面对的一项重要挑战。

北京师范大学附属实验中学　郝静

>> 第五节　原版英文电影片段助推中学英语活力课堂建构 <<

一、问题提出的背景

目前，我国的中学英语教学经历了一系列的改革，成绩是可喜的，但是，在课堂上还普遍存在以下问题。

学生学习英语的兴趣不浓，英语教材中的一些内容令其感到乏味，课堂氛围比较沉闷。学生练习口语的机会偏少，英语学习缺乏较真实的语言环境。一些听说材料比较陈旧，远离现实生活，学生与英语国家的人交流存在障碍。一些学生对英语学习缺乏信心和持久动力，不能积极主动参与课堂活动。学生对英语国家的文化了解不够，课堂上跨文化意识的培养方法和途径较单一。

根据《普通高中英语课程标准(2017年版)》，以上问题都是需要在高中阶段着力关注和解决的。教师要充分利用现代教育技术，开发英语教学资源，拓宽学生学习渠道，改进学生的学习方式，提高学生的学习效率。在条件许可的情况下，教师应充分利用各种听觉和视觉资源，如挂图、音像等，丰富教学内容和形式，促进学生课堂学习。因此，笔者提出将英语原版电影片段引入高中英语课堂，建构英语活力课堂，提升课堂活力，以达到解决以上问题的目的。

二、英语活力课堂及其理论基础

(一)英语活力课堂

英语活力课堂是在追求课堂有效性的基础上，打造的高效的、有活力的课堂。英语活力课堂应该具有以下特点：有效激发学生的学习兴趣和求知欲；科学高效，以生为本，为学生创造真实的英语语言环境；有效整合并合理开发利用课程资源；让学生自主探究和合作分享；链接生活和生成智慧；促使学生深入了解英美文化；培养学生积极的情感态度，助其形成正确的人生观和价值观。

(二)理论基础

建构主义认为，学生是信息加工的主体，是意义的主动建构者，而不是外部刺激的被动接受者和被灌输的对象。学生是积极的参与者并通过自身的经历和反思来了解世界和建立自己的知识体系。教师的作用是为学生创造真实的情境，使学生能参与其中，并结合自己的知识解决问题并吸收新知识。英文原版电影片段在教学中的使用打破了枯燥的课堂教学气氛，可使学生产生身临其境的感觉，电影的声音、图像和内容等能为学生创造良好的语言环境，让学生通过各种感官来吸收新信息和新知识。

三、英文原版电影片段对高中英语活力课堂建构的助推力

原版电影对活力课堂的助推力体现在以下四方面。

(一)英文原版电影片段能够在时长较短的高中课堂中有效激发学生的求知欲和英语学习的兴趣

兴趣是学习的动力源泉。美国心理学家和教育家布鲁姆曾说："学习的最大动力，是对学习材料的兴趣。"因此，能让学生快乐且饶有兴致地学习英语是至关重要的。传统的教学方法依

靠课本，会使学生对英语学习产生厌倦感。而英文原版电影片段把声音和影像合二为一，使语言信息与具体特定的情景相结合，更加全面而真实地展示语言信息，充分调动学生的眼、耳、口等感官去积极捕捉并理解语言信息，从而极大地激发学生的求知欲望和学习兴趣，使语言学习成为一种精神享受，增强学习效果。在日常教学中，涉及动物和人类之间情感的话题时，笔者给学生播放了电影《南极大冒险》(*Eight Below*)的一些精彩片段。当影片中的八条雪橇狗出现在屏幕上时，学生立刻被它们的可爱形象吸引了。之后，当它们之间互助求生的场景显现在学生的眼前时，学生不仅为它们的成功求生而庆幸，也被它们的团结互助所感动。学生的兴趣和情感都得到了有效地激发。

(二)英文原版电影片段能够创设真实的英语语言环境，为学生提供较多英语听说练习的机会

缺乏真实的英语语言环境是制约我国学生英语水平提高的一个突出的问题。学生接触到的英语大多是书本上的，以考试为中心的教学模式和学习模式导致很多学生学成了“哑巴英语”。英文原版电影片段则给学生提供身处真正的英语语言环境中的学习机会。英语电影大多数来自西方的英语语言国家，口语化的对白非常贴近实际生活。在观看英文原版电影时不仅能听到纯正的语音，而且可以熟悉不同年龄、身份的人的语音特点。另外，电影中的人物使用正常的语速说话，有助于学生习惯并模仿实际场合的正常语言，能更加灵活的运用语言和在实际生活中同外国人交流。电影《情归巴黎》(*Sabrina*) 发音超级标准，词汇简单，句型经典，选取其中的精彩片段会很适合高中学生进行听说练习。以下是这部电影的部分对白。

Fairchild：Sabrina? Sabrina，come down.

Sabrina：Uh，she made him laugh.

Fairchild：You have to finish packing.

Sabrina：Am I witty?

Fairchild：**I wonder if** Paris is far away enough.

Sabrina：No，really. Do you think I'm funny?

Fairchild：Hilarious，you should host a talk show. Sabrina，the full-time observation of David Larrabee is not a recognized profession. Get out of that tree.

Sabrina：I'll be there in a minute.

David：Oh，it's just you，Sabrina.

Sabrina：Hello，David.

David：I thought I heard **somebody**.

Sabrina：No，it's **nobody**.

Fairchild：Sabrina! You've spent more of your life up that tree than you have on solid ground. You know how lucky we are that Mrs. Larrabee has friends who have a job for you，so you can have this European experience. The time in Paris will be so good for you. If your mother were alive she'd be so happy. It's what she always wanted.

Sabrina：**What if** he forgets all about me?

电影片段中不乏妙词佳句，如“nobody”一词有两个意思：没有人和不重要的人、小人物。Sabrina 用这个句子是一语双关，既指没有别人，又指自己是没有人注意的小人物。上一句的“somebody”也有两个意思：有人和重要的人。还有经典句型：“I wonder if…”和“what if…”等。

（三）英文原版电影片段能够促使学生深入了解英美文化，增长知识

英语教学中文化教学是不可或缺的，对文化背景知识的了解是培养学生跨文化交际能力的前提，而发展交际能力是语言教学的首要目标。原版英文电影可以让学生们理解东西方文化的差异，加强跨文化的交际能力。原版英文电影反映了英语语言国家的社会状况、生活情景、文化教育，提供了地理历史、民族习惯、民俗风情及价值观念等方面的知识，这些对于学生今后的学习和工作有着积极重要的影响。例如，电影《当幸福来敲门》（*The Pursuit of Happiness*）展示了美国的社会百态，富人们住着漂亮的别墅，开着豪车带孩子去看橄榄球比赛，而穷人们为了生计四处奔波，甚至无家可归。英国 BBC 拍摄的六集纪录片《非洲》（*Africa*），呈现了非洲奇特美丽的地貌和沙漠中、草原上、海洋里的生物们现实的生存状况。

（四）英文原版电影片段能够培养学生积极的情感态度，助其形成正确的人生观和价值观

学生学习英语方法的不恰当和英语传统教学方法的局限使得一些学生对英语失去了兴趣，课堂上表现出沉默、焦虑、胆怯等消极情绪。将积极向上的原版英文电影片段引入课堂，能够起到激励学生的作用。例如，电影《阿基拉和拼字比赛》（*Akeelah and the Bee*）讲述了主人公 Akeelah 冲破母亲的束缚，大胆地参加了重要的拼字比赛，并成功得到了参加国家级拼字大赛的机会，最后取得了冠军。笔者选取了其中几个精彩的片段给学生播放，同时引用了南非前总统纳尔逊·曼德拉（Nelson Mandela）的就职演说的经典名言作为总结语：“Our deepest fear is not that we are inadequate. Our deepest fear is that we are powerful beyond measure. We ask ourselves：‘Who am I to be? Brilliant，gorgeous，talented，fabulous? Actually，who are you not to be? We were born to make manifest the glory of God that is within us. And as we let our own light shine，we unconsciously give other people permission to do the same.’”，这段话很大程度上鼓励了那些在英语学习中遇到困难的学生。《阿甘正传》（*Forrest Gump*）能激发人们重新思索价值观，呼唤人性的真、善、美，这是对浮躁和功利的社会环境的有力回应。《当幸福来敲门》中主人公 Chris 不屈不挠的求生品质、不懈追求理想的决心和勇于克服困难的意志能帮助学生树立正确的人生观和价值观。

四、英文原版电影片段在高中英语活力课堂建构中的应用与实践

（一）借助话题—引入影片—理解课文

在高中英语教学中，课堂话题的引入部分往往采用图片和提问的方式，长此以往学生的学习兴趣很难被激发起来。笔者尝试采用英文原版电影片段作为课堂引入的方式，学生的兴致很

快被调动起来。

案例 1：在北师大版高中英语选修 6 第 17 单元第 3 课 “My Favourite Comedy”一课的引入中，笔者首先播放了有关“憨豆先生”的一段与本课内容密切相关的视频片段，学生神情专注地欣赏着憨豆先生的幽默滑稽的表演，课堂上充满了欢声笑语。在看完视频片段后，笔者让学生用 5 分钟时间阅读课文，总结文章大意。结果出乎意料，绝大多数学生在 4 分钟之内就完成了这项任务。学生道出了原因：文章内容与视频的内容比较吻合，大大增强了理解力和提高了阅读的速度。

案例 2：北师大版高中英语选修 6 第 16 单元第 3 课“Life Stories”主要描述了海伦·凯勒学习说话的过程。课文的回答问题练习涉及了海伦·凯勒的性格和她是怎样学会说“doll”和“water”这两个单词的。在学生正确回答这些问题后，笔者分别播放了三段有关海伦·凯勒的电影片段，让学生直观感受到海伦·凯勒的倔强脾气、她学习说话的艰难，以及学会说话的那种兴奋和喜悦之情。

(二)结合场景—增强理解—巩固词汇

在现在的高中英语课堂中，教师采取词汇教学的方式相对比较传统单一，俗称“语言点”讲解，即教师从课文中找出生词和短语，给学生展示词典或参考书给出的例句，讲解这些词的一些习惯搭配，然后让学生抄写在笔记本上。这样做的不足之处在于：学生既不知道为什么要学习这些生词和短语，又不清楚在什么样情境去使用它们，因此很难激发学生的兴趣，从而导致课堂氛围比较沉闷。对此，笔者进行了以下尝试。

在北师大版高中英语必修 5 第 14 单元第 4 课 “Job trends—Survival of the Fittest”的第 2 课时的词汇和写作教学上，笔者选取了励志影片《当幸福来敲门》。原因有三：首先，影片的内容紧扣课文话题“职场中的适者生存”，而且能升华主题。其次，影片的一些片段描述中可以用上课文中的生词。最后，影片能够为写作训练做好铺垫。

笔者首先截取了电影的五个精彩片段。在看完每个片段后，学生先试着用上新词和短语描述其内容，然后完成笔者设计的填空任务。

①Chris can't sell the medical device and has got the tax-bill notice and another parking ticket. It means that his family can't afford the rent of the flat for the next month. All of these are **bothering** Chris.

②Everyone walking by looks very happy. Chris **envies** them a lot. In other words, their happiness is the **envy** of him.

③When Chris is chased by the taxi driver, he is in great **panic**. In other words, the taxi driver **panics** Chris by chasing him.

④Chris locked the bathroom door in the subway during the night **in case** someone else entered it and forced them to leave. Chris **panicked** when someone knocked on the bathroom door in the subway and tried to get in.

⑤Chris and his son can't live in **comfort** because they lack money and have to stay in Glide

Memorial for nights. But the song motivates Chris and the other people and gives them strength to overcome their difficulties.

以上的填空练习是笔者根据五个片段的内容精心设计的，能够巧妙地用上课文中涉及的新词和短语。此后，笔者又截取了另外四个片段，能反映出影片主人公 Chris 求职过程中表现出来的优秀个人品质，分别是“persistent、diligent、flexible、witty”。课后作业是：描述主人公 Chris 求职的艰辛过程和其所展示的优秀品质。学生在有了很好的铺垫之后，写作就水到渠成了，大多数同学完成得很出色。

(三)模仿配音—体会表演—提升口语

迫于高考的压力，高中学生在听力、阅读、写作等方面投入的时间很多，这直接导致了在英语口语表达方面训练的缺乏。教师普遍感觉高中生的口语水平从高一到高三逐渐在下降。笔者认为，精选经典电影的精彩片段，让学生进行配音或者模仿表演，既能训练学生的口语，又能增强课堂的活力。

北师大版高中英语必修模块 3 第 9 单元“Wheels Literature Sport 3”的听力部分是有关《科学怪人》(*Frankenstein*) 的一段听力材料。听完这段听力材料后，学生只会对这部玛丽·雪莱创作的名著有一个初步的了解。实际上，这部名著已经被改编并拍摄成了电影。笔者利用其中精彩的电影片段让学生去配音和表演，大大激发了学生的模仿和表演欲望。设计过程如下。在听力中有这样一段话：“A professor there inspired me to study chemistry. This changed my life as I became obsessed with the search for secret of life.”依据这段话，笔者引出了电影片段的两个教授：“In fact, there are two professors Victor Frankenstein in the novel, Mr. Krempe and Mr. Waldman. Let's watch part of the movie to know who has inspired Victor to study chemistry.”看完电影片段后，学生们知道了启发 Victor 的是 Mr. Waldman，同时学生也被 Victor 和 Mr. Krempe 之间的精彩对话所吸引。笔者先让学生记下了对话的台词，接着重播了这个片段，然后请两位英语口语很棒的学生进行对话练习，目的是让学生熟悉一些生词的发音。学生被分成两人一组，对于擅长表演的小组要求模仿表演，对于不太擅长表演的小组则要求进行配音，给学生一周准备的时间，配音最像和表演最好的小组将得到奖励。学生的兴致很高，有学生当即提出将这个电影片段放在班级的公共邮箱中，以便模仿。一周之后，学生的配音和表演异常精彩，结果大多都获得了奖励，许多学生希望继续开展这样的活动。

总而言之，恰当使用英文原版电影片段在高中活力课堂建构中有着十分重要的意义。它能为学生创造真实的英语语言环境，有效激发学生学习英语的兴趣，培养学生的英语技能，增强学生的跨文化交际的能力，激励学生奋发向上，助其形成正确的人生观和价值观。当然，选取适合高中学生的原版英语电影片段也对教师提出了很高的要求。英语教师要利用各方面资源收集优秀的英文原版电影，进行观看研究，根据教学内容的要求恰当选取其中的优秀片段，真正地让高中英语课堂充满活力。

北京师范大学附属实验中学　顾俊所

>> 第六节　浅析英语戏剧表演对高中生英语能力和素质的影响 <<

英语戏剧表演指的是以语言、动作、舞蹈、音乐等形式达到叙事目的的舞台表演艺术，是由演员扮演角色，在舞台上用英语当众表演故事情节的一种综合艺术，对学生的英语口语能力以及表演、肢体语言等有综合的要求。英语戏剧表演对高中生英语能力和素质的培养有很大的促进作用。教师可以利用这种方式增强学生对英语学习的兴趣，并且有效提升学生的英语综合技能，锻炼学生的口才，有利于学生丰富自身内涵、领悟人生哲理、培养团队精神等。

一、高中英语课堂现状

当前，很多学生对英语课不感兴趣，学习英语的积极性不高，在英语课堂上常常注意力不集中，并且喜欢做一些与课程无关的事情。高中英语课堂如何吸引学生，调动其英语学习的积极性，已经成为亟须解决的问题。高中教师常用的教学方法有讲授法、讨论法等，学生真正能够进行英语交流的机会是非常少的，无法真正培养起英语的实际交流能力，无法采用交际的教学手法来进行表达。戏剧表演是高中英语课堂中学生比较感兴趣的形式。这种形式可以为语言提供比较完整的背景。在教学的过程中，学生是带着快乐的情绪进行学习的。在整个排练和演出的过程中，学生可以更好地提高自身的英语语言技能和应用能力，英语的综合素质也得到了提高。

二、将戏剧表演引入高中英语课堂的理论依据

（一）遵循人脑的记忆规律

人们获取语言知识需要调动自身的感官，对语言进行存储、想象和判断。传统的高中英语教学方式只对知识点的存储部分比较关注，对其他方面的关注不足。戏剧表演则可以调动学生的各种能力，使其将英语语言知识进行全方位的掌握和应用。戏剧表演的过程可以激活人的大脑，让人们充满想象，同时也可以让人们更好地感受和判断，存储和输出，不断地巩固和加强已经获取的知识，提高了记忆的效率。戏剧表演的方式非常契合人脑的记忆规律。通过不断地排练和演出，学生可以将这些内容记得更加牢固，同时也可以举一反三了解相关知识和语言点的运用方式。

（二）以教育心理学为理论依据

学生在学习英语的过程中会受到情感的控制，情感因素是对学生影响比较大的部分，包括对学生的学习动机、态度、自信心以及焦虑的影响，不同的人心理状态不同，对英语教学的接受程度也不同。如果学生的心情比较愉快，注意力就比较集中，思维也比较敏捷，容易接受和吸收教育的内容；如果心情郁闷则会注意力涣散，思想迟钝，难以将学习内容内化，因此心理

状态和因素对人的技能和反应是很重要的，而戏剧表演的形式则可以降低学生在学习英语过程中的交流，激发学生学习英语的兴趣，帮助学生树立学习英语的信心。有了正面积极的心理作为基础，学生可以更好地吸收英语知识点。

(三)符合以学生为中心的交际教学法

近年来，高中英语教学的理论方法中有翻译法、直接法、情境教学法、交际法等多种方法，其中交际法的效果和作用最为突出。采用交际法进行教学具有很多明显的优势。交际法可以利用真实交流的活动和场景促使学生进行语言学习，当语言被用来完成有意义的任务时，学生学习起来会更加有动力，对学习者来说有很强的促进作用。高中英语课堂戏剧表演教学方式，可以帮助学生认识和领悟英语语言交际的魅力，从而激发学生学习的兴趣，有效地提高学生的学习成果。

三、英语戏剧表演在高中生英语课堂的教学实践模式

(一)准备阶段

准备阶段是整个戏剧表演的基础部分，也是非常重要的部分。在准备阶段，教师需要指导学生选择自己感兴趣的剧本，分配角色，并且充分熟悉剧本。剧本的选择可以不限于课本的内容。教师可以让学生自己选择感兴趣的剧本，这样学生的积极性会更高。好的剧本是戏剧表演成功的一半，很多英语经典戏剧以及经典电影都是英语戏剧表演很好的素材。在选择剧本时，教师也可以对学生进行适当的引导，提醒学生剧本选择时应该注意的问题。一般来说剧本的选择需要通俗易懂，便于学生理解、记忆和表演。这就要求教师指导学生改编，比如莎士比亚的戏剧剧本有点难度，教师需要指导学生把古英语和难词替换成现代英语和较容易的词。英语戏剧的主题要积极乐观、贴近生活，这样才能为学生营造轻松愉悦的学习环境。由于时间的限制，教师可以帮助学生选取戏剧中冲突最为明显的情节进行表演；也要鼓励学生创新，可以自编剧本，也可以改编剧本。例如，学生在改编白雪公主剧本时，把白雪公主吃苹果中毒的片段改为白雪公主意识到了苹果有毒，拒绝吃下，并一下把苹果甩掉，着实让观众耳目一新，引起了观众强烈的兴趣，增强了舞台效果，体现了学生大胆创新的能力。为了确保班级的每位同学都能够参与到戏剧表演中，教师可以根据班级的实际人数，将学生分组，每组四到六人，每次可安排一组学生进行英语戏剧表演，这样能够在确保英语课程完成的同时，每个学生都能够参与到英语戏剧表演的过程中。除此之外，场景和道具的准备也很重要，另外，还需要对舞台进行设计以及道具的准备。这些都可以为戏剧表演添光增彩。最后，学生在排练的过程中，教师可以帮助学生熟悉台词，纠正语音、语速和语调，改进表情和动作，鼓励学生独立思考、大胆创新，勇于尝试。从开始排练到表演，学生需要不断的熟悉台词，进行多次排练，每次排练后剧组都要进行反思总结一下表演是否到位，台词是否清楚等。

(二)表演阶段

经过半个月紧张的准备终于到了表演阶段。学生按照抽签顺序个个盛装登场，观众和评委利用海报简略地了解一下学生表演的剧目、剧情以及角色，便于对表演的戏剧有一定的了解，可以更好地观看并且融入角色。在实际表演的过程中可以利用多媒体设备，进行背景、音乐等氛围的营造，通过道具、舞台效果传情达意，为戏剧表演渲染效果。学生自编、自排、自演的戏剧往往更能够赢得大家的掌声，他们独特的创意往往给人意想不到的惊喜，从而让学生在欢快的气氛中，提高英语能力和素质，提高英语的综合应用能力。学生在舞台上自信的表演不断赢得观众们热烈的掌声。哪怕是道具没有准备好也不会冷场，学生会即兴加点台词来救场。

(三)讨论与评讲阶段

英语戏剧表演完之后，首先，教师要对学生的表演进行讨论和评价，对戏剧的主题、情节、语言、演员的演技、舞台和道具的设计等进行打分，评选出最佳演员、最佳团队、最佳剧本、最佳舞台设计等一系列的奖项，并给予适当的奖励，充分调动学生参与的热情。其次，除了奖项之外，教师还可以安排学生对戏剧表演进行分组讨论，对表演的心得体会、准备过程、对角色的理解、如何进入角色等问题进行交流和提问，引导学生思考，让学生找到自身的不足，以便下次改进。最后，教师对学生的表演进行公平、公正的评判，并对学生表演中需要改进的地方进行指正和点评，让学生通过英语戏剧表演能有更多的进步。

(四)学生反思阶段

1. 高二(9)班演出剧本《第十二夜》

因为经历过，所以更加珍惜。我们知道舞台上呈现的每个细节都来之不易。改编莎翁的原文英语剧是个不小的挑战。不知所云的古英语，足以让人抓狂，但在学生的互相帮助、一次次改稿中，我们将心中那充满中世纪风情的精华片段浓缩在短短的15分钟里。那些真真假假、悲悲喜喜，我们相信，是尘埃里的一朵明媚之花。演出当天的这场，不会是我们最满意的，但注定是印象最深刻、最难忘的。当后台出了差错、台上有人临场发挥帮你抢时间救急的时候，当道具组男生跑前跑后搬动沉重的沙发的时候，当演完一幕下场时台边有伙伴轻轻为你鼓掌的时候，我们都带着一种期待以外的温存，名次似乎也显得不那么重要了。所以当 *How Long Will I Love You* 一次次起响起时，当兄妹终于在生死两隔的虚惊一场后彼此失而复得时，当Orsino终于看清身边一直以来陪伴左右的人是谁时，感动充斥着所有人的胸膛。十二夜，迎来了黎明的曙光。这样的喜剧，比起直接的兴高采烈、五彩缤纷、一帆风顺都要美好百倍。

2. 高二(8)班演出剧本《白雪公主》

音乐声仍缭绕在耳边，《甩葱歌》的魔鬼舞步依旧回荡在脑海中，一切的一切都因英语剧而起。紧张的训练，一次次改台词，改动作，改面部表情，一遍遍地磨合，终于呈现出近乎完美的效果。我们以我们的最强实力获得了银奖。高二(8)班最棒，我们一直的八班。We will be back stronger and more perfect!

四、结语

综上所述，英语戏剧表演可以让学生充分的发挥自己的想象力，更好地运用所学的知识。在戏剧表演的编排和演出的过程中，可以强化学习的效果，同时学生在积极主动和创造性的参与表演的过程中，可以更好地找到学习的乐趣，学会在不同情况下如何进行英语语言交际，巩固和加深学生对英语这门课程的理解和运用，培养学生的英语语言和使用技巧。戏剧表演对高中生英语学习的促进作用是巨大的，不仅可以提升高中生的英语综合能力和技巧；而且有利于学生丰富自身的内涵，提高文化修养，提升思想境界，培养沟通能力和团队合作意识，帮助学生树立和健全和谐的人生观以及价值观，对高中生英语能力和素质都有非常积极的作用。

参考文献

[1]黄志霞．戏剧运用于英语教学的实施与效果研究[J]．课程教育研究，2018(3)：95，97.

[2]赵静静．例谈戏剧元素在英语绘本阅读教学中的应用[J]．教育观察，2017(20)：53-54.

[3]刘凯丽．浅谈初中英语戏剧表演对学生发展的重要性[N]．发展导报，2017-10-13(26).

[4]仇继日．浅析戏剧表演法在高中英语教学中的意义[J]．中学生英语，2017(38)：60.

[5]辜翔宇．高中英语戏剧单元教与学[J]．中小学教材教学，2017(9)：63-66.

[6]李婷英．戏剧化教学，“演”出来的英语课[J]．新教育，2017(16)：67.

北京师范大学附属实验中学　尹欲宏

>> 第七节　巧妙创设信息差，建构英语活力课堂<<

一、信息差

信息差，指人们在日常生活中因传递信息的不同所造成的差距或不对称。正是因为这种不对称的存在，使用目的语来交流信息和做事才成为必要。在信息差交际活动中，不同的人享有不同的信息，人们只有与他人分享才能解决问题或者做出决定。

(一)“信息差任务活动”的基本原理

N. S. 勃雷泊(N. S. Prabhu) 在 1987 年提出了三种任务类型，其中的第一项就是信息差活动(information gap activity)，即交际双方交换有一方不知道的信息时，进行信息的译码和编码活动。在信息差活动中，教师(或教材)向交际双方提供不同片段的信息，学生通过交流，传递信息，填补信息差，以达到完成特定任务的目的。在此过程中，学生提高了用英语进行实际表达并解决问题的能力。

（二）信息差活动的意义

1. 激发学习兴趣

学生被动学习现象普遍存在，在课堂上学生习惯保持沉默，因此，教师需要通过激发学生的学习动机来提高他们学习的积极性。课堂上不活跃或缺乏自信的学生往往很被动。信息差通过在说话者之间建立间接的联系来推动说话者积极主动地去填补这个中间差，以达到有效交流的目的，提高第二语言学习者的学习动机，从而让学生成为课堂学习的中心。

2. 助力课堂语言习得

在信息差活动中，学生要完成任务，必须在一起协商切磋意义并保证使用的目的语能被对方理解。信息差任务带来的语言交际的“自发性”和“不可预知性”正是英语课堂教学目前要解决的重点和难点。因此教师在教学中应当有意识地设计信息差活动，引导学生在填补信息差的同时达到真实交际的目的。

3. 优化课堂教学环境，降低学生的焦虑程度

在信息差任务中，经过充分交流讨论，学生回答问题时会相对自信，害怕答错问题的这种焦虑会大大降低。学生回答问题的积极性在很大程度上被调动起来，从而能营造一个很轻松的氛围。

二、信息差任务的设计及在课堂教学中的实际运用

要想设计一个好的信息差任务，教师首先需要认真备教材，对教材进行再加工设计；其次要根据学生现有实际语言水平，提供可理解的语言输入，任务的设计要与学生的兴趣爱好相结合，符合中学生的心理特点及认知规律，贴近学生生活实际；最后要引入合作学习的理念，创设成功的体验机会。

下面笔者以外研社英语七年级上册模块 9 第 2 单元“They are waiting for buses or trains”的教学设计为例，具体说明如何巧妙创设信息差任务，激发课堂活力。

At this moment in different places of the world，people are doing different things.

In London，it's five o'clock in the afternoon and people are leaving work and are going home. They're waiting for buses or trains. Some people are driving home. Some are getting off buses or trains. Some are having afternoon tea at home or having a drink.

In Moscow，it's eight o'clock in the evening，so people aren't having afternoon tea. They are having dinner at home or in restaurants. Some are going to the theatre or watching a film. Some are watching television or playing games at home.

In Beijing，it's one o'clock at night，so people aren't having dinner. Most people are sleeping. Some people are still working and some are going home from work.

In Los Angeles，it's nine o'clock in the morning. People aren't sleeping. They're working. Children are starting their lessons.

In New York，it's twelve o'clock. People aren't working. They're having lunch. They are eating hamburgers or hot dogs and drinking coffee or Cola. Some people are seeing friends, calling home or shopping.

这篇课文的话题是谈论在特定的某一时刻，因为存在时差，世界上五大城市的人们正在做着不同的事情，题材是新闻报道。涉及的语法是现在进行时。这是七年级学生第一次学习现在进行时，因此在教学的重点必定会放在现在进行时上。如果采取传统的教学设计，教师一般会先提出几个问题，学生阅读文章后回答，然后教师讲解词汇和语法点，完成书后习题。但是这样的教学设计方式难免会让学生觉得枯燥乏味，提不起兴趣，也没有关注学生思维品质。

笔者认真研究了教材，确定了本节课的最终目标：学生小组合作学习后完成一篇新的新闻报道。教师首先将文章分成了四部分，利用二维码生成软件，分别给每部分生成一个二维码。四个学生组成一个小组，分别阅读一部分。A 组：London；B 组：Moscow；C 组：Beijing & Los Angeles；D 组：New York。学生需要扫码获得自己的信息，然后在组内进行新闻报道。这个活动就创设了信息差，学生只有通过认真准备、大声发言和仔细倾听才能获得整篇文章的信息。下面是 A 组学生在倾听其他组的信息时需要完成的任务单。这样的设计对学生的发言和倾听都提出了明确的要求。

Group A：London

At this moment in different places of the world people are doing different things.

In Moscow, it's 1) ________ o'clock **in the evening**, so people aren't having afternoon tea. They are 2) ________ at home or in restaurants. Some are 3) ________ or watching a film. Some are 4) ________ or 5) ________ at home.

In Beijing, it's 1) ________ o'clock **at night**, so people 2) ________. Most people are sleeping. Some people 3) ________ and some are going home from work.

In Los Angeles, it's 4) ________ o'clock **in the morning**. People aren't sleeping. They're working. Children 5) ________.

In New York, it's 1) ______ o'clock. People aren't working. They're 2) ______. They are eating hamburgers or hot dogs and 3) ______ or Cola. Some people are 4) ______, 5) ______ or shopping.

随着智能手机的普及和网络的发展，让手机辅助教学是大势所趋。学生扫描二维码获得信息，满足了好奇心和求知欲，比较符合现在中学生的年龄特点，同时也是创设信息差的有效方法。

然后，笔者将伦敦时间巧妙更换成了上午 9 点，莫斯科时间就是中午 12 点，北京时间是下午 5 点，洛杉矶时间是凌晨 1 点，纽约时间是早晨 4 点。这些时间实际上与文章给的时间点比较类似，一方面训练了学生的时差计算，另一方面又创设了另一个新的情境，让组内学生每人负责一个城市，用所学的词汇和语法写出一篇 5 句话左右的新闻报道，然后组内交流，最后全班分享。这是一个信息差的写作活动，因为信息差的存在，学生只有通过合作学习才能完成最终的任务。

BBC News Report

At this moment in different places of the world people are doing different things.

In London, it's **nine** o'clock in the morning. ______________________...

In Moscow, it's ________ o'clock, ______________________...

In Beijing, it's ________ o'clock in the afternoon. ______________________...

In Los Angeles, it's ________ o'clock in the morning. ______________________...

In New York, it's ________ o'clock in the morning. ______________________...

三、结语

笔者在英国进修期间，发现英国教师经常使用信息差活动来进行教学，包含口语交际、词汇讲解、阅读训练等方方面面，让学生在合作学习中不断探索与发现。

创设一个好的信息差任务，教师要真正做到重视学生之间的互动作用，保证每个学生都有机会开口说话，而不是只有几个人说，其他人听，或者是教师说，学生听。信息差任务最大限度地保证学生的练习时间和练习量，有益于发挥学生的学习潜能，培养学生自主学习、合作学习的能力。二语习得研究成果表明，信息差这样的双向任务比讲故事这样的单向任务对学习者的语言能力发展更有益。教师一定要充分备课，有意识地创造信息差，不断带给学生新鲜的变化，让课堂充满活力。

北京师范大学附属实验中学　顾俊所

>> 第八节　信息差在中英两国英语课堂教学中的运用与设计比较 <<

笔者在北京市某示范性高中从事英语教学十余年，2013 年赴英国利物浦大学访学。进修与学习的一年中，笔者着重比较了中英两国英语教学的差异，在众多发现中，体会最深的莫过于在英国的 TESOL(teaching English for speakers of other languages)课堂上，教师对信息差使用的频度、广度和深度与中国英语教师有较大不同，很值得我们关注、学习和借鉴。

信息差指交流双方所掌握的信息存有差异，通过对话与沟通消除差异，从而使对话双方获取同样信息。(Harmer，1991)英语教学中，一种很有意思的任务设计是基于对信息的理解和传递，如经过交流发现对方图片中有什么，通过填补信息差实现任务的完成(Penny Ur，1996)。在课堂中，带有信息差的小组活动可以很好地刺激学生进行语言交流和互动(Nunan，1989)。

一、信息差教学案例

笔者记录了三个使用信息差的典型英式教学课例，并结合自身教学经历中的相关案例进行比较，进而分析和探究信息差在英语教学中的作用与益处。

【案例 1】

在利物浦大学专为中国教师设计的英语研修班上，有一节课名为“Traditional Therapies”。下面是笔者对这节阅读课教学环节的记录。

步骤 1(分别获取信息)：教师将四段不同阅读材料发给学生，每位学生获取其中一份，并根据材料内容填写表格(见附录 1)。 步骤 2(首次分享)：教师组织阅读 Part 1 和 Part 2 的学生交流分享，与此同时，阅读 Part 3和 Part 4 的学生互通有无，并将对方讲述的内容记录于自己表格的相应部分。此步骤结束时，阅读 Part 1 和 Part 2 的同学通过读与听获取了表格的前两栏内容，阅读 Part 3 和 Part 4 的同学完成了后两栏的内容。 步骤 3(重组分享)：教师组织学生重新组合：Part 1 与 Part 3 合作，Part 2 与 Part 4 合作，交流分享之后，每位学生获取了表格中的所有内容。

【学生的课堂表现】

在整节课中，学生充当着信息“传递者”与“接收者”的双重身份，表现出了积极主动的参与性。

在过去的教学经历中，笔者针对类似的教学内容是这样设计的。

步骤 1(热身准备)：教师针对课文主题提出几个相关问题，激发学生阅读兴趣。 步骤 2(组内合作)：将学生分为 4 人小组，每组下发 4 份阅读材料和待填写的表格，建议学生组内分工，每人负责一部分，分别阅读各自内容后完成表格相应部分的填写，并向组内其他同学讲解自己所填内容。 步骤 3(全班共享)：教师请不同小组的同学讲述表格内容，出现分歧处全班共同讨论并确定最终答案。

【学生的课堂表现】

在开始的热身和最后的全班核对答案环节，学生在教师的引领下完成任务；学生的主动性主要表现在小组活动中。

【案例 2】

笔者在英国上了一节别有意味的写作课，这节课的设计步骤如下。

步骤 1：教师将学生分为 6 人小组，向每位学生下发共 6 页的资料(见附录 2)，每页纸上都有不同的提示和引导。教师组织学生看清题目要求后，每人在各自的资料上完成第一页内容。 步骤 2：按顺时针方向与组内下一位同学交换资料，并完成其第二页的写作任务，此时不能翻看前一位同学完成的前一页内容。完成第二页后按顺时针继续交换并完成下一页内容，交换至最终完成共 6 页的故事。 步骤 3：每人阅读手中的故事，之后按顺时针交换阅读，直至每人读完 6 个故事。最后教师组织学生交流自己最喜欢的故事，并讲出理由。

【学生的课堂表现】

学生在新奇、愉悦和放松的状态下完成了写作任务；分享集体创作的作品时，学生表现出了喜悦、意外与成就感。

在中国的英语课堂，较为普遍的写作教学模式如下。

> 步骤 1：教师布置写作任务，组织学生进行头脑风暴，汇集与主题相关的词汇与表达并写于黑板上。
>
> 步骤 2：学生根据黑板呈现的相关词汇、写作步骤和要点完成各自文章。(因为大家共享相同素材与资源，所以本环节没有体现信息差。)
>
> 步骤 3：教师选取代表向全班同学分享其作品，之后组织其他同学给予修改意见或表达感想、感受。

【学生的课堂表现】

在写作过程中，学生很投入，表现出紧迫感；只有少数同学的作品得以展示。

【案例 3】

以下是一位教学经验丰富的英国教师设计的一节别具匠心的故事听说课。

> 步骤 1：教师给每位同学发一张写有一个英文句子的字条(见附录 3)，并让学生把句子记在心里。
>
> 步骤 2：全体学生起立，依次将自己的句子说给大家听，同学们边听边猜测、梳理故事发展脉络。
>
> 步骤 3：大家重述各自的句子，这一次其他同学可以插话、发表意见，旨在将每个句子按着故事发展顺序排列。
>
> 步骤 4：通过共同协商、合作，学生按着故事发展顺序重新排队，最终大家按正确顺序重新讲述故事。

【学生的课堂表现】

在整个活动中，学生表现出了对原始故事的好奇和积极的团队协作精神。

由于班级人数过多，类似的课型在中国的英语课堂上十分罕见，相似的教学内容笔者过去通常会做如下设计。

> 步骤 1：教师把学生分为 2 人或 4 人一组，每组发若干张小条(见附录 3)。
>
> 步骤 2：教师组织小组内合作，把小条有序排列，使之成为一个有意义的故事。
>
> 步骤 3：各小组选派代表，把本组排列组合成的故事讲述给全班听。如果各组出现差异，教师组织全班同学进行讨论，最终选出最佳版本。

【学生的课堂表现】

小组活动中学生表现出较强的参与意识和积极性；学生的参与度基本与其英语水平成正比。

二、信息差教学案例分析和归因

通过比较三个课例中信息差的运用与效果，笔者从以下三方面进行了分析和归因。

(一)不同教学设计背后的学生观分析

1. 信息差有助于实现学生在课堂中的主体地位

《普通高中英语课程标准(2017年版)》强调突出学生主体，学生的发展是英语课程的出发点和归宿。自主性、主动性和创造性是学生主体性的三个基本特征。在案例1的英式设计中，学生自始至终表现出很强的积极性与参与性，原因之一在于信息差贯穿了一整节课：对于每位学生而言，每个环节都有新信息的输入，他们带着听和说的欲望，彼此之间传递、捕捉信息，以实现信息等量的最终目的。学生是教学活动积极能动的参与者和学习实践活动的主体，他们通过倾听、理解、接纳同伴发出的信息，并运用自己原有的知识体系和认识结构对新信息进行消化、吸收和整理，最终外化成书写信息记录于表格之上。此外，各个环节的任务很具有真实性：学生一直充当着信息获得者和提供者的双重身份，其使命感凸显了阅读和聆听的价值和意义。具有挑战性、真实性的任务调动了学生的积极性与主动性，并挖掘出他们的潜力和创造力。自始至终，学生都占据着课堂的主体地位，教师仅起到组织和协调的作用。

关于教师在英语课堂中的角色和定位众说纷纭，其中被广泛接受的观点(Breen & Candlin，1980)认为，教师应该是学生交互过程中的引导者(facilitator)、参与者(participator)、观察者(observer)和学习者(learner)。在案例1的中式设计中，教师在热身提问和小组活动中充分体现了“引导者”的角色，但在最后一个环节组织学生核对答案并确定最终答案时，教师的权威性和决定性凸显出来。此时，学生处于“接受者”的被动状态，很难表现出积极性。

2. 信息差有助于实现对学生个体的关注

教育应该面向全体学生，关注个体差异，应该尽可能多地为他们创造语言实践的机会，引导他们学会自主学习和合作学习。在案例1的英式设计中，不同的任务被分配到每个学生身上，他们拥有均等的阅读、表达、倾听、记录的机会。因为信息差存在于课的始终，学生需要从同伴中获取所缺信息，所以团队协作、合作分享在“个体机会均等”的前提下得到了保证。

在案例1的中式设计中，小组活动(步骤2)的设计没能足够关注个体差异及其在小组活动中可能产生的影响，从而使英语水平高、善于表达和表现的学生得到更多的机会；而能力弱或英语水平相对较低的学生可能唯恐出错、羞于张嘴，从而甘于扮演观察者的角色，失去了锻炼与提高的机会。

(二)不同效能背后的学生心理分析

1. 信息差有利于培养学生积极的学习态度，体验成就感

案例2是一节英语写作教学课，信息差在英式设计中得到了超乎寻常的运用。在传统思维模式下，写作被看作是个体的创作过程，于是英语写作教学设计的主体都是个体活动。而这节英式写作课，从最开始每一步的创作到阅读每一篇共同完成的作品，学生始终充满着新奇感和期待感，他们既是创作者，又是赏析者；他们每人完成了一个完整的故事，却被安排在不同的6个故事中；他们不知道前人写了什么，后面的人将会写些什么，也不知道自己所写的每一部分在各个故事中发挥怎样的作用。最后大家合作写出的故事在情节上会显得古怪、离奇、夸

张，但同时也充满了情趣和意外，这种不到最后一刻不知会发生什么的新奇感赋予了学生更多的创作热情和动力。

与此同时，学生的成就感得到了很大程度的满足。每一份作品都是小组合作的结晶，每位学生贡献的每一份才思都发挥着不可替代的作用。他们在最终阅读每一份作品的时候，都可以看到自己的创作部分，继而获得成就感和喜悦感。

《普通高中英语课程标准(2017 年版)》特别强调关注每个学生的情感，激发他们学习英语的兴趣，帮助他们建立学习的成就感和自信心。因此，在写作教学的设计中，教师不应只关注学生写作输出这单一层面，不能只限于提高学生的语言技能。这节英式写作课的设计就很好地体现了语言技能、情感态度双层目标的达成和实现，后者甚至体现得更为充分——学生通过创造性地参与、合作，实现了任务目标，体验了成功的喜悦。

2. 信息差有助于缓解同伴压力

同伴压力(peer pressure)指同辈人在互相比较中产生的心理压力，一个同辈人团体对个人施加影响，会促使个人改变其态度、价值观或行为使其遵守团体准则。

案例 2 的中式设计中规中矩，学生以个人为单位进行独立创作，这更符合写作、创作的常态。但不言而喻，在课堂上有限时间内独立创作的难度和压力远远大于合作完成。学生英语水平差异性较大，所以写作速度会有很大不同。一些学生可以在规定时间内顺利完成写作，一些人迫于压力勉强完成，一些人甚至无法完成。在展示环节，通常只有个别优秀的学生愿意或者有勇气与全班分享，其他大部分同学只是充当听众或读者。写作过程和欣赏他人作品时所产生的同伴压力是教师在教学设计中不容忽视的因素，如果这种压力过大或出现频度过多，会直接影响学生学习英语的兴趣与信心。

就评价方式而言，这节写作课的英式设计很好地避免了同伴压力的产生：没有最优秀的个体，只有最好的合作创作。所以学生在写作中不会有压力，整个过程都是轻松愉悦的，这样的心情和心态利于学生写作兴趣的培养和自信心的提升。

(三)不同任务设计背后的教学目标分析

1. 信息差有利于任务型教学的实施

《普通高中英语课程标准(2017 年版)》倡导任务型教学，任务型教学一般具备以下几要素：以意义而不是形式为核心；在学生参与者之间必须出现意义协商和信息差；任务要与学生的个人经历、现实生活联系紧密；课堂需以学生为中心，以培养交际能力为核心内容；要给学生汇报任务完成的机会。

案例 3 中的中、英式教学设计都运用了任务性教学，主要区别体现在任务的分配和信息差的持续时间上。英式教学设计利用信息差吊足了学生的“胃口”：每个人必须听清、领悟别人说的每一个句子，且在此基础上找到句间逻辑关系和故事的发展顺序才可最终完成任务。每个人都发挥着至关重要、不可取代的作用。因为任务极富参与性和挑战性，学生自始至终都保持着高度的热情和兴趣。中式设计的任务是在小组协作间完成的，学生们群策群力可以让任务完成得更高效。不足之处在于，各小组一次性获得全部信息，这使得信息差在瞬间消失，学生的参与热情很难持续。另外，在任务完成汇报时，通常是小组派选代表发言，不是每位学生都能得到汇报发言的机会。

2. 信息差有助于培养学生多方面的学习策略与合作精神

案例3的中、英式设计都涉及小组合作或团队合作，过程中都需要有“领袖人物”站出来调度、调整、指挥，这就意味着他们的认知策略、交际策略、调控策略等多种学习策略得到了锻炼与提升。用英语听说是完成这一任务的前提，所以语言技能训练自不必说。合作完成任务后，他们更容易体会到成就感和喜悦感。可以说，这样的设计对学生的动机兴趣、自信意志、合作精神的培养都有着积极的作用，对学生的情感态度培养起到很好的促进作用。

案例3的两种设计差异主要体现在以下两方面。

第一，英式设计是大团队协作(12人左右)，中式设计是2～4人小组合作。之所以有如此悬殊的设计差异主要源自中英两国课堂人数的不等：英国课堂人数少，10～20人是常态，而中国普通的中学课堂都要40人以上。

第二，英式设计中信息差体现得更为充分。该设计要求每个学生口述自己的句子，其他人在没能记住所有句子之前，信息差一直存在。这样的设计效果是学生更专注、更投入，团队合作的同时充分体现了每个个体不可取代的价值。中式设计中，教师直接把所有打乱顺序的句子交予各组，信息上不再有悬念，任务难度降低，学生的参与热情和运用各种学习策略的机会都受到影响。

针对这样的差异，可采取如下对策。

班级人数多是当下我们无法改变的现状，但教师仍可采取有效措施，例如，把全班学生分成若干大组，在每个组内充分运用信息差，这样可以取得与小班教学相类似的教学效果。

三、结语

信息差在英语课堂上的应用能大大调动学生的积极性与参与性，有利于培养他们多方面的学习策略。在本文中，中英式的教学设计虽然只是个体，但也能体现出不同教学背景下的设计思路，有的优势突出，有的令人反思。不管设计如何，我们最终的目的是要教会学生如何学习、如何思考、如何成长。因此，对比之后我们就该在实际课堂中取其优点，为我所用，达到不同学情、不同文化背景下的教学最优化。

附录1：

Item	**(Part 1)** Alison Hypnotherapy	**(Part 2)** Ray Color therapy	**(Part 3)** Dayle Thai yoga massage	**(Part 4)** Jackie Acupuncture
His/her symptoms of stress				
Initial attitude of therapy				
Brief description of therapy				
Relationship with practitioner				
His/her assessment of the treatment				

附录 2：

Page 1

STORY EXPANSION

Instructions：

Complete this story by following the instructions.

(TITLE) ______________________________

Once upon a time there was a man called Percy (Describe Percy.)

Page 2

For a long time, Percy had been head over heels in love with Emma (Describe Emma.)

Page 3

But Emma didn't know he existed. She had never met Percy. Percy had never really met her. He saw her every day when he walked his dog "Bob" in the local park. (**What did he like about her**?)

Page 4

Percy always wanted to talk to her but was too shy. But then one day all this changed. (**What happened**?)

Page 5

(**How did they both feel**?)

Page 6

But something happened that would change everything. (Finish the story.)

附录 3：

Nasreddin was a very holy man.

One day, he visited a stingy priest.

The priest asked him, "Would you like a bite to eat?"

Nasreddin said, "Yes, please! That's very nice of you. "

So the priest brought Nasreddin some food.

Nasreddin was disappointed to see that it really was nothing more than "a bite".

The next moment a beggar looked through the window.

The priest shouted, "Clear off or I'll break your neck. "

Nasreddin said to the beggar, "Brother, you had better do what he tells you. "

"Why?" asked the beggar.

Nasreddin replied, "Because I can testify that this is a man who does not exaggerate!"

The priest was very embarrassed.

参考文献

[1]Harmer J. *English Language Teaching*[M]. New York: Longman, 1991.

[2]Penny Ur. "Making Use of Your Time"[J]. *English Teachers Journal*, 1996.

[3]Nunan. "Designing Tasks for the Communicative Classroomby"[J]. *The Modern Language Journal*, 1990, 74(1): 89-90.

[4]Breen M. P., Candlin C. N. "The essentials of a communicative curriculum in language teaching"[J]. *Applied Linguistics*, 1980(2): 89-112.

北京师范大学附属实验中学　孙小梅

>> 第九节　"盲听记录训练"在初三英语听力复习与提高过程中的作用 <<

一、引言

作为英语课堂中不可或缺的组成部分，听力理解不仅是英语教学过程中的重要教学内容，而且是当下应用语言学中重要的研究聚焦，吸引了大量研究者的关注，并带动了相当一批在不同理论视角下进行的关于"听"的思辨讨论、文献梳理以及实证研究，为后人的深入探索打下了坚实的基础。国内关于听力的讨论起步较晚，但近十年来关于听力的研究数量也相当可观。现阶段我国外语听力教学研究的研究对象以英语专业和非英语专业的大学生为主，对于基础教学学段的中学生在校英语听力能力发展以及中学英语课堂中听力教学过程的关注相对较少。因此，本节拟从教学实践的角度，讨论此项训练在九年级英语听力理解复习以及训练过程中所起的作用，希望能给更多的教育实践者，以及从事英语课堂教学研究，听力研究的研究者提供一些思路。

二、中学英语课堂教学中的听力理解

一般来说，中学英语课堂中的听力多被理解为一种英语技能的练习形式和常见的考试题型。但广义上讲，听力还是中学英语课堂中语言互动的基本形式和意义建构的重要路径，渗透在课堂教学的方方面面，并涉及复杂的心理和认知过程。此外，英语课堂中学习者的听力理解效果还受到多种语言因素和非语言因素的影响。具体来讲，在学生理解听力信息时需要经历对该信息解码、加工并进行语义重构的认知过程；在这个过程中，学习者对于被加工信息语言形式的掌握在理解过程中起重要作用；学习者的工作记忆深、广度，学习动机等心理因素也对理解过程有不可忽视的影响，此外，学习者的背景知识，对于听力材料涉及话题的熟悉度以及材料内容体现出的文化差异都有可能影响理解过程。按照这种思路，中学英语课堂中的听力理解过程，本质上是在明确教学目标的引导下，学习者基于对听力材料中语言形式加工的，对信息进行语义建构的心理认知过程和语言以及社会文化维度上的学习行为。

三、在九年级听力理解复习和提高中的尝试

(一)特点

在中学英语课堂中，由于受到中高考反拨效应的影响，听力教学往往呈现出低效，无法吸引学生等问题。这不仅不利于教师组织有活力的课堂教学，同时也制约了学生有效提高英语听力理解能力，有悖于培养学生基本语言使用能力和提高认知水平的培养目标。

为了能够让学生在外语课堂听力练习的过程中有所收获，在满足应试需求的同时在能力上得以提升，授课教师基于前文的思考，在九年级英语课堂的听力教学中加入了该环节，对传统的听力素材在内容和使用上做了相应的补充和调整。

盲听记录(Note taking)是英语专业八级听力测试中的一类题型，要求考生在听录音时记录信息，在听力材料播放完之后，根据下发的题目要求，利用所记的笔记回答问题，补充所要求的信息。相对传统的选择题，此项练习不仅对学生在语法理解和语义建构方面有更高的要求，学生在练习过程中的认知过程更具挑战性。因此，此项练习不仅能够帮助学生更加直接地锻炼意义捕捉、解构、重构的能力，提高学生的语言结构意识，还能够最大化地完整地给学生提供不同情境中的认知图示。

(二)教学实施

1. 基础练习：从信息解构到语义建构

进行教学时可以利用不同的听力素材，通过不同的教学任务实施。以外研社版九年级下册英语教材的课文讲授为例，授课教师将文章处理为听力素材。文章录音共播放四遍。每放一遍要求学生记录一类信息(如第一遍只记录名词，第二遍只记录动词，第三遍只记录形容词和副词)。最后要求学生根据自己记录的不同类别的信息进行串联，在小组内对文章进行尽量全面的复述。

由于学生在记录信息的过程中听力材料不间断播放，对学生的注意力有较高的要求，在一定程度上增加了听力练习的挑战性，给了学生足够的认知强度。同时，没有了选项的限制，学生在记录信息的时候也有了更多的学习自主权。此外，要求学生分类记录信息，再将分类后的信息串联并复述听力材料，本质上是将听力练习中对于信息加工隐性的认知过程显性化的教学行为。

在训练的初期，部分学生表现出不太适应，有记录速度较慢的现象。但是在一两次适应性练习之后，学生对于基础的练习的适应度明显提升，而且表现出了较强的学习兴趣和动机。听力素材的播放次数也随着学生的表现的提升逐渐减少，复述环节中，学生对于信息的还原也越来越完整。

2. 综合练习：从回答问题到创设提问

在经过了一段时间的基础练习后，授课教师在课上逐渐引入了综合练习。学生无须要对信息分类记录，而是要求其在播放录音的过程中，尽可能多的记录所听信息，并根据问题和笔记

进行回答。例如，在选择使用中考模拟和真题作为听力素材时，不给学生呈现问题，而要求学生听录音，记录信息。在每段材料结束后，授课教师根据录音内容，从不同方面进行提问，问题涉及录音中的具体细节信息，录音中关于人物关系，对话发生场景以及事件发展的推论问题。学生在完成记录后根据不同的问题和自己的记录进行回答。

与基础练习不同，综合听写练习不仅要求学生在短时间内对语言形式进行加工，同时还要求其快速对意义进行重构。同时由于需要对语篇进行整体加工，综合记录的练习过程能够给学生提供更加情境化的整体输入，有利于强化学生认知系统中的整体图示的激活和强化。在记录关键信息的过程中，学生还会对问题进行简单的预测，这也有利于学生了解中考命题的思路和出题方向。

由于对认知强度要求较大，以及学生群体中存在的语言水平的差异，任课教师可以给学生分层布置任务，以保证让每个层次的学生在听力练习中均有所收获。例如，低水平学习者由于在理解过程中可能遇到较大难度，可以在下发具体(模拟/真题)听力题目的基础上，要求其做尽量多的记录，并完成基本题目的作答；对中等水平的学生，则可以要求其先记录信息，然后再回答基本题目和拓展题目的作答；而高水平学习者可以在盲听记录的基础上更多地参与题设环节。

四、小结

在初中学段，特别是九年级备考期间，通过上述练习、复习方式以提高学生的听力水平可以说是一种尝试。这种尝试意在理解听力过程的基础上，通过具体的教学手段和教学任务提高学生在听力过程中对语言结构的掌握程度以及对相应的语义进行加工的能力。此外，不同形式的记录练习不仅可以更多地关注听力理解中的微技能，还可以在难度上针对不同语言水平的学生进行分层，让课堂中的每个学生都能在原有的基础上实现最大化的参与和提高，从而更加有效地进行参与听力教学活动。

参考文献

[1]陈雪．国内近二十年高中英语听力理解研究综述[J]．教学与管理，2014(3)：106-108.

[2]蒋苏琴．克拉申二语习得理论和多媒体辅助英语听力教学——一项基于大学英语教改模式的实证研究[J]．外语学刊，2010(3)：140-143.

[3]徐庆利，鞠玉梅．基于学生视角的高中英语听力教学调查[J]．山东师范大学外国语学院学报，2009(6)：15-22.

[4]杨蓉．影响提高英语听力水平的非语言因素[J]．外语界，1994(4)：32-35.

[5]杨香玲．近十年来国内英语听力理解研究述评[J]．兰州大学学报(社会科学版)，2012(4)：163-169.

[6]杨小虎，丁仁仑．大学生英语听力学习动机维度结构类型及其与听力学习行为的关系[J]．现代外语，2004(3)：311-318.

[7]翟丽霞，刘文菊，李志远．英语听力教学中图式的有效激活与补充[J]．山东外语教学，2007(3)：58-62．

北京市师范大学附属实验中学　刘鹏程

>>第十节　“完美”的翻转课堂<<

一、一见钟情

几个月前，我与组里的教师一起申请了有关“高中英语翻转课堂行动研究”的课题。这个话题来自我们实际工作中的困惑。在国际部工作的这五年中，我们感觉到了空前的压力与挑战。当然战胜困难、征服学术高峰的快感也让我们充满动力。但是有一种挥之不去的感觉不断充斥着我们这些国际部英语教师的内心，那就是力不从心。我们用在给学生答疑上的时间远远超过了上课的时间，而随着课程难度的增加，学生的个性化问题也越来越多。这使我们产生了极大的困惑，也让我们感觉到，传统的教学模式必须加以改变。

在现有的教学模式下，英语学科有大量的单词需要讲解，纷繁复杂的语法项目，汗牛充栋的文章要分析，而通过课堂学习是不可能完成的，只能选取重点。而当这些知识的讲授占据了课堂的很大比例时，留给学生讨论和内化这些知识的时间所剩无几。于是，学生只能够通过课下答疑的方式来实现知识的内化。那么问题来了。

第一，有些学生的听课效率不高，那么一旦错过某些知识的讲解，就只能够通过课下答疑的方式来解决，当然前提是这个学生有足够的意愿来找教师答疑，因为按照目前的师生比例，教师几乎不可能完全顾及每一个学生。

第二，即便我们假定所有学生都足够认真地对待课堂，那么也有一部分学生因为理解能力或者是思维方式的差异而无法理解知识本身，如果他们有足够的意愿来进行重新学习的话，也只能通过课下答疑的模式进行。当然，如果这部分学生没有足够的主动性，那么整个教学的效果就会打折扣。

第三，课堂时间是有限的，而社会发展对于人才培养的要求是越来越高的，于是学生需要在课堂上学到越来越丰富的知识，这就产生了另一个矛盾，那就是知识传授的时间与知识理解和内化时间的矛盾。

这些问题让我们困惑，却也让我们努力试图改变教学模式来改变现状。这时候，“翻转课堂”这个概念进入了我们的视野。我们强烈地感觉到，翻转课堂似乎就是可以解决问题的完美模式！课下录制教学视频，让学生自行完成知识传授的过程，并且这个过程是可以根据学生的个体需求无限反复的；设计相应的自测练习，来反映学生的自学效果并做出存在问题的评估和判断以便课堂使用；课上则根据反馈的问题以及课堂上学生提出的问题进行知识的内化过程。近乎完美。

二、两个世界

2016年11月，我跟余勇涛老师一起来到上海参加全国中小学名师工作室发展论坛，其中最重要的一个讲座就是上海建平中学校长的关于翻转课堂的报告，这也是我们此行的最重要目的。

听完讲座，我跟余老师都沉默了很久。因为我们觉得，上海建平中学的翻转课堂实践堪称完美。从校长到普通教师，几乎是全员地参与到翻转课堂活动中来，整个学校像一个庞大但有序的军队，齐步向翻转课堂的全新教学模式迈进。校方联系公司进行合作，公司提供网络平台以及录课软件，从技术上保障了在全校范围大规模地进行翻转课堂的尝试与实践。教师集体进行视频录制以及课件开发的培训，然后集体参与到翻转课堂教学视频、自学检测乃至学习游戏的开发中去，然后再有针对性地进行课堂讨论问题的设计以及实施。

至少从目前我们的调查来看，上海建平中学可以说是实施翻转课堂最为体系化、最为成熟的一个范例之一。而且在调查中我们还了解到，上海有不少的高科技公司在进行教育网络平台的开发和推广，也跟不少中学建立了固定的联系和合作。反观北京，虽然“翻转课堂”“慕课”等概念一直被炒得很热，但是在常规的高中教学中的应用却寥寥无几，有的也只是一些零星点滴的尝试。两个城市，两个世界。听完讲座我跟余老师一同陷入了沉默。我知道我们想的是什么。建平中学的翻转课堂实践给了我们深刻的印象，他们在改革中体现出来的勇气令人钦佩不已。学校、教师、公司、平台、软件、商业模式……建平中学目前所取得的成就是一个庞大的团队齐心协力的结果。可我们没有可使用的网络发布平台，没有专用的录课硬件和软件，没有足以支撑课件以及检测开发的技术条件，我们这有限的几个教师又能做些什么？

三、三思后行

郁闷之余，我们回到宾馆，反复回味这一堂讲座的点点滴滴，苦苦思索我们自己研究的目的和意义，也努力探求我们的出路。慢慢地，之前的惆怅被理性的分析驱散了。因为我们发现，我们之前了解的那个翻转课堂和目前已有的较为成熟的翻转课堂，似乎都不是我们想要的翻转课堂。之前一见钟情的那个完美的体系，也变得模糊起来。

首先，理论上以及目前现存的翻转课堂体系，绝大多数都适用于理科而不是文科的教学。在建平中学的校长所提及的一些实例中，我们看到的是生物学减数分裂的知识、数学函数的知识、物理力学定律，等等。这些自然科学的学科知识都十分具有系统性和层次性，在做教学视频的时候相对比较容易处理，十分钟的长度也比较适合讲清楚某一个知识点。那么文科呢？我们要做的英语语言教学如何使用呢？虽然有些知识比如语法知识也具备一定的层次性，但是大多数的语言知识是松散的、无序的、非线性分布的，这也是文科教学翻转课堂实践相对比理科少得多的原因。

其次，即便我们能够把文科的知识分解成一个个的小知识点以利于教学视频的制作，那么制作出来的视频又是怎样的呢？根据之前的调查和建平中学校长的说法，目前比较公认的教学视频标准是这样的：教学视频的长度必须在10分钟之内(这个是根据心理学知识得出来的时间，据说时间再长些的话学生很难保持注意力集中)；视频中不得出现教师的形象；教师的语言必须精练，要尽可能简洁地阐释知识本身。建平中学校长的讲座中确实也提到了一个文科的例子。在那个教学视频中，一个语文老师在向学生解释“三从四德”的定义。他的语气非常中性，语言非常精练，当时在场的许多教师都觉得这个视频特别好，特别能体现所谓“翻转课堂”的精髓。那么问题来了：看这个视频与使用百度搜索“三从四德”的含义究竟有什么区别？如果没有什么区别，那么教师的作用在哪里？

问题其实远没有这么简单。我越是思考，就越觉得眼前建平中学的“翻转课堂”其实与我们之前想象的那个完美的体系相去甚远。仔细考量这个体系：精确、严格的几乎都是信息性、事实性知识的教学视频；在线的网络测试；基于网络平台的自动化的即时检测结果反馈……最后才是课上的内化，40分钟的课堂讨论，答疑解惑。整个体系是那么的完美，完美得以至于我不知道作为一名教师该容身何处。我虽然录制了教学视频，可能也参与了检测的编写，也回答了课上学生提出的一些问题，可是教师与教师的区别何在？如果说教学视频只能够用10分钟的时间来涵盖事实性、信息性知识，同时弱化教师个性的话，那么教师的个性何在？在我原始质朴的教学情结中，教师是为“传道、授业、解惑”而生的，那么眼前的这个翻转课堂体系中教师却只像是一个工具，一颗大机器中的微不足道的螺丝钉，他要做的只是讲清楚知识，出题，答疑而已。或许这样做的确可以提高学生的学习效率，他们可以尽情地吸收各科的冰冷的知识。但是学校难道只是一个传授冰冷知识的地方吗？我一直认为，教学是一门科学，但更是一门艺术，理科如此，文科更是如此，尤其是语言文化的教学，我们要教词汇、语法，我们当然要传授这些知识和技能，但文化、情感、人生态度、价值观也同样是我们的追求。那么这些可以翻转吗？一味追求精确与清晰的教学视频能承载我们的这些追求吗？

带着这些困惑与思考，我们决定尽快开始我们的教学视频制作。没有平台，没有固定的硬件和软件，只有我们的行动的决心和不断地思考，还有我们对于教学艺术和教学模式改革探索的决心。

北京师范大学附属实验中学　曹向前

>> 第十一节　浅议如何培养初中学生英语学习能力 <<

随着全球经济一体化的发展，英语的重要性是自不用说。而在中学阶段，我们中学教师们通常只注重教授学生最基础、最基本的英语知识，其他更多源源不断的新知识，只能靠学生今后进一步学习，甚至终身学习。所以，英语教师如何培养学生的英语学习能力，开发学生英语学习潜能，将会使学生终身受益。

自学能力是学生在已有的知识水平和技能的基础上，不断独立获取新知识并运用这些知识的能力。有的教师认为初中生跟着老师学英语都很费劲，还谈何自学？可是我们老师能教孩子一辈子知识吗？经过多年的探索，我发现任何孩子都有很强的英语自学能力。那么，我们怎样培养学生的英语学习能力呢?

一、授人以鱼，不如授人以渔，注重学法的指导

叶圣陶先生说:“教是为了达到不需要教。”陶行知先生也说:“先生的责任不在教，而在教学，在教学生学。”作为教师，我们不只是把知识教给学生，还要把学习方法传授给学生。古人云:“授人以鱼，供一饭之需;授人以渔，则终生受用不尽。”学好英语，不仅要“肯学”，而且要“善学”，要讲究学习方法。科学的方法是通向成功的桥梁，可以使学习事半功倍。

教师从七年级开始应特别注重学法的指导，因为很多学生在小学阶段养成了极强的依赖性，依赖教师和家长。所以教师要善于诱导、疏导、指导，使学生变厌学、死学、苦学为爱学、活学、乐学，变“学会”为“会学”，减少学习的盲目性，提高学习效率，提高学习的自主性，提高学生“发展性学习”和“创造性学习”的能力，为以后终身学习奠定基础。

比如教单词，笔者认为初学者单纯通过汉语背单词的方法是非常不可取的，最终会将学生引入学英语的歧途。笔者总是先让学生在情境中记单词，看实物记单词，同时帮助学生打好音标基础，会认读，然后熟读课文，记含有生词的重点句，这样不仅记住了词的意思，更重要的是会运用，会交际。比如针对外研版初中英语七年级上模块5“Healthy Food”，我经常会问学生这样的问题:“What do you usually have for breakfast/lunch/supper? ”?我都要求学生据实回答，随时将他们不会的词随时写在黑板上，像“Chinese cabbage”(大白菜)、“bok choy”(小白菜)、“lettuce”(生菜)、“radish”(萝卜)等。到学习课文时，学生几乎没有任何生词障碍和句型了。平时课堂上遇到也不会的词，我先问有没有同学知道，同时拿起词典就查，或者下课后查了写到教室黑板上。课上遇到不明确的知识，先“存疑”，我回去翻阅资料再给答案，我更要求学生回去查资料，第二天来分享答案。这样平时就培养了他们随时记忆，不会就查的好习惯。慢慢地，一碰到不会的词，他们会很快打开自己的词典查。

对于平时学生的错误，我要求他们将其重新改正到自己的“错题本”上，经常拿出“错题本”读一读，看一看，这样会避免犯同样的错误。

所以，教师交给学生好的学习方法，如同交给他们一把打开宝库的金钥匙，而不是金山和银山。

二、优化课堂教学，开展各种课内外活动，激发学生英语学习的兴趣

学生开始学习英语只是直接兴趣，随着学习的深入，实现兴趣的转化，形成长久的兴趣，即让学生产生学英语的内动力，学习兴趣得到升华，那么良好的学习习惯就会逐渐养成。

孔子说:“知之者不如好知者，好之者不如乐之者。”在教学工作中，教师应有意识地培养学生长期的、间接的兴趣。有计划、有目的地帮助学生实现乐学，达到好学和会学。

课堂教学是学生摄取知识的主渠道。教师应采取相应的措施优化课堂教学，提高课堂效率，突出学生的主体地位，转变教师的角色，使学生在学习过程被激发的兴趣变成经常起作用的、有效的动力。

（一）创设真实情境，突出语言运用能力

语言是用来交际的，从七年级开始，教师就应注重由情入境，情景交融，以情感人，培养学生运用英语进行交际的能力。如教七年级上 Module 2“Me，my parents and my friends”这一单元。笔者先一一拿出自己家人的单人照片，让同学猜：“Who is this?”然后拿出一张全家福说道：“Come and meet my family. Look at this man. He is Mr. Zhang，my husband. His name is Zhang ××. He's forty. Who's this woman? Of course it's me，Miss Chen. Miss Chen is Mr. Zhang's wife. And the boy in the middle is my son. His name is Bill. The girl on the right is my niece，and the thin boy on the left is my nephew. How old are they，can you guess?”这样学生的好奇心马上被调动起来了，都争先恐后地回答教师的问题：“Who's the man? How old is he? What's the boy's name? Who's Miss Chen's husband?”……学生们很快掌握了本单元的句型，并且不知不觉还扩充了一些新的词汇（fat、thin、husband、wife、nephew、niece 等）。之后同学们介绍自己的家庭，一个个说得眉飞色舞。

（二）经常“思变”，激起兴趣

1. 多变的座位

教师在教学过程中，要善于为学生创设自主型、合作型、讨论型和探究型的学习环境。可以时常根据授课内容变换座位形式，留出更大空间，方便学生表演和交流。学生个体间的交流笔者通常采用 AB 型座位，即两人座位并起来；小组间的交流则有 ABCD 型（四人一组）和多人组型，还有 O 型等。总之，多变的座位形式不仅使学生常有新鲜感，更重要的是方便了个体之间、小组之间、师生之间的交流，使语言学习更加亲近、真实和自然。

2. 分层的作业

学生的水平永远是参差不齐的。从在全面发展的基础上培养学生个性的角度出发，教师应当根据不同层次学生的特点，变强制性地布置作业为协商式地推荐作业，根据所授内容，在一定范围内，指定一些分量或难度有所不同的题目由学生自由选做。因此，教师除了备课，上课内容分层，在作业形式上也可经常采用选做和必做等分层的形式，尽量不留无效作业。这样，可使学生在不感到负担的情况下，发挥自己的最大潜能，充分调动其积极性、自觉性和主动性。

3. 多样的评价

评价不是教学目的，而是一种教育学生积极向上的手段。评价的结果应有利于学生自信心和自我评价能力的提高。传统的评价标准是由教师制定的，以教师的理解为主体。然而学生的语言水平是参差不齐的，唯一标准不仅限制了学生的创造性，也是违背辩证法的。一定程度上允许学生根据自己理解和掌握的情况来评价自己或同伴的学习，体现出评价标准的多样化、层次化，有利于学生在学习过程中学会自我教育、自我评价。这种多样化、层次化的评价标准为学生个性发展提供了良好的民主氛围，使他们在和谐轻松的学习环境中矫正自我行为，从而最终达到会学的教学目标。

笔者除了每天给每日值日的同学打分，也让学生打分，之后结合学生和笔者打的分数计平均成绩。通过这种方式，学生不仅仅学会的是英语知识，还学会了发现别人的优点，正确辨别和看待别人的错误，取长补短，相互学习。

对于有些单元测验或练习，笔者允许学生有多次补考的机会，即如果某位同学对自己的分数不满意，可以与笔者预约时间，再次重考，直到掌握为止。

除了注重课堂教学，课下利用中午或自习的时间，笔者还教学生英文歌曲，看英文动画片，读英文原著小说，看英语时事新闻等电视节目。同时，笔者还会在每学期期中、期末设置两次英语唱歌考试，讲台就是舞台，学生根据规则给每一位同学打分，再算平均分，这项考试非常受欢迎。

这些都大大激发了他们学英语的兴趣。有了兴趣，学生就会自己找自己喜欢的英语歌，看英语电影，读英语杂志和小说，自学能力自然会逐渐提高。

三、帮助学生养成良好的英语学习习惯

良好的学习习惯是培养自学能力的前提，一个独立的学习者应当课前主动预习，发现问题；课堂上专心听讲，积极思维，解决问题；课下主动复习，总结和归纳，加强记忆；听英语要勤听、多听、会听；说英语要勤说、多说、敢说；读英语要多读、快读；写英语要多写、常写等。

经过多种活动的锻炼，很多同学已初步养成了较好的学英语的习惯，经常听英语歌，看英语影视，读英语小说已经是家常便饭了。

这样，教师在日常教学中大大激发了学生学习兴趣，逐渐帮助学生养成了良好的学习习惯，尤其是独立学习和解决问题的习惯。

随着知识技能的掌握，良好成绩的获得，教师与家长的勉励与督促，同学之间的互比互帮互学，学习兴趣的发生，勤奋学习，取得好成绩并且生活中会自如应用英语，就逐渐变成了学生学英语的主导需要。“需要一旦出现，就会成为一种支配行为去寻求满足的力量，推动人去从事各项活动。”内因外因一起产生合力，学生英语学习潜能也不断被开发出来，英语学习成为一种习惯，学习就有了理想效果，最重要的是，他们学会了自己学习。

北京师范大学附属实验中学　陈青

>> 第十二节　高中生英语阅读策略使用现状调研 <<

一、引言

目前，英语阅读教学在中国大部分中小学仍然被考试所“绑架”：在英语课堂中，教师和学生的主要精力在研究和操练“提分”策略、考试技巧。因此，英语阅读训练往往局限于以应试为目的，阅读材料也主要以考试(中考、高考)中的题型为主导，机械性训练。令人可悲的是英语阅读在不少学生眼中等同于考试卷上的阅读短篇，学生为了做阅读题而读，教师为了学生做题

而教。英语阅读失去了它的内涵与魅力。当英语阅读只剩下备考训练时，教育就变得非常可怜。短期来讲，以上倾向造成的后果是阅读兴趣削弱化、阅读材料单一化、教学方法简单化、阅读策略误区化。

在英语阅读教学被强烈扭曲的背景下，本课题提出通过阅读策略教学提升中小学生英语阅读效率、阅读能力和自主学习英语的能力，拓展国际视野，增强学生英语学习的幸福感。这一研究是在实践层面实施国家《普通高中英语课程标准(2017 年版)》要求的改革性实验，从教材、教法上进行改革试点，突破现有的基于考试的英语阅读教学模式，尝试通过英语阅读策略教学达到提升中小学英语阅读能力和英语素养的可持续、发展性目标。本课题的子课题是对高中生英语阅读策略的使用现状进行调研。包括对学生英语阅读效率的情况，以及他们在阅读过程中自主使用阅读策略的情况，进而针对调研结果提出下一步研究课题的讨论方案。

二、相关理论

(一) 学习策略

虽然语言学习策略的研究已经有三十多年的历史，但是对学习策略的定义和分类至今还没有一致的意见。以下是几种有代表性的有关学习策略和语言学习策略的定义(转引自林立，1999)。

斯特恩(Stern，1983)认为，策略最好用来指一般的倾向，或者指语言学习者所使用的带有总体特征的方式。把技巧留作描述可观察得到的学习行为的特定形式。温斯坦和迈耶(Weinstein & Mayer，1986)认为，学习策略是学习者在学习中的行为与思想，旨在影响学习者的编码过程。查莫特(Chamot，1987)认为，学习策略是学生使用的技巧、方式或有目的的行为，已达到帮助学习、回忆语言和内容方面的信息的目的。鲁宾(Rubin，1987)认为，学习策略是促进语言系统发展的策略，由学习者构建并直接影响学习。奥克斯福德(Oxford，1989)认为，语言学习策略是学习者的行为或行动，他们使语言学习更成功、更自主、更定向、更带劲。

学习策略的含义众说不一是因为没有一个统一的理论框架。然而，奥马利(O' Malley，1987)等人运用安德森(Anderson，1980)的信息加工理论来研究学习策略，从认知理论的角度看待学习，认为学习策略是认知技能。任何技能的学习都有三个阶段：认知阶段、联系阶段、自动阶段。前两个阶段的学习是有意识的，第三个阶段是下意识的。按照安德森的理论框架，学习策略可以出现在全部的三个阶段，也可以出现在前两个阶段。不同的研究者持不同的见解。

1987 年，奥马利和查莫特根据信息加工的认知理论提出了三大类学习策略，其意义重大，广为人们接受。这三类学习策略是：元认知策略，认知策略，社交/情感策略。

(二) 阅读策略

在第二语言阅读研究中，研究者们从语言水平、背景知识、母语、第二语言阅读策略、动机等多方面进行了研究。霍里巴(Horiba，1993)对76名美国和日本大学生也进行了一项阅读研究，但得出完全不同的结论，发现了9种篇章处理策略：语音处理，单词处理，句子处理，向后推论，延伸推论，预测推论，联想，评论篇章结构，评论行为。

无论早期的语言学家如何对阅读策略进行鉴定和分类，研究者们都认为英语阅读策略就是英语阅读过程中有意识灵活运用一系列阅读方法或技能的阅读学习过程和调控阅读环节的操作过程，根据奥马利和查莫特(O'Malley & Chamot，2001)对学习策略的分类，研究者们认为英语阅读策略也包括阅读认知策略、阅读元认知策略和阅读社会/情感策略，其中认知策略和元认知策略是主要的。作为英语自主学习能力的一个重要方面，阅读能力的形成自然会受到阅读认知策略和阅读元认知策略的影响。

认知策略是指学习者用于获取知识和解决问题的操作方式。元认知策略指用于监控认知策略及其他策略技能的行为方式。参照其他研究者们对阅读认知策略和元认知策略的总结，结合笔者的实际教学，提出下列阅读认知策略和阅读元认知策略。

1. 阅读认知策略

(1)略读(skimming)

快速将材料读一遍，了解文章的中心大意。又叫“大意阅读”。

(2)跳读(scanning)

根据所要寻找的信息，有选择地阅读，目的是掌握细节内容，快速获取有效信息。

(3)词义猜测(word-guessing)

根据上下文、常识或构词法猜测文中单词或短语的具体意思。

(4)推理判断(inferring)

根据语篇知识、上下文及常识等理解文章的隐含之意，利用注释、归纳等逻辑手段借助图表等对文章各种语言信息和非语言信息做出适当的推理和判断。

(5)记笔记(note-taking)

阅读时把有用的信息及自己的所感及时记下来。边读边记可以促进积极思考，加深对文章的理解，深入理解和认识作者的观点。

2. 阅读元认知策略

(1)确立目标(goal-setting)

确立自己英语学习及英语阅读所要达到的远期目标和近期目标。

(2)制订计划(planning)

根据自己的阅读目标制订自己的阅读计划。

(3)材料选择(searching for materials)

根据自己的兴趣和需要，选择恰当的阅读材料。

(4)自我监控(self-monitoring)

阅读过程中监控自己的理解情况，根据阅读目的、材料选择阅读方法。这是最重要的元认知策略，包括根据需要对学习进展、阅读计划的调整以及监控阅读任务完成情况。

(5)自我评估(self-assessment)

及时对自己阅读中的表现、策略的使用及其效果、阅读计划任务完成情况以及效果进行评估，总结有效的阅读方法。

(6)寻求帮助(searching for help)

阅读中遇到困难知道如何获得帮助，与教师、同学交流阅读体会和经验。

三、高一学生英语阅读策略使用现状相关调查

(一)调查对象

笔者选取北京外国语大学附属外国语学校高一年级173名学生为研究对象。

(二)调查方法与步骤

1. 阅读测试

在期中考试之后，2011年11月7日至11月11日，我们选取了一节英语课40分钟的时间进行英语阅读测试。该测试主要对高一年级学生在英语阅读策略教学实施前的阅读效率情况进行调研。该测试由8篇阅读理解题构成，每篇阅读350词左右。篇章难易程度按难、中、易的比例分配为2∶3∶3，满分为100分。8篇阅读理解共40题。将40题按照阅读策略进行分类标记。学生采用机读卡形式答题，测试结束后用机器统计出每道题的正确率，即每个阅读策略的使用率。测试结束后统计学生成绩，即高一学生在实验阅读策略前英语阅读效率的情况：高于80分者为效率高者；80～60分为阅读效率中等水平者；60～40分者为有待提高者；40分以下为偏弱学生。

2. 问卷调查

此部分调查问卷是关于阅读策略使用情况的调查，共28项，内容包括计划阅读、选材阅读、技巧选择、自主阅读(包括阅读过程中的自我评价和自我反思)。具体分类如下。

①计划阅读：1。

②选材阅读：2、3。

③技巧选择：10、11、12、13、14、15、16、17、19、20、21、22、23、24、26、28。

④自主阅读：4、5、6、7、8、9、18、25、27。

根据《普通高中英语课程标准(2017年版)》对于高中生应掌握英语阅读策略的标准，并与实际策略教学操作相结合，具体技巧分类如下。

①理解主旨大义：10、11、12。

②略读：19。

③寻找具体信息：22、26、28。

④猜测生词词义：15、17、20、21。

⑤根据长句结构分析法去理解句子大意：23、24。

⑥逻辑衔接(包括前后文衔接和逻辑连接词衔接)：14、16。

⑦简单的预测、判断、推理：13。

实际调查问卷做完后，我们会根据这四大分类先对学生阅读情况及策略使用情况分类进行分析，找出现今学生阅读实际操作中出现的问题。对于我们今后阅读教学干预有什么启示。在技巧选择这一分类中我们会更具体统计出各策略的使用情况，分析出我们今后阅读策略教学中需要注意哪些问题以及给如何进行策略教学提出启示。

(三)调查结果与分析讨论

1. 高一学生阅读效率使用情况

第一，基本状况分析。通过前测试卷收集，我们共收录有效试卷 161 份。经计算，学生平均正确率为 64.3%，表明北外附校高一年级学生阅读正确率基本合格，大部分学生具有一定的阅读能力，能正确完成阅读任务。学生平均阅读速度为 44 词/分，平均阅读效率为 28 词/分，表明学生阅读速度一般，每分钟阅读的有效单词有待提高。

第二，前测试卷共 25 道阅读选择题，每道题对应一种阅读策略。经统计，学生在需要运用找寻具体信息、理解细节、根据上下文提供语境推测生词词义这些阅读策略的题型中正确率较高。相反，在需要运用理解主旨大义、简单的判断和推理、理解作者的意图和态度的题型中得分较低，显现出这些阅读策略的运用水平较低。

第三，根据前测统计结果，我们选取前测成绩在 60～80 分阶段学生共 80 名，并分为实验组和对照组。每组人数 40 人。建立实验组与对照组数据记录，包括每一位实验对象在前测中的正确率、阅读速度和阅读效率统计。为以后实施阅读效率教学以及对应的测试提供对比参照。

2. 高一学生阅读策略使用情况

第一，基本情况分析。在此次的问卷调查中，我们共发放问卷 173 份。实际有效统计问卷数为 164 份。在经过数据分析统计后，我们发现高一学生普遍自主阅读能力比较差，自我阅读意识比较薄弱。课后主动进行阅读练习的同学仅占 16%。在阅读策略使用数据中显示，学生普遍会使用的阅读策略有寻找具体信息、猜测逻辑衔接、简单的预测判断和推理，分别占使用率的 56%、43%和 39%。大多数同学具备初中所积累的一些做题的方法，根据题目找答案，猜测生词词义等。在理解主旨大义、猜测生词词义、略读这三项阅读策略中，使用率分别为 25%、23%、19%。多数同学不知道拿到长篇阅读理解题时自动过滤些不必要信息，往往从头至尾先读一遍，耽误很多做题时间。在根据长句结构分析法去理解句子大意这一策略中，学生基本不知道何为长句分析法，对句子结构意识模糊，具体成分理解不恰当。

第二，情况总结。综上所述，高一年级普遍使用阅读策略频率较低。学生在处理阅读理解的题目上存在传统的填鸭式理解做题的方法，缺乏高中生应对长篇阅读所具有的一些考试技能与做题技巧，缺乏阅读策略的运用。在今后的教学中，教师应当在阅读教学中有步骤、有计划地由浅入深地进行阅读策略教学，使得学生具有使用阅读策略意识以及有效使用阅读策略的方法。

四、教学启示

(一)教师对学习策略方法的指导

语言学家金·诗伯(Jin Shibo)曾说过：“ At all times, serious attention must be paid by the teacher to helping the students work more effectively, improve their method of study.(任何时候，教师都应注重帮助学生改进学习方法，提高学习效率。)”法国学者笛卡儿强调“最有价值的知识是关于方法的知识”。因此，中学英语教师应将对学生学习策略方法的研究与学法指导，纳入自己的日常教学工作之中。

教师究竟应怎样发挥其指导者、激励者、促进者、辅导者、协调者的作用？怎样在实施外语素质教育中进行有效的学法指导？这需要全体英语教师去思考，去实践。

笔者现提出下面几点学法指导建议，仅供参考。

第一，真诚、中肯、充满热情地和学生一起去认清自身的价值，认清英语在当前或未来的价值，诱导、激励学生学习英语的动机。

第二，分层次、明确、扼要地确定各类学生的英语学习目标，通过适当控制学习任务的难度，控制学习进程，激发全体学生的效能期望，满足学生的求成需要，尽量给各类学生创造练习、表现的机会，使学生获得成功感，通过肯定、表扬学生的点滴进步，唤起、保持学生的学习积极性。

第三，除了对尖子学生进行个别学习策略指导外，更要满怀热情、充满爱心地去减轻学习有困难学生的心理压力，给予个别、具体的学法指导，帮助他们树立信心，避免两极分化。

第四，耐心地、有计划地进行各种具体学习策略指导。教师除课堂教学中融入学法指导外，应通过布置课外作业的形式，督促学生去研究使用成功学习者的学习策略方法。

(二)培养学生的阅读策略和技巧

在此，经过教师们的教研与揣摩，我们初步计划实施一系列的阅读策略教学方案。我们制定标准的教案与学案(见附录3)，包括策略教学要点、做题技巧、做题步骤等。每个技巧与步骤配有实际的阅读真题，便于学生理解与运用。课后，我们布置了与该技巧相对应的阅读练习题，以及配合《阅读联播》进行课外阅读。以提高学生词汇量与阅读速度。

五、结语

授人以鱼，不如授人以渔。阅读课是一门技能训练课，在教学实践中教师应重点培养和训练学生的阅读技巧和方法，而不是单纯的讲解或让学生回答问题。不同的阅读材料和阅读目的会用到不同的阅读方式和技巧。例如，小说不能以查找电话号码的方式来阅读；专业书籍不能以浏览报纸的方式来看。因此在平常的阅读教学中，教师要根据文章的类型和阅读目的，及时指导学生，教授阅读策略和技巧。

上好高中英语阅读课并非一件易事，教师的作用和角色至关重要。教师应反思阅读教学中存在的问题，正确把握课程标准中的阅读目标要求，并不断吸取新的英语教学理论中包含的思想。

附录 1　高中生英语阅读测试卷

年级：__________　班级：__________　姓名：__________　性别：__________

说明：请完成以下阅读任务。按要求记录屏幕上显示的时间，精确到秒。

Passage A

When I was four, my parents signed me up to take Saturday-morning enrichment classes at Northwestern University. Sometimes I was frustrated, because I felt my parents were making me do something that cut into my time with my friends. I was taking advanced subjects, but I was still just a kid. I felt bad when I said no to Friday-night sleepovers because I had to wake up at 7：30 the next morning. But I also remember coming home in eighth grade and feeling so happy about my philosophy class. That's when I realized how much I'd gained from the investment they'd made in my future.

When I was younger, I took piano, dance and violin. I also played soccer, basketball and tennis. And I had the Saturday classes at Northwestern. Now, at 17, I still have a very full week, which includes being president of the Model UN at my school and tutoring special-needs children.

My parents' involvement made all this possible for me. I especially remember the driving. Until I got my license, my mother was always driving me everywhere. She became even busier as my brother and sister grew older.

Now, I believe it's important for parents to support and to take an interest in their children. The world is a lot more competitive than it was when my parents were my age. To get into college, you need more than good grades and high scores. You need a deep involvement in extra courses that will set you apart.

My activities have helped me focus on my personal goals. Because I was able to study so many areas of interest starting at a very young age, I have learned to push myself to do new things. In 1999 I participated in a student exchange program in Northern Ireland. I have also taken summer courses in international relations and sociology at the University of Pennsylvania. Without my parents' support and encouragement, these would be impossible.

1. It can be inferred from the passage that __________.

A. the author does not like the education he had received as a child

B. knowledge from outside class is very necessary for college admission

C. the author was much more intelligent than his brother and sister

D. parents' involvement makes children depend on their parents

2. On Saturdays, the author ________.

A. attended classes held by university

B. played soccer, basketball and tennis

C. took piano, dance and violin classes

D. tutored special-needs children

3. The author was often annoyed for he had to do something that ________.

A. kept him away from his friends sometimes

B. was also being done by his friends

C. made him feel bad all of the time

D. made him feel just like a kid

4. The word "focus on" (underlined in the last paragraph) probably means ________.

A. to give a lot of attention to one particular subject

B. to fix one's eyes on one point

C. to take care to do something special

D. to arrange the camera lens on one point

5. The author suggested that you should attend extra courses in order to ________.

A. get good grades and high scores

B. be different and better

C. get into a good college

D. save money and time

请记录屏幕上显示时间：__________分__________秒

Passage B

One value of Thai culture that some people do not accept is that young people in Thailand have to respect and obey old people all the time.

It is believed that if old people order young people to do something, young people have to do whatever they want with no exception. Also, when they have to make a decision and young people and old people have opposite opinions, they must believe in old people's and then **go for it**.

Some young people are strongly against this value and think that they should have their own opinions and that they should be allowed to express themselves whenever they want. Sometimes young people can have good and reasonable ideas. Old people may have a wrong opinion. Since sometimes old people's opinions are wrong, there is no need to force young people to obey them. For example, if a young man wants to study business, but his father forces him to study another major that he really does not like, he will not be happy and he will not achieve his goal in the field. So, parents should allow the children to do what they want to do.

I think old people should give young people instructions and support their opinion if it is right. If the value in their country disappears, their country will develop more than the present.

Now young people have no right to vote or make any decision for developing the country. Young people should have more responsibility. They have knowledge, but they do not have a chance to show their abilities, so they should be given some more chances.

6. Generally speaking, young people in Thailand ________.

A. have the best manners

B. look forward to changing

C. can't bear the value any longer

D. are looked down upon

7. What is the main idea of the passage?

A. The young should respect the old.

B. Young Thai people fight for more freedom.

C. Young Thai people do not have freedom.

D. Thai culture meets challenges.

8. What can replace the phrase "go for it" in Paragraph 2?

A. go to a place

B. cheer up for it

C. go and try hard for it

D. get to it

9. The example in Paragraph 3 mainly shows that ________.

A. old people should listen to young people

B. the young should be allowed to do what they like

C. young people should make use of their freedom

D. what old people suggest doing is sometimes wrong

10. What is the author's opinion?

A. He supports the young.

B. He supports the old.

C. He only shows the facts.

D. He isn't for the old or the young.

请记录屏幕上显示时间：__________分__________秒

Passage C

If you're in charge of a project, the key to success is getting everyone to help you. As a director, I suggest, I gently push the actors in the direction I want them to go.

In the 1986 movie *Nothing in Common*, Jackie Gleason's character, Max Basner, gets fired from his job as a clothing salesman. The scene, shot on a boat, shows Max's hopelessness about being out of work. I was looking for some ways that would allow Max to show his feelings.

Jackie had far more experience at everything than I did, and at first I was frightened. What could I possibly tell "*the Great One*" about acting? Out of fear I decided to direct by suggestion, and I sat down with Gleason to talk about the scene. "So Max is sad, right?" I said.

Gleason nodded.

"And he's probably still carrying his pens with his name on them—the ones he used to hand out to his customers, right?"

Gleason nodded.

"So what would you want to do with the pens after you were fired?"

He was silent for a moment. "Why don't I throw them overboard?"

I stood up and turned toward the crew. "Hey, everybody, Jackie has a wonderful idea. Let's shoot it."

After filming the scene, Gleason called me over and said with a smile, "Garry, what kind of wonderful idea am I going to have tomorrow?"

You and your team can discover the answers to problems together. When there are no prizes or gold stars for those who get the solution first, you'll all benefit when everything turns out right.

11. The writer tells us that, to succeed in the project you are in charge of, you should ______________.

A. let people know you have the final say

B. get everyone willing to help you

C. keep giving orders to everyone

D. make everyone work for you

12. Why did Gleason call the director over and smile at him?

A. Gleason appreciated the director's way of directing films.

B. Gleason succeeded in hitting upon a wonderful idea.

C. Gleason was confident about his work the next day.

D. Gleason thought his wonderful idea was accepted by the director.

13. The underlined part "the Great One" refers to __________.

A. Gleason

B. the director himself

C. Max's boss

D. Max

14. From the passage we can know __________.

A. Jackie Gleason writes the play of the film *Nothing in Common*

B. Max, a character in the film, is in very low spirits when he loses his job

C. Jackie Gleason is the director of the film *Nothing in Common*

D. Jackie Gleason is very angry when he is fired from his job

15. The most suitable title for the passage is "__________".

A. The Key to Success

B. Directing a Film

C. A Wonderful Experience

D. Working with Film Stars

请记录屏幕上显示时间：__________分__________秒

Passage D

Do you find getting up in the morning so difficult that it's painful? This might be called laziness, but Dr Kleitman had a new explanation. He has proved that everyone has a daily energy cycle.

During the hours when you labour through your work you may say that you are "hot". That is true. The time of day when you feel most energetic is when your cycle of body temperature is at its peak. For some people the peak comes during the forenoon. For others it comes in the afternoon or evening. No one has discovered the reason, but it leads to such familiar monologues as, "Get up! You'll be late for work again!" The possible explanation to the trouble is that he is at his temperature-and-energy peak in the evening. Much family quarrelling ends when husbands and wives realise what these energy cycles mean, and which cycle the family member has.

You can't change your energy cycle, but you can learn to make your life fit it better. Dr Kleitman believes that habits can help. Maybe you are sleepy in the evening but feel you must stay up late anyway. Counteract your cycle to some extent by habitually staying up later than you want to. If your energy is low in the morning but you have an important job to do in the day, rise before your usual hour. This won't change your cycle, but you will get up steam and work better at your low point.

Get off to a slow start which saves your energy. Get up with a leisurely yawn and stretch. Sit on the edge of the bed a minute before putting your feet on the floor. Avoid the troublesome search for clean clothes by laying them out the night before. Whenever possible, do routine work in the afternoon and save tasks requiring more energy or concentration for your sharper hours.

16. Which of the following may lead to family quarrelling according to the passage?

A. A change in a family member's energy cycle.

B. Attempts to control energy cycle of other family members.

C. Unawareness of energy cycles.

D. Family monologues.

17. Which of the following statements is NOT true according to the passage?

A. Dr Kleitman explains why people reach their peaks at different hours of day.

B. Children have energy cycles, too.

C. Habit helps one adapt to his own energy cycle.

D. Getting off to work with a minimum effort helps save one's energy.

18. If a person finds getting up early a problem, most probably ________.

A. he is at his peak in the afternoon or evening

B. he is not sure when his energy is low

C. he is a lazy person

D. he refuses to follow his own energy cycle

19. If one wants to work more efficiently at his low point in the morning, he should ________.

A. change his energy cycle

B. get up earlier than usual

C. overcome his laziness

D. go to bed earlier

20. You are advised to rise with a yawn and stretch because it will ________.

A. keep your energy cycle under control all day

B. enable you to concentrate on your routine work

C. help to keep your energy for the day's work

D. help you to control your temper early in the morning

请记录屏幕上显示时间：__________分__________秒

Passage E

It is true that times are changing for the old people in Britain. But not all the changes are bad ones. Modern medicine, for example, has made old people healthier than ever before. Another advantage is that there are many more old people than there used to be. This means that old people often have a good social life with their own clubs and organisations. Old people, too, have more money than their own parents and grandparents had.

The biggest disadvantage of modern life is loneliness. The young leave home when they grow up, and many old people live alone. Fewer old people have brothers and sisters like their parents or grandparents. An old person's one or two children may have moved to another part of the country. Even when they live nearby, the young people have their own work to do and their own children to look after. They have not much time for the old. Problems of loneliness often start when people stop work. When people retire, they find it difficult to start a new life without their jobs.

The world has changed so fast since 1900 that it is difficult for old people to understand the problems of the young. And the world is changing even faster these days than fifty years ago. It makes you think, doesn't it? What will it be like when today's young people are old?

21. To the old people, the changes in society are ________.

A. both good and bad

B. not as good as they wish

C. difficult to understand

D. better than expected

22. What is the main idea of this passage?

A. Today's young people are happier than their parents.

B. Modern society only belongs to the young.

C. Modern life has brought new problems to the old.

D. It is necessary to take better care of the old people.

23. In the 19th century old people didn't have so many problems because ________.

A. they had their own clubs

B. they had big families

C. the society didn't change so rapidly

D. the young were kind to the old

24. Although some old people live near their sons or daughters, ________.

A. they still feel lonely

B. they have no time to look after their grandchildren

C. they like to live with their own brothers and sisters

D. they want to move to other places

25. According to the passage, the old people today ________.

A. often go to the clubs with their sisters and brothers

B. like to share their feelings and thoughts with other people

C. live more happily than their parents and grandparents

D. prefer lonely life to social life

请记录屏幕上显示时间：__________分__________秒

附录 2　中学生英语阅读态度与策略调查问卷

年级：__________　班级：__________　性别：__________

各位同学，为了让老师对你的课上与课下的英语阅读情况有更好的了解，从而提高老师教学的针对性，请认真回答以下题目。下面是人们常用的一些阅读策略，请从 1，2，3，4，5 选项中挑出最适合你自己情况的选择项。记住在填写时，根据你自己的实际做法而不是想法来填写。把选择项写在题目后面的括号中。请如实填写你的真实情况。每道题都要回答。谢谢你的合作。

1＝完全或几乎完全不适合我的情况

2＝通常不适合我的情况

3＝有时适合我的情况

4＝通常适合我的情况

5＝完全或几乎完全适合我的情况

1. 我制订并执行英语阅读计划，如分配好阅读时间，每天规定阅读量等。(　　)

2. 我选择适合自己的英语阅读材料，如难度不太高的、自己感兴趣的材料。(　　)

3. 我阅读各类题材的英语文章，如包括科技、文学、商务等方面的文章。(　　)

4. 我会针对英语阅读材料确定自己的阅读目标与任务，如是该精读，还是该泛读。(　　)

5. 除课堂上布置的英语阅读材料，我会主动阅读课外书，如英文报纸、杂志或小说。(　　)

6. 我评价自己的英语阅读效率，从而找出存在的问题和解决方法。(　　)

7. 课前我会预习英语阅读材料，对文章大意及其组织结构等有所了解。(　　)

8. 我会定期复习所学英语材料，先经常复习，后延长复习的间隔时间。(　　)

9. 阅读英语时我集中注意力，不三心二意。(　　)

10. 拿到英语文章后，我先快速浏览文章抓住大意，再回头仔细阅读。(　　)

11. 我采用意群阅读法，而不是逐字逐词地阅读。(　　)

12. 我会运用以前掌握的知识来帮助理解英语文章大意。(　　)

13. 阅读英语文章时我会猜测文章接下去的内容是什么。(　　)

14. 我将英语文章中出现的新信息与前文陈述的内容结合起来理解。(　　)

15. 碰到英语生词时，我通过上下文猜意思。(　　)

16. 在英语阅读中我注意利用逻辑承接词，如表转折、表因果、列举等的词语。(　　)

17. 我会通过分析英语词根、词缀来猜测词义。(　　)

18. 在阅读英语文章过程中，我检查自己是否理解了文章，是否理解有误。(　　)

19. 遇到英语文章某处不理解时，只要不影响文章大意，我就跳过去读后面的部分。(　　)

20. 我一碰到英语生词就立刻查词典。(　　)

21. 查词典时我只看与本文有关的单词意思。(　　)

22. 我用自己的话复述英语文章的内容，来帮助自己理解。(　　)

23. 在遇到细节性问题时，我能在英语原文中找出问题的出处。(　　)

24. 对于晦涩的英语句子，我将其译成中文帮助理解。(　　)

25. 遇到英语文章不能理解时，我反复阅读直至理解为止。(　　)

26. 我会根据英语文章里的细节性信息找到与之相对应的正确答案选项。(　　)

27. 看完英语文章后，我会写出文章的大纲或总结大意，以检查自己对文章的理解。(　　)

28. 阅读英语时我画出文中关键的词、术语和某些重要细节。(　　)

附录 3　英语阅读策略教学教案之细节题

Details: Factual & Negative information questions

Factual information questions

1. 考查要点：细节题考查识别文章明确阐述的信息的能力。一般只对应文章某一部分或某个段落具体的一句话或两句话。其涉及的语言现象主要有因果关系、比较级、类比、概念等。常见的问题形式如下。

2. 做题技巧：细节题要求的基本阅读技能是扫读(scanning)

* 找问题中的关键词

* 带着关键词在原文定位关键词的句子

* 回归选项，把找出原文句子的同义句进行替换

技巧核心：定位原文

a. 根据问题中给出段落数与段落前的提示箭头定位

b. 根据问题中的标志词与关键词定位

c. 根据选项中的标志词与关键词定位

同义替换：paraphrasing(word formation & sentence structure)

Eg1：1790 saw the nation entering a new era of road development. Unable to finance road construction, states turned for help to private companies, organized by merchants and land speculators who had a personal interest in better communication with the interior.

According to the passage, why did states need private companies' help in road building?

(A) The states were unable to build roads themselves financially.

(B) Private companies could spend less time completing roads.

(C) The states did not have as much equipment as private companies.

(D) Private companies had more knowledge of the interior.

Eg2：The flag, the most common symbol of national identity in the modern world, is also one of the oldest. The traditional flag of fabric is still used to indicate buildings, ships, and diplomatic caravans by national affiliation, but its visual design makes it suitable for other roles as well.

What is remarkable about the design of the typical flag?

(A) It is likely to change as technology progresses.

(B) It is older than the country it stands for.

(C) It is not familiar to people from other countries.

(D) It is adaptable for multiple different uses.

Eg3：The new model targeted products to meet the desires of specific groups of consumers. Ford's Model T fits the first pattern. Ford't efficient production methods brought the price of the Model T down, and he resisted making changes in his car so that it would remain affordable for most people.

What was chiefly responsible for keeping the price of the Model T affordable?

(A) It was designed for people poorly paid.

(B) Henry Ford himself was the designer.

(C) The style of the car did not change very often.

(D) It was equipped with a small engine using little gas.

3. 干扰选项——细节题的干扰项具有下列特征：

1)反：选项的内容与原文相矛盾。

2)无：a. 虚假比较：选项出现原文没有的比较级，最高级或其他绝对化描述。

b. 范围、程度：选项中的限定词表示的范围或程度与文中所提到的范围或程度不同。

3)混：原文说甲事物有某特征，但选项却张冠李戴，挪到了乙事物上。

Negative information questions

1. 问题要点：否定事实信息题，也叫 EXCEPT 列举题，即排除列举题。它要求考生根据文中的信息判断哪些信息是对(true)的、哪些信息是错(false)的以及哪些信息是文中没有提到(not given)的。

2. 做题技巧：列举的两种形式

a. 集中列举

b. 分散列举

3. 基本思路：

a. 看题干找关键词

b. 读四个选项

c. 排除与原文相符的选项

参考文献

[1]林立．国外英语学习策略研究[J]．首都师范大学学报(社会科学版)，1999(6)：109-115.

[2] Horba Y. "The Role of Causal Reasoning and Language Competence in Narrative Comprehension"[J]. *Studiea of Second Language Acquisition*，1993(15)：49-81.

[3] O'Malley，Chmot A. U. *Learning Strategies in Second Language Learning* [M]. Cambridge：Cambridge Universicity Press，2001.

北京师范大学附属实验中学　杨健雅

>> 第十三节　质疑、启发式教学与高中英语课堂教学<<

教学是否对学生具有启迪的作用，是衡量教学内容和形式优劣的重要标准。我国英语教学置身非母语环境中，主要采用课堂教学加课外练习和复习的形式，强调启发式教学就显得格外重要。在启发式教学的过程中，质疑的方法又占有较大的比重。所以，本文就质疑方法与启发式教学的关系略加探讨，并从高中英语课堂教学的实践中提炼、归纳出几种可以尝试运用的质疑方法。

通常所说的“质疑”，就是“提出疑问”。而通常所说的“启发式教学”，就是以“启发”为主要方式所进行的教育学生的活动。所谓“启发”就是“阐明事例，引起对方联想而有所领悟”。我们通常所说的“启发式教学”则是采用阐明事例以引起受教育的对方联想而有所领悟的方式所进行的教学活动。可见，质疑的方法与启发式的教学活动是颇有关联的。

一、质疑与启发式教学

启发式教学是课堂教学中极为有效的一种教学模式。它具有明确的指导思想和深厚的理论基础。高中是学生打好语言基础的阶段，学生处在语言能力形成的时期，因此教师就更应该采用启发式的课堂教学，使学生能够从中受到启迪、能够举一反三、达到较为准确地使用英语语言的实际效果。最早使用启发式教学的是我国古代大教育家孔子。在教学中，他非常重视发挥学生学习过程中的主动精神，指出“不愤不启，不悱不发。举一隅不以三隅反，则不复也。”率先提出了教学中的启发式问题，这也是对启发式教学方法的最初阐述。

继孔夫子之后，我国历代教育家对启发式教学都有发展。启发式教学不仅在中国得到普遍的重视，在国外也同样如此。德国教育家第斯多惠曾经说过：“科学知识是不应该传授给学生们，而应当引导学生去发现它们，独立地掌握它们，这种教学方法是最好的，但是它有时是最困难的。”美国教育家布鲁纳也曾提出：“只要有可能，教学法的目标应该是引导学生自己去发现。”苏联教育家赞可夫还认为：“积极的精神生活并不是靠记忆力来工作，而是要思考、推理、独立地探求问题的答案。我们所要倡导的正是这样的教学方法。”

在现代心理学家看来：质疑最容易引起定向反射。有了这种反射，思维就应运而生。所以，心理学家一般认为：思维总是从具体的问题开始的。教师，要从“疑”入手，有目的地设计提问，这样不仅能平添课堂教学气氛的变化起伏，而且更重要的是对于培养学生学习兴趣，激发学生学习的主动精神，启迪学生的思维方式，增强学生的敏捷程度，集中学生的有意注意的能力，有着积极的意义和重要的作用。

如此看来，可以这样认定：启发式教学是一种教学模式，质疑是一种具体的教学方法。启发式教学离不开质疑，质疑的恰当与否会直接影响启发的效果。虽然通过质疑的形式来进行启发式教学是每名教师广为熟悉的常见方法，它从古到今经历了二十多个世纪的发展，但是它又是很难运用好的一种教学方式。因为在教学中经常会出现“启而不发”的现象。而在英语课堂教学中，这种现象也屡屡发生。

二、课堂教学中“启而不发”的原因及其对策

笔者认为，在英语课堂教学活动中，产生“启而不发”现象的主要原因有以下几种。

首先，学生本身的学习积极性不高，不能主动地参与英语课堂教学的过程，对任课教师的启发、引导反应迟钝所造成的。在教学活动中，学生是学习的主体，是教学活动的“内因”，学生的学习态度和学习兴趣从根本上决定了教育活动的成败。但虽然“外因”是事物发展的条件，它却是可以通过“内因”起作用的。教师的教学活动就是促使学生学习主动、思维发展的一种“外因”。所谓“外因是变化的条件，内因才是变化的根据，外因通过内因才能起作用”，所揭示的就是这种内、外因之间的必然联系。一个优秀教师应该能利用有效的教育手段，来改善甚至

改变学生“学习积极性不高”的状况。所以，如果教师在教学过程中能注意熟悉教学内容，采取生动形象的教学方法，增加丰富多彩的教学手段，就会引发学生的学习动机和兴趣，激发学生的求知欲望和热情，学生最后也就能取得较为理想的学习成绩。可见，进行启发式教学要注意采取多种措施以引发学生学习英语的动机和兴趣，这样才能获得事半功倍的教学效果。

其次，在英语课堂教学中出现“启而不发”的现象，也可能是教师的设问本身缺乏启发性所造成的。比如，有的教师所提的问题太抽象、太笼统或者跳跃性太大，缺乏循序渐进的阶梯，使学生在学习英语教材内容时其思维跟不上。例如，在学完人教版高中英语第二册第7单元“Canada”时，如果让学生用几句话来描述加拿大，因为范围太广，学生可能会觉得无从说起。但是教师如果能给学生如下的提示：“describe Canada from its size, population, language, natural resources, and weather”，学生便很快能够七嘴八舌地说出：“Canada is the second largest country in the world with the population of 29 million. Its official language is English and French as well. Canada is famous for its fresh water supply, and also its rich energy. The weather there is different from area to area, as in China…”这样的英文句子。这说明，英语教师在教学活动中，不要提出那种大而空的问题，也不要提出一些模糊或含混的质疑，所提的问题应该具体化，所质疑的应该有一定的所指向性。所学习的语言，包括词汇和句子，总是具体的，是一种有意识的具体细致的陈述。学生在学习英语时，应该学习的就是具体地陈述有关事物及其所发生的变化，因而每一个陈述越具体就学得越有效，这样，学生在学习到一定的英语基础知识、达到一定的程度后，能够逐渐用英语来表述事物及其变化，便能增强他们学习英语的兴趣，达到良好的教学效果。

那么，英语教师将如何在教学的过程中尽可能地避免缺乏启发性的设问呢？笔者认为，首先，教师应该认真“备教材”，根据教学内容精心设计问题，使每一个问题都能真正架起学生学习思维的桥梁，并促进其思维层次的升华。其次，教师应该认真“备学生”，依据学生的实际基础、认知能力和心理发展状况，引导他们由被动地学习转化为自主地学习。

三、“质疑”方法在启发式教学中的尝试性运用

英语课堂里的启发式教学中的质疑方法，形式多种多样，要结合不同的教学内容及其对象，灵活运用某些方法，久而久之，则能见效。笔者在这几年的英语课堂教学实践中，尝试了下列几种方式。

(一)联系生活，激发学生学习主动性

在英语课堂教学中通过提问，启发学生多角度地思维，让他们运用已经学过的英文基础知识，重新用自己所能说的英语给表达出来。这样做，既使学生巩固了所学到的英语知识，又培养了他们运用英语语言的表达能力及其思维能力。

例如，在教英语中的“虚拟语气”时，联系学生的生活实际情况，提出以下两个问题。

问题1：If you were going to have a party at home tomorrow, what would you do?

回答上述这一问题的依据就是学生已有的经历。学生基本上都有过在家里开小型派对的体

验，特别是生日派对的经历，所以学生很容易将这个问题和自己的实际生活经历联系起来，于是他们立刻能够从不同角度给出很多不同的答案，具体如下。

答案 1：I would first get the permission of my parents.

答案 2：I would invite my all friends to come.

答案 3：I would prepare lots of delicious food to eat.

答案 4：I would ask my parents for the money.

答案 5：I would prepare many CD-ROMs for my guests to choose from.

问题 2：How would you treat your students if you were a teacher?

回答上述第二个问题的依据也是学生生活经历里常见的事情。每个学生除寒假和暑假外天天要上学，一天 24 小时，除了父母之外，和他们相处时间最长的就是老师。老师的一言一行，学生都耳濡目染，而且能亲身体会老师的心情和将要采取的行动。于是，学生很快就说出了很多不同的答案，具体如下。

答案 1：I would be very patient to them.

答案 2：I would treat them as my friends rather than my students.

答案 3：I would be very kind to them.

答案 4：I would be strict with them just as my former teacher.

答案 5：I would not criticize them if they came school late.

答案 6：I would not ask them to do it again if they forgot to clean the classroom.

答案 7：I would not call their parents about it if they did something wrong.

没有必要要求所有的答案都像教师预想的那样正确、到位。只要学生能够用英语回答，能够用英语清楚地表述事物或意见就可以了。尽管学生所说出的有些答案显得有些幼稚，有的甚至令大家捧腹大笑，但有些答案却发人深思，使人很受启发。

又如，在学习人教版高中英语第二册第 8 单元“First aid”之后，我设计了这样一个问题：

When you are working, your nose suddenly bleeds, and what do you do with?

“流鼻血”是学生熟悉的一种生理现象，特别是在北方干燥的冬季里更是经常发生。因此，在教该单元时，就让有过体验的学生先发言，他们按照自己以前所经历过的和所做过的告诉课堂内其他的同学：

- Raise your head.
- Block your nostril with tissue or soft cloth.
- Wash the bleeding nostril under the tap for a several minutes.

在已经“流过鼻血”的同学说完之后，经过其他“没有流过鼻血”的同学的帮助，同学们又增加了“流鼻血”时所应紧急采取的两条对策：

- Put cold handkerchief or towel on the forehead.
- Press firmly the hand between thumb and index finger to stop the bleeding.

(二)联系实际，发挥想象，鼓励学生发表不同见解

当学完人教版高中英语第二册第 17 单元“Life in the future”之后，让学生就“Is it good to have a robot to take the place of a human teacher?”这一问题发表意见。机器人做老师这是一个十分新颖、比较趋前的话题。随着高新科技的飞速发展，学生获取知识的来源日趋多元化，他们现在已能通过计算机、多媒体或者远程教育设施等媒介来获得知识。所以，人类社会将来也许会用机器人来取代教师(人)，或替代教师(人)的一部分施教工作。这一话题和时代发展的趋势相适应，同时也极大地激发了学生的好奇心。那么“机器人”和现实的人在从事教师这一职业中各会带来什么利与弊呢？在教师所提问题的启发下，学生的意见很快就分成了两大组：一组认为机器人做老师更好，它的优势(advantage)在于：

· Always full of energy.

· Never get sick.

· Full of wisdom.

· Good memory.

· Treat different students in the same way; no preference.

而另一组则认为由机器人做老师有很多不足(disadvantage)：

· No communication in feeling.

· Can't get sick but can break down.

· Can not deal with something urgent in class.

· Can't give the answer to the subjective questions.

所质疑的提问，应让学生能够尽量地表述各自的见解，以驱动他们去做多角度的思维。那种不让学生发表不同意见、怕让学生发表不同意见甚至是根本上反对不同意见的举止，都不应该是一个合格的英语教师的行为。

(三)因势利导，抓住契机，点拨学生学习方法

在学习人教版高中英语第三册第16单元“Social and personal”之后，笔者给学生提出了这样的问题：

Do you think it is good or bad to work while you are still at school? If you can work now, what job can you do?

学生在学完该单元后，一般都认为，在求学的时候同时又工作，会有许多有利因素(advantage)：

· Get some job experience for the future.

· Needn't ask your parents for money.

· Have some extra money to buy something you need and like.

· Learn the value of money and labor while working.

然而，意见没有绝对一致的时候，有几个同学对于不利因素(disadvantage)也有所认识：

· Affect your study, such as, be sleepy in class, have no enough time to do your homework.

· Can't do the two things well at the same time.

一般能够看到其中优势的学生，考虑其中的不利因素或劣势当然就较少。但是，他们在回答此问题的后一问“If you can work now, what job can you do?”时，看到其中优势和看到其中劣势的同学，则都对所要做的工作有认真的考虑。学生最后不约而同地说出了自己的答案：

• A waiter or a waitress in the fast food restaurant at vacation.

• A newspaper seller.

• A typewriter.

• A shopping guide at vacation.

• A tour guide at vacation.

根据学生较为一致的回答，我做了如下的总结。从上面同学们所选择的工作来看，可以得出一个结论：如果没有扎实的文化功底，不接受高等教育，目前在社会上找工作是很困难的，而且择业范围也很狭小。所以，同学们在中学阶段必须认真学习，力求掌握现代科学文化知识，把自己培养成有高度文化教养和技术水平的人才。

这样看来，英语教师在实施课堂教学的同时，应该抓住有利时机，联系具体实际，对学生加以必要的引导，不仅活跃了思维，拓宽了学生的思维空间，同时也将德育渗透到了英语教学中去了。

(四)关注社会，激发兴趣，促使学生参与讨论

课堂讨论是一种师生双边参与的教学活动，是质疑方法应用于启发式教学的师生互动，是在教师的主导之下以学生为主体、经过学生思考和相互探讨、以求得问题解决和认识深入的一种教学方法。在课堂讨论的过程中，不仅能促使学生英语口头表达能力的提高，最大限度地发展大脑智慧，而且能够集思广益、相互启迪，实现师生之间的信息交换、扩大其信息和思维的容量。在学习人教版高中英语第二册第 9 单元“Saving the earth”课文时，笔者曾组织所教班级学生从身边的小事出发，以四人为一小组进行课堂讨论。我所提出的讨论题目是：“What can we do to save our home—Earth”。

经过热烈的课堂讨论，同学们说出了教师意想不到的许多办法。例如：

• Ride your bike instead of driving to keep the air clean.

• Take a shower, not a bath to save water.

• Try to use recycling facilities, such as use cloth bags rather than plastic carrier bags.

• Avoid air travel, because it produces more carbon than rail.

• Buy less; it saves time and money as well as the planet.

• Turn off TVs and stereos instead of switching them to standby to save electricity.

• Use low-phosphate washing liquid and washing powder, because phosphate lowers oxygen levels and kills plants and fish.

启发式教学的形式多种多样，手段也层出不穷，在高中英语教学中也是如此。但是，无论时代如何发展，它都是以充分调动学生学习的积极性、主动性，启发学生融会贯通地掌握所学知识，提高学生分析问题和解决问题的能力为目标的。而这与基础教育阶段中英语课程的任务“激发和培养学生学习英语的兴趣，发挥自主学习的能力，培养学生的观察、记忆、思维、想

象能力和创新精神”的主旨是一致的。因此，就需要采用较多的质疑方法，尽可能地提高启发式教学的作用，以优化教育教学过程。一句话，高中英语课堂中需要善于运用启发式教学，巧设质疑问题，供给学生思考并回答或讨论，使学生形成积极的情感态度，增强他们主动思维和自主学习的能力，从而最终全面提高学生的整体素质。

北京师范大学附属实验中学　丁丽

第十四节　对视频资料应用的探索和实践

一、引言

我国教育部制定的《义务教育英语课程标准(2011 年版)》指出教师应当结合教学内容，引导学生关注语言和语用中的文化因素，了解中外文化的异同，逐步增强学生对不同文化的理解力，为开展跨文化交际做准备。教师应根据学生的语言水平、认知能力和生活经验，创设尽可能真实的跨文化交际情景，让学生在体验跨文化交际的过程中，逐步形成跨文化交际能力。国内中学越来越多的英语教育者在研究统编教材以外的英语资料对于教学的辅助作用，尤其是在开放教育资源丰富的今天，视频是开放教育资源呈现的主要方式(高琳、赵蔚、宋学峰，2013)，这对于一线教师打破教学空间、更新教学环境及内容、提高学生的英语学习兴趣方面无疑提供了有力的支持。

二、教学现状

纵观我国高中英语教材使用现状，一线教师都会面临统编教材和社会发展不相符的问题，我校 2004 年开始使用的北京师范大学出版的高中英语教材也不例外，虽然该教材选编的教学文本题材广泛，但随着使用年限的增加笔者发现有些文本内容显得陈旧，如第二单元“Heroes”中第一课时“Modern Heroes”中叙述的是 2003 年“神舟五号”载人飞船升空及返回的过程，其内容显得远离学生现在所处的时代背景。

另外，随着我校学生对外交流活动的增多，英语水平相较几年前同龄人的水平已有明显提高，因此学生认为有些教材语料篇幅有些简短，语言有些简单，交代的文化背景缺少一些新意等。如第三单元“Celebration”中的第一课时“Festivals”，课文介绍了我国三个传统节日，但每个节日的介绍只有一百字左右。教材编写组虽考虑到初高中教学衔接问题，但学生明显不满足于文章提供的有限信息了。这就要求我们的英语课不应只满足于帮助学生解读教学任务范围内的文本资料，还应适当跳出教材的约束，教师要根据学生的实际需要，在课堂中通过高效利用真实的语言资料引领学生走入真实世界。更重要的是让学生在获得英语语言知识和能力的同时了解不同文化，并获得国际视野，为成就国际化人才奠定基础。

我校作为首批示范校，教学硬件设施完善，每间教室都配有完善的多媒体播放设备，因此为教师在教室播放视频资料提供了强有力的支持和保障。

三、视频资料的特点

（一）再现能力强

视频资料具有极丰富的表现力，它能根据教学需要，将所要表现的具体事物在虚实、快慢、大小、远近之间转换变化，使教育教学内容涉及的事物、现象、过程不受时空限制。而且它所表现的事物现象明显、重点突出、可见度大，可以在“教与学”的内容上向更广、更深处发展；另外，视频资料记录的信息可以重放，当学生遇到不懂的地方，教师可以根据需要反复给学生观看视频，不受时间和地点的限制(高琳，赵蔚，宋学峰，2013)，使用起来快捷、方便、准确，帮助学生更有效的理解教学内容。

（二）更新速度快

21 世纪是信息时代，网络的飞速发展使教师随时可以根据学生的需求获取和利用优秀的教学资源。当视频资料已不适合学生的语言水平和认知能力时，教师可以下载最新的视频内容，用更加清晰的画面或语言给学生带来更好的视觉冲击和新鲜元素，从而为学生的英语学习创设更加真实的文化背景，增强学生的跨文化交际意识和能力。

（三）教学效果好

大量研究资料表明，人类以感官感知知识的比例为：视觉占 83%，听觉占 11%，嗅觉占 3.5%，触觉占 1.5%，味觉占 1%。由此可见，若视觉和听觉在学习中协同作用，学习效率将大大提高。关于记忆学习材料的研究表明，对于同样一份学习材料，采用不同的教学形式：让学生只听，3 小时后能记忆 60%，3 天后能记忆 15%；或者让学生只看，3 小时后能记忆 70%，3 天后能记忆 40%；或者让学生视听并用，3 小时后能记忆 90%，3 天后能记忆 75%。可见，视听并用的记忆效率远远超过只听或只看(刘力，李玉斌，2012)。因此，使用视频资料能够减少教学时间，提高课堂教学效果。

四、视频资料的选择范围及各自优势

（一）电影

电影是一种融语言、视觉和听觉为一体的综合艺术，在银幕的空间和时间里，塑造运动的、音画结合的、逼真的具体形象，以反映社会生活。电影能准确地“还原”现实世界，给人以逼真感、亲近感。因此它对于提高学生的英语水平，提升学生的英语学习兴趣非常重要。笔者根据 Unit 16 的内容为学生提供了电影 *Hellen Keller*；根据 Unit 17 的内容选取 *Mr Bean* 的一个表演片段；根据 Unit 17 “communication workshop”的内容提供了电影 *Gulliver's Travels* 等。

(二)广告

英语视频广告持续时间短，一般都在一分钟左右，在课堂使用中不会占用太多时间。而且视频广告语言凝练、语法简单，画面设计精心，视觉冲击力强，往往能给学生留下极深刻的印象。同时它也能使学生增长文化知识，扩大文化视野，它所承载的文化内涵和深刻寓意也有利于发展学生的批判性思考能力(殷刚魁，殷玉峰，2013)。如根据 Unit4 的内容选取了介绍新西兰的广告片“100%Pure New Zealand”，根据 Unit 11 的内容采用了美国足球明星参与制作的 Pepsi 广告片和 CCTV-1 制作的关于保护动物的公益广告等。

(三) 电视新闻

它不同于电影和广告艺术之处在于通过声音和图像来传递各种新闻信息。具体地讲，它是通过电视摄像、记者采访、镜头设计、拍摄、剪辑、解说、配音这几个程序来系统形象地报道当时事件发生发展的过程。笔者根据 Unit 2 的内容采用了 2003 年央视直播的“神舟五号”发射过程的新闻报道；根据 Unit 9 的内容采用了美国 CNN 录制的关于旧金山的交通拥堵情况的报道；根据 Unit 10 的内容采用了 CCTV-NEWS 报道的陈光标计划捐款 50 亿元给慈善机构的报道；根据 Unit 21 的内容采用了 CCTV-9 的反兴奋剂法律制定的报道。

(四) 音乐视频

音乐不但是视觉艺术、听觉艺术、情感艺术，也是一种特殊的语言艺术。当音乐旋律响起，学生往往处于无法抗拒的立体的音乐氛围当中。学生在课上欣赏音乐的时候，既通过听觉的渠道，接受听觉的刺激，又通过视觉效果，产生丰富生动的联想和想象，进而引起更强烈、更深刻、更真实的感情反应，体验到音乐家在作品中表达的思想感情和情境，获得美感，并为之感动。如教材 Unit5 中涉及钢琴家孔祥东的介绍，笔者选取了他的钢琴演奏《黄河》的音乐视频；此单元教材还介绍了加拿大的摇滚歌手阿兰尼斯，笔者选择了她其中的一首动人心弦的歌曲“Utopia”作辅助资料在课上欣赏。Unit 6“Design”涉及一些外国画家的作品欣赏，笔者选取了关于描写凡·高的歌曲“Starry Night”。

(五) 电视节目

电视节目声音方面的完美创作，能给人以完美的艺术感受，从而加深节目印象，达到目的。它不同于其他视频资料之处在于解说词是重要组成部分，具有完整叙事能力。通过解说词学生能进一步理解一些追忆过去、展望未来的内容或人的思想活动及事件的历史背景等；同时，解说词可表达很多信息，让时空转移，并创造某种情调、气氛，揭示深层主题，从而使学生增强思考能力，有利于正确的价值观的形成。如教材 Unit 6 涉及几位中国著名画家，笔者采用 CCTV-9“Culture Express”节目中关于画家陈逸飞的作品风格介绍；Unit 9 介绍阿姆斯特丹，笔者就运用了节目“City by City”中的一段关于该城市介绍的视频。

此外，我们还可以用历史纪录片、教学资料片、动画片等视频资料作为素材，适当选择其中有价值的视频片段为教学所用，都能起到使课堂效率事半功倍的效果，笔者不再一一赘述。

五、选择视频资料的原则

（一）时间的界定

由于课堂时间有限，视频资料的补充只是课堂组成的一部分，因此每段视频播放的时间应视课堂教学设计而定。例如，视频资料用在课前的导入环节，则教师应把视频长度控制在一两分钟以内。如果视频资料用在课上阅读活动中，则应控制在五分钟以内为宜。

（二）语言的控制

视频资料的语言丰富多彩，如新闻类节目语音标准，吐字清晰；影视作品由于体现生活的真实性，会掺杂方言、俚语等非标准化语言；音乐视频的语言又会为了节奏韵律的统一而打破一些语法规则。不同内容的视频语速快慢也有明显的区别。因此选择资料时教师必须考虑到学生的年龄特点和语言程度，尽量选取发音清楚，语言易懂，语速不能过快的资料，能照顾到班级大多数学生的接受程度。

（三）内容的选择

其一，资料内容要主题鲜明，选材要和课堂教学内容紧密相关，教师应选择适合学生认知范围，能启发学生思维，让学生有发挥余地的材料。其二，材料要带有一定的趣味性，有一定的吸引力，能让学生兴致勃勃地看完。其三，内容要和学生的年龄相符，精选便于学生理解的材料。

六、视频资料的处理

根据笔者多年的尝试，可把视频资料根据课堂设计的不同环节进行恰当运用，因此下文导入环节，读中环节和读后环节加以举例分析。

(一)导入环节

以 Unit 3“Celebration Lesson 4 Christmas”为例，西方的圣诞节学生已熟知，但教师可以用关于圣诞老人送礼物的童话故事的节目片段引发学生做一个课堂预热，教师设问“Where does Father Christmas live?”“How does Father Christmas send the presents?”？学生从视频资料中感受到儿童视角下的圣诞节，从而更充分理解教材语料中主人公对这个节日的期待心情。再如，Unit 4“Cyberspace”的“Virtual Tourism”介绍的是新西兰国家的北部城市奥克兰。教师首先为学生播放时长为两分钟的关于新西兰风光的广告宣传片，目的是让学生获取关于新西兰的社会生活、气候条件、旅游资源、动植物特点等方面的信息，帮助学生形成对新西兰的总体印象，从而引入对奥克兰这个城市的逐步认识，使学生对这个城市的了解更加立体，也更加真实。

（二）读中环节

以 Unit 17“Laughter”的“My Favorite Comedy”为例，本课描写的是憨豆先生的一幕喜剧表演，课文用词生动具体，描写细腻。但笔者在课前调查中发现对于憨豆这个喜剧人物学生了解得并不多，加上中西方文化的不同，学生对西方文化中这种典型喜剧的欣赏势必产生理解上的差异。因此，笔者决定在课堂上把相对应的该视频资料设计成教学任务的三个步骤：第一步，学生边欣赏边写出和动作及面部表情相关的词汇。因为此片配音除了笑声以外旁白很少，所以该教学任务给学生以灵活运用词汇和交流词汇的空间；第二步，学生就课文中出现的描写类词汇和自己写的词汇进行比较，从而提高学生对英语语言的驾驭能力；第三步，笔者再一次回放该视频，请班里语言能力强的学生在播放视频的同时做个配音表演，目的是加深学生对语言的领悟能力和对不同文化的深层次的理解。

（三）读后环节

以 Unit 20“New Frontiers”的“Futurology”为例，本课主要讲述历史上的关于科技发展的预测在今天已经有哪些成为现实，同时也有未来学家对未来科技发展的预测。在科技迅猛发展的今天，由于电脑的普及，电子信息技术的更新瞬息万变，学生对此深有感触。因此在课堂读后环节笔者选用了一段关于未来科技走向的视频“A World Beyond Imagination”，画面呈现了我们难以想象的未来生活面貌，让学生为之震撼，增强了学生对未来生活的无限遐想。对此笔者设计了讨论环节“What is your future life like in your imagination?”，学生各抒己见，从而锻炼了学生对英语科技词汇的运用能力，拓展了学生无限的想象空间和创新能力。

视频资源的开发和运用为教师的英语课堂教学提供了有利的辅助作用，提高了课堂教学效率，学生从中也受益匪浅。

参考文献

[1]高琳，赵蔚，宋学峰．基于视频资源的个人学习环境设计研究[J]．现代教育技术(北京)，2013(8)：39-43.

[2]刘力，李玉斌．现代教育技术的理论与应用[M]．北京：北京师范大学出版社，2012.

北京师范大学附属实验中学　秦春梅

>> 第十五节　从课堂设计角度来评价英语课堂<<

一堂课可以从多种角度来评价，活力课堂也是如此。以下是关于英语活力课堂中最基本的好课的标准。它来源于一线教学课堂实践积累和优质课设计分析总结。

一、恰当合理的目标

好的课堂要“三有”：有目标、有重点、有难点。教师在准备一节课前，要先确定教学目标，它是达成本节课教学效果的关键。在日常教学中还会碰到“教学目的”这个词。那么，教学目的与教学目标有什么不同呢？

教学目的(Goal)一般是完整的语用能力，比如某个特定话题的表达。目的可以是一节课的，也可以是一周的、一个学期的。如果一堂课能完整达成，就是目的。如果需要一个单元才能达成，那么具体到一节课(最后一节除外)，就只是阶段目标了。而教学目标(Objectives)一般是目的的阶段性分解。课程的总目的，不可能每节课都去努力实现，所以一节课的目的不能太复杂，否则得通过达成很多具体目标才能实现。

教学目的是终点站；教学目标是途中必经的每个景点。不经历每个教学目标，无法到达教学目的；无论途中有怎样的美景，都不能迷失教学目的，不要忘记为什么出发。

一节课上教师不可能面面俱到，在教学目标的实现和达成过程中，应该有重点和难点。重点和难点可能是有交集的，也可能是独立的。这取决于教师对于学情的分析把握。为了确定课程的难点和重点，教师还必须要完成四个“备”，即备知识、备资源、备学生、备活动。所谓的“备知识”是指要对所教内容有充分的准备。准备的内容也会从繁多到精简，这个过程是要随着教学经验的增长而有所感悟。

现在，我们在媒介中可以找到的相关教学资源很是丰富，但是并不能采用“拿来主义”，而是要根据学生的情况、教师个人的风格、教学的具体需求进行必要的筛选、调整、加工，做到有的放矢，以期达到最好的效果。

那么，随着时代的变迁，学生对英语学习的需求，时代对英语教育的要求，不同学段学生的实际情况和不同层次学生的差异等也是教师在准备一节课要切实思考的。不能够“一成不变”，要“随机应变”。

教师还要“备活动”。英语教学遵循“以英语为主、以学生为主、以活动为主”的原则，教学活动的设计要依据学生的生理年龄和心理年龄，既要贴近学生，又要做到驾驭自如，切实通过活动，完成对知识的学习和操练，学了会用才是硬道理。

二、科学流畅的过程

如何在课堂上顺利地达成既定目标，是评价一节好课的关键所在。

一节成功的英语课，应该是学生积极参与、主动思考的课；教师要尽量让学生在“做中学”，无论是“做”什么，都应该是快乐地做，在“做中学”，前提是教师要了解学生的性格特点、学习风格才能够有效把握课堂教学的节奏，有思考、花心思的有效设计就显得尤为重要。笔者在听课、沉思后总结出课堂教学设计“六要素”，即有输入，有输出；有主线，有逻辑；有层次，有升华。

(一)有输入，有输出

谈到“有输入”，其实更想说的是输入和输出的关系，这两个环节有必然的关系。如果没有一定的输入，就很难达到想要的输出，这就需要教师做一些设计。教学中从输入到输出的过程，实际上就是学生学习的过程，教师要搭好台阶，而且对不同的学生要给不同的台阶，然后逐步生成教师所要达到的结果——学生能在课堂当中获取知识，并且能够产出。这是一个循序渐进的过程，要让学习在课堂中发生是每位教师在设计一节课时要牢记在心的原则。那么输入与输出到底是什么关系？输入与输出应该如何匹配？下面举一个在一所学生水平一般的学校的课堂实例：“National Hero”(神舟五号，杨利伟)那节课。教师设计这节课的教学目标之一是：学完这节课，学生通过学习的知识、词汇能用自己的语言来谈论杨利伟和宇宙飞船发射的情景。就这样一个目标，教师在教学中逐步的落实还是很到位的。比如第一个环节，她让学生阅读，读完之后抓取一些必要的信息，让学生填写。接下来她利用多张图片直观地帮助学生进一步理解文章内容并找出关键的信息词汇(以动词为主)，这个环节的效果是增加了这些词在学生眼中复现的次数，并与上一个活动形成了递进的关系，接着利用表格的形式，让学生通过阅读获取信息，并再根据前面提供的图片，逐图描述宇宙飞船发射的过程和有关杨利伟的信息。她原定的教学目标就这样通过层层的输入训练自然地得到了实现。这样的处理让我们认识到：即使是水平非常一般的学生，也能够达到教师设定的目标要求。因为这位教师一步一步地铺垫是很到位的，是符合学生实际水平的。也就是说，要想“有输出”，就必须“有输入”。输入是为输出服务的。如果没有输入的过程就想要输出，是不现实的。

那么，输入和输出又该怎样匹配呢？从具体的教学实践中可以看出，“从后往前”设计会比较有效。如果按照常规从前往后的顺序进行设计，可能到最后未必能够达到想要的结果。这样，教师就有可能会重新改变对结果的设计，或者生拉硬拽地达成这个结果，显得比较牵强。那么，要想让结果顺畅地、自然地呈现，就要先想好输出的结果是什么，然后由此往前设计整个过程、思考一步步应该怎样生成和推进。这样的话，输入和输出的匹配是能够自然达成的。输出的形式是多样的，复述、讨论、写作等都是可行的。呈现的方式可以是个体的，也可以是两人、四人、多人一组的形式。

(二)有主线，有逻辑

要想设计一节课，教师自己头脑要清楚，清楚自己要做什么及为什么要这样做。清楚是指自己对这节课要清楚，对英语教学的规律要清楚，对课堂教学活动的组织和设计要清楚。不管是常态课还是研究课，要想上好一节课，就要有课前的设计。不是随心所欲的，也不是打开凑好的 PPT 想怎么讲就怎么讲、把十几或更多张 PPT 展示完了就算完成了任务。另外，设计一节课，必须要有一条主线，可以是以知识为主线，也可以是以情感为主线，教学设计及活动要有不断围绕这个线索逐步展开、递进、升华的过程。

再者就是要“有逻辑”。我们可以换位思考，站在学生或者听课教师的角度去思考和设计，这样有利于设计者本身对“逻辑”的关注。如果教师本人都不清楚这节课在做什么，即便学生跟着走也是被动的，如果学生跟不上教师的思路，忙活了一节课又学到了什么呢？如果教师自身对教学设计逻辑清晰，听课的人也就自然能明白。试想，遇到专家评委听课，即使听课者没能四十分钟全程精力集中在这节课上，也能在有一条主线和有逻辑的课堂中感受到这是一节成功的课。

例如：有位教师在讲北师大版高一教材，模块一，第三单元，第一课"Festivals"时，始终围绕"节日"这个主线设计活动。首先，让学生根据给出的信息猜出课文中涉及的三个中国传统节日，教师又设计了从时间到内容及意义三个层面的活动，帮助学生进一步熟悉这三个传统的节日；其次，接下来补充了两个西方的节日，也是让学生通过阅读，找出时间、内容、意义这三个层面的信息；最后让学生根据已知的表述节日的方式设计一个自己的"节日"。课堂活动主线非常清晰，在学生设计自己的节日之前，教师建议学生先从"意义"这点入手，确定了主题再推想内容，最终确定时间，这样的活动设计是有逻辑的，即刚开始的时候，根据学生的认知从易到难，在学生有了一定的认知后，再根据活动的层次设计由难到易的活动，充分体现了课堂教学设计的主线和逻辑。

(三)有层次，有升华

活动的设计要有层次，要符合学生的认知发展规律。如果教师设计的问题一开始就把学生难住了，学生就没有兴趣和信心继续学习了。对于活动的设置要遵循从易到难，由低到高的规律，在实施活动中也要考虑活动的有效性。教师在设计阅读课型的时候常常喜欢用一些如"true or false"或"match the paragraphs with the titles"等练习形式。但是在教学过程当中发现，这些练习形式并不特别实用、有效，那么就请思考：这样的练习形式还要不要用？如果用，怎么用？用多少？如果不合适，有没有适当地去改变、改编，而不应全盘照搬？有的教师让学生读完文章后就做书上提供的"true or false"练习，在订正答案的时候，有的学生站起来仅蹦出一个单词"true"，当有学生站起来说"false"时，教师可能会说："Where is the mistake? Please correct the sentence."，学生就把修正后的词说出来。显然，以这样的形式完成这个练习的意义和效果不大。如果教师能根据学生的实际和教材的核心内容设计一些可做正误判断的句子，教师读句子，学生听后并判断，通过重复正确的句子和把修正后的句子表述出来的形式完成这个任务，效果就会不一样。不论是阅读课还是其他课型，教师都应该尽可能地在课堂中创造机会让学生听，让学生说。如果仅仅让学生蹦出几个单词则意义不大。关于"match"这样的练习，如果仅仅完成一一对应的任务并不难，但是很难判断学生是否是真正地掌握了这个阅读策略。如果设计成有多余选项或有干扰性的选项，类似高考试题中的"七选五"题型，就会有一定的难度，也需要学生有理解和判断的过程，也由此可以判断学生得出答案就是对内容做了正确的理解。还可以设计成让学生给每个段落找大意，这是阅读教学中的技能训练之一，可以让学生来归纳总结段落的核心。在这个过程中既有教师的引导，又有学生的实践，慢慢地学生就知道怎么去寻找核心词，怎么去归纳和总结。学生技能的提升远远大于完成某个设计的任务。那种看似课堂挺热闹，练习形式挺多样，但实际效果却不好的事情就不要做。

升华部分的理想状态应该是水到渠成、自然而然的。缺乏文本情感的操练是机械的，缺少文本知识的情感体味是空洞的。对于教材中的文本要有效使用并尽量用好。例如高二年级的一节研究课，主题是在阅读中理解和讲授语法现象——虚拟语气之“regret”。教师利用教材文本梳理文章的信息，从而引出对虚拟语气这一语法现象的体会和理解。最后，教师是用“Regret doesn't remind us that we did badly. It reminds us that we can do better. To regret deeply is to live afresh. Make the most of your regrets.”这样几句话来结束这节课的。从整个教学过程看，这个升华是非常自然、贴切和到位的。“升华”得越自然越生动，效果就越真实越有效。

教学是一门学问，它能突破界限，回归质朴；教学又是一门艺术，教师需潜心钻研、认真体会、不断尝试、体味收获。且思且行，且行且思，要让教学在课堂中发生。

北京市西城区教育研修学院　毕勤

>> 第十六节　同伴评价在英语写作教学中的应用 <<

一、现状与思考

深化教育改革，全面提高学生的素质，是时代的要求。而转变学生的学习方式，倡导以“主动参与、乐于探究、交流合作”为主要特征的学习方式，是我国当前教学改革的重点之一。

中学英语教学要求学生通过听、说、读、写等方面的学习和实践活动，提高学科素养和英语综合运用能力。而在中学英语教学中，写作训练往往是一个弱项。与其他三方面相比，不论从教学方法还是教学效果上来看都不能令人满意。不少中学缺少系统的写作训练，常常到高年级才开始抓写作；写作训练的目的也仅仅是为了应付考试的相关题型。在进行写作训练的时候，如仿照高考题写一篇短文，教师总是先分析主题和要点，有时甚至只是简单地将题目布置给学生，然后让他们各自去写。学生上交作文后，教师要花费大量的时间逐篇批改，然后在课上讲评。这种方法并不能很好地达到预期效果。虽然学生忙着写，教师赶着改，但是学生的作文本上还是错误依旧。学生沮丧，教师疲惫，写作教学事倍功半。

写作过程是学生根据自己的领悟和体验运用英语进行有效书面表达的过程。这一过程涉及多方面的知识和技能。写作的过程可大体分为构思与草稿、审校三个环节。写作教学与其说是知识的传授，不如说是知识的运用和技能的训练。学生只有在实际操作中自己去体验写作的全过程，才能掌握知识，形成技能。传统写作教学模式的弊端在于忽视了学生的主体地位，将传授知识的模式套用于写作训练，用教师的讲授代替学生的活动，只让学生参与写草稿一个活动环节，而这一环节又通常是在课下进行的。在写作课上，师生互动很少，更谈不上生生互动。写作课成了教师“唱独角戏”的知识传授课。教师费力不少，教学效果却很不理想。

结合当前的教学改革要求，笔者认为有必要改变这种传统的写作教学模式。特别是写作的第三环节“审校”十分重要，对学生写作能力的提高起着决定性作用。为了把学生的积极性调动起来，突出他们的主体地位，教师应把“主动参与、交流合作”引入课堂，这对于培养学生的合作精神与实践能力有着重要意义。在写作教学中，让学生进行“同伴评价”(peer evaluation)能够有效地贯彻上述思想，对提高学生的英语写作能力有很大帮助。

二、策略与分析

同伴评价实际上是合作学习的一种转化形式。合作学习作为一种遍及世界许多国家的行之有效的教学实践，它的一个重要的理论基础就是“群体动力”(group dynamics)理论。格式塔学派创始人考卡夫(Kafka)最先提出这个理论。他指出，群体是成员之间的互赖性(interdependence)可以变化的动力整体。

从群体动力的角度来看，合作学习的理论核心可以用很简单的语言来表述，即当所有的人聚集在一起为了一个共同的目标而工作时，靠的是相互团结的力量。相互依靠为个人提供了动力，使他们：①互勉，愿意做任何促进小组成功的事。②互助，力使小组成功。③互爱，因为人都喜欢别人帮助自己达到目的，而合作最能增加组员之间的接触(吴也显，1991)。

通常，当教师希望学生学得更多，彼此更团结时，运用合作学习的方式再恰当不过了。一些研究已证明，学生之间的互动与合作对他们认知的发展有很大的促进作用，应当成为现代课堂教学的主流。合作学习要求学生能相互信任，相互支持、配合，有效沟通，共同解决问题，并对共同的活动成果进行评估，寻求提高成果有效性的途径。

作为合作学习的转化形式，同伴评价正逐渐被应用在写作教学中。它包括同伴反馈(peer response)和同伴评审(peer editing)两个阶段。同伴反馈被应用在写作过程的初始阶段和中期阶段，即学生在相互讨论、分析题意、概括要点之后，各自进行独立写作；然后再讨论，再修改；这时学生需要将重点放在文章的构思和立意上。反复讨论之后，学生进入同伴评审阶段，即让同伴以批评的眼光审阅自己及他人的作品，并将重点放在用词和表达上。在中学英语写作中，大部分作文属于指导性作文，即文章内容已基本给出，只需学生酝酿语言，合理安排结构。结合这一实际，教师可以将重点放在同伴评审上，即放在写作后期——草稿基本拟定之后。

同伴评价能有效地帮助学生写出令人满意的作品来。许多教师和研究者都承认在课堂教学中同伴评价的益处颇多。

第一，同伴评价能为学生提供真实的听众，增强学生的写作动力，让学生能听到不同意见。学生可以以批评的眼光审阅自己的作品，并逐渐在写作中树立信心(Mittan，1989)。

第二，同伴评价能使学生对自己作品的优点和缺点有更准确的把握，使学生的批判性思维和分析能力得到发展。

第三，同伴评价能营造一种相互合作的课堂氛围，这就是合作学习的精神。个体的成功来自集体的合作性学习而不是竞争性学习(Cook，1998)。

第四，同伴评价能减轻教师的工作量，同时也能反映出学生的阅读能力以及他们对好文章的理解(Ferris，1998)。

如今的中学生大多热情、开放，愿意相互交换意见、进行合作学习。他们在英语学习中有很大的动力，也希望通过自己的努力把在考试中所占分数比例较大的作文成绩提高上去。因此，同伴评价在课堂上是可行的。

三、范例与实施

既然同伴评价在写作课上既有益又可行，教师就可以将此方法向学生介绍推广。同伴评价通常是在小组内进行的。但刚开始时，并不是所有学生都知道如何在小组内进行同伴评价，所以教师有责任通过示范来帮助他们。下面就是一个教学范例——如何评价同伴的作文。

(一)教学目的

通过本节课的学习，学生将能够知道如何就书信体作文进行同伴评价；熟悉批改符号的使用；根据同伴评价修改作文。

(二)教具及材料

幻灯片一：一封未经同伴评价的信。

幻灯片二：经同伴评价后的同一封信。

幻灯片三（文字材料一）：一封不署名的书信草稿。

文字材料二：同伴反馈表(见附录)。

文字材料三：批改符号表(见附录)。

头一天布置的作业：同学自写的书信草稿。

(三)教学过程

1. 导入

学生两人一组比较幻灯片一和幻灯片二。

教师指出好的一篇是经过了同伴评价的，并介绍“同伴评价”的话题。

2. 示范

教师分发文字材料一、文字材料二，小组讨论(四人或五人一组)文章中的内容与结构。

教师根据学生的建议在幻灯片三上展示如何进行修改。

错误侦探游戏：学生分组竞赛，找出文字材料一中的语言错误。

对照文字材料三，教师根据学生的建议，在幻灯片上展示如何进行语言上的改动。

3. 应用

小组成员轮流阅读组内每一位同伴的作文草稿，然后填写同伴反馈表。

小组成员根据同伴反馈的内容以及与同伴讨论的结果，在内容和结构上对自己的草稿进行修改。

小组成员再次轮流看每位同伴的第二稿，并用批改符号标出语言错误。

每位同伴根据批改符号做适当修改，并整理出最终的定稿。

4. 结束

教师将最终的定稿和同伴反馈表一起收上来。

四、注意与说明

下面对教学范例中值得注意的问题加以说明和解释。

(一)教师示范

通常，教师示范的侧重点对学生的实际操作有着直接的影响。如果教师将重点放在表面的语法错误上，那么学生在相互反馈过程中也会优先考虑这个方面。然而如果教师既注意内容又注意语言现象，那么学生也会如此效仿。

(二)小组成员构成

最好四至五人一组，每个小组中至少配备一位英语能力较强的同伴。这样，小组的意见才是多方位的、全面的。小组人数过多会浪费时间并减少个人参与讨论的机会。小组成员最好保持相对稳定。这样他们就能相互熟悉对方的特点，通过一系列作品逐渐看到彼此的进步，并能很快地给予更具体、更有帮助性的反馈。

(三)同伴评价后的工作

最终的定稿要与同伴反馈表一起交上来。学生若知道同伴反馈表也要上交，他们在评价过程中就会更认真、更仔细。如果最后的定稿很成功，学生将为他们的共同努力感到自豪。

教师在批改完学生的作文之后，要评出成绩最佳的小组，将该小组每位成员的作品展示出来。这样会增进学生之间的相互信任与支持，因为他们看到自己的反馈意见产生了良好的效果，今后他们会对合作学习更感兴趣，在活动中的责任心也会增强。

(四)教师角色的改变

教师应注意，在示范课上，他们的身份不应再是讲解者，而是监督者、指导者、参与者。教师应在课堂上来回巡视，确保学生都在认真参与；有时还要参与到学生的活动中。教师也可以规定每个步骤的具体时间，以便每节课的任务都能按时完成。教师讲的要少，学生谈的要多。教师要给学生更多的时间去交谈、去实践。因为在课堂上需要语言实践的是学生而不是教师。

五、结论

合作学习理论的研究者认为，在合作、竞争和个人三种学习模式中，合作学习是最重要的一种，但也是目前被运用得最少的一种。学生之间的合作应当成为现代课堂教学的主流。那么，作为合作学习的一种转化形式，同伴评价在某些教师的英语写作课上也许刚刚开始被采用，它必然需要教师花费较多的时间和精力将其中的具体活动和技巧介绍给学生。然而这种努力是值得的，尤其是当教师发现学生作文中的错误大大减少，学生对写作更感兴趣，也更愿意进行合作学习的时候。这种结果也正是人们一直所期盼的。希望经过坚持不懈的努力，学生能够逐渐将在评价中所学到的知识与技能迁移到自己的写作中来，最终成为更具有观察力的读者和更富有创造力的作者。

附　录

Handout 2

Peer Response Form（同伴反馈表）

Focus：organization and content of informal letters

Writer's name：________　　Reviewer's name：________　　Group No.：________

Be sure to read the entire paper carefully before writing any responses.

1. Does the letter have a correct layout?

Date：________
Dear…
(main points of the letter)
Looking forward to seeing you/receiving from you.
Best wishes/Regards,
(Your signature/name)

2. Does the letter follow the right organization by—

• giving an appropriate opening (e.g. responding to your friend's news, apologizing for delayed reply, etc.)?

• focusing on the detail of particular things?

• ending in a friendly way?

3. Is all the given information included in the letter?

4. Are there any unnecessary points? Which?

5. Is there any point that needs to be clarified? Which?

Handout 3

Peer-editing checklist（批改符号表）

Codes	*Types of Error*	*Examples*
Vt	verb tense	Peter is played every Sunday. (Vt)
Vf	verb form	I broken the vase when I took the book from the shelf. (Vf)
V	voice	Delicious food has prepared for our party. (V)

续表

Codes	*Types of Error*	*Examples*
Sv	subject-verb	It is fascinating to see how a spider spin its web. (Sv)
Wo	word order	We always wonder how can we cope with them. (Wo)
Pl	plurality	They are my best friends. (Pl)
Cap	capitalization	Niagara falls also attracts a lot of tourists. (Cap)
Sp	spelling	We have an English class on Thursday. (Sp)
P	punctuation	Jenny is my sister, she is two years older than me. (P)

参考文献

[1]吴也显．教学论新编[M]．北京：教学科学出版社，1991.

[2]Mittan R. *The peer review process: harnessing students'communicative power*[A]//Johnson D H，Roen D H. Richness in writing: *empowering ESL students*[M]. New York: Longman，1989.

[3]Cook J. S. "How technology enhances the quality of student-centered learning"[J]. *Quality Progress*. 1998(31)7：59-63.

[4]Ferri D，Hedgecook J. S. "Teaching ESL Composition: Purpose，Proess and Practice"[J]. *Lawrence Erlbaum Associates*，1998.

北京师范大学附属实验中学　李艳

第十七节　英语活力课堂评课模式下教学设计的建构实践反思

一、英语活力课堂评课模式的意义

评课是校本教研、自我反思、同伴互助、专家引领最为有效的模式。它具有教研科研作用、教学导向作用、激励改进作用、教学诊断作用、沟通协调作用、教学管理作用等。每一位教师都可以是评课维度的实践者，进而可以成为建构者。

二、英语活力课堂评课模式下教学设计的建构

笔者联系日常教学实际，选用外研版八年级上册模块 12"Traditional life"进行教学设计，在建构中体现评课模式的教学导向作用、激励改进作用。

该模块以习俗和规则为话题，要求学生读懂、听懂并能表达出某地的风俗习惯或规章制度；从文化意识的角度，接触、了解并尊重其他国家的传统习俗和生活方式，培养世界意识，加深对英语的理解和使用。在进行教学设计之前，教师先从学生的角度提出问题：①学生了解了什么？②学生掌握了什么？③学生形成了什么？教师思考如何把回答问题的优先权还给学生。基于问题导向，通过与学生聊天、问卷调查，教师了解到学生对于我国的规则和习俗还是比较熟悉的，对于国外的规则和习俗理解比较片面，参差不齐。学生的词汇基础、语法基础不存在太大问题，所以要侧重激发学生的思考能力，并使其对社会中的热点问题进行分析。教师从教材的角度提出问题：①本模块的语言知识目标是什么，语言技能目标是什么？②应该采用什么学习策略进行教学？为什么做这样的选择？③如何落实目标任务？学生会遇到什么样的问题？教师又从自己的角度提出问题：①教师在课堂上要做什么？是否和目标任务有关联？②教师为什么在教学设计方面如此考虑？③教师如何培养学生的自主学习能力？④教师能够做到"有问必训，有问必答，有问必导"吗？此外，教师还要弄清：在教学过程中，是否有逻辑建构方面的考虑；整个教学中的问题设计是否有内在逻辑关系并推动教学的发展，而不是简单的"口水问题"；整个教学中的活动设计是否是为教学目标任务而服务的；问题系列和活动系列是否能存在互动关系；为了增强课堂教学的有效性，是否能以科学和艺术的统一为出发点，考虑英语课堂氛围的舒适度。

三、评课模式下教学设计的实践

在学习了评课模式之后，笔者对该模块的教学设计思考如下。

(一)目标

通过阅读和讨论，进行中、英传统文化的比较，引发学生思考。

(二)思路

• 内容主线：以"节日"话题导入—介绍英国传统生活—对比中国传统—介绍中国传统生活—思考是否需要保持传统—辩证地看待异同—回归主题—抛出问题这样的内容主线能够体现逻辑建构，挖掘内在联系，在文科课堂中凸显逻辑性；体现问题意识，在每一个环节中所有的问题均存在内在联系，层层推进。

• 培养学生自主学习的意识线：用字母引导学生主动思考—通过英文解释培养思维—通过阅读与写作推动学生自主能力的培养—通过单词推动深度拓展。

• 男生有 16 人，属于班级的少数，教师要重点关注这一弱势群体的发展。

• 引导会思考，有主见，热爱祖国。这样做能体现对文化的理解，培养其爱国意识。

作为专业教师，应该在自身专业成长方面朝着"学习、实践、反思、交流"的方向努力，使自己在课前、课后都有事可做。

(三)课堂实践

教师出示图 6-2。

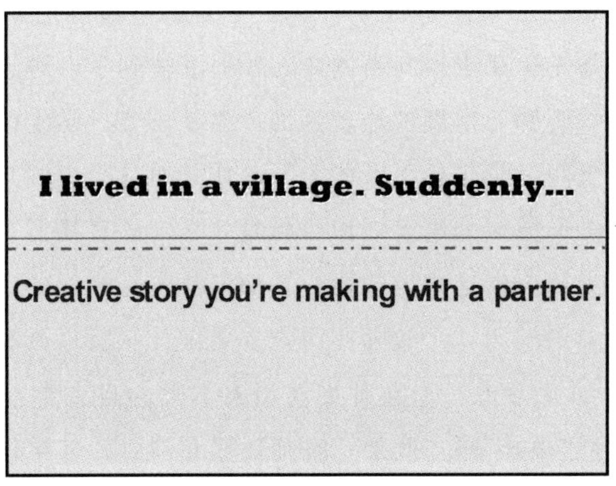

I lived in a village. Suddenly...
Creative story you're making with a partner.

图 6-2　课前准备

【设计意图】在课前准备期间，根据情绪课堂的原则，设置情境，让学生在首句的引导下分小组编故事，一人一句，充分引起学生好奇心、新鲜感，在内容的推动下，主动开口进行英文表达。这样设计是为了调动学生的积极性，激发学生的兴趣，营造良好的英文表达氛围。

【与活力课堂评课模式的关联】活力课堂要有思维活力。在问题的引领下，学生一步一步进行深入思考，逐渐提高思维层次，使问题的解决过程与思维的提高过程之间形成指向性。学生能够熟练、自信、有趣地使用英文来表达自己的思想或观点。

教师出示图 6-3。

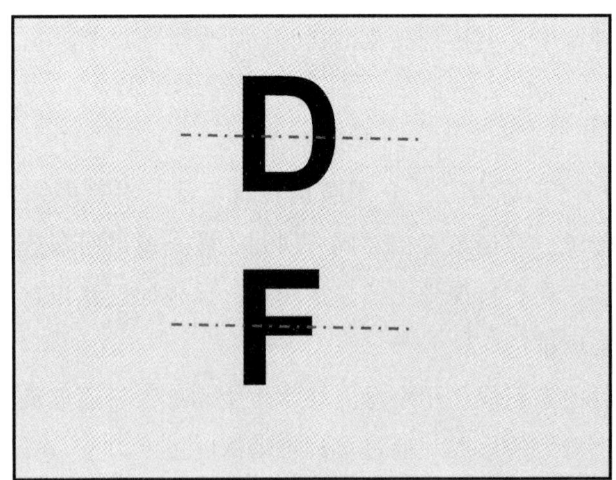

图 6-3　引入主题

Question：What can you think about when looking at these two letters?

【设计意图】D 代表 December，F 代表 Festival。教师通过“How many Chinese festivals do you know in December?”这样的问题引入该模块的主题。

【与活力课堂评课模式的关联】活力课堂要有教学资源活力。教师制作出恰当的多媒体课件，增强学习趣味性，帮助学生加深对所学知识的理解，顺利、有效完成学习任务，掌握所学知识。学生在思维发散后，在教师的引导下自然过渡到模块主题。

教师出示图 6-4、图 6-5。

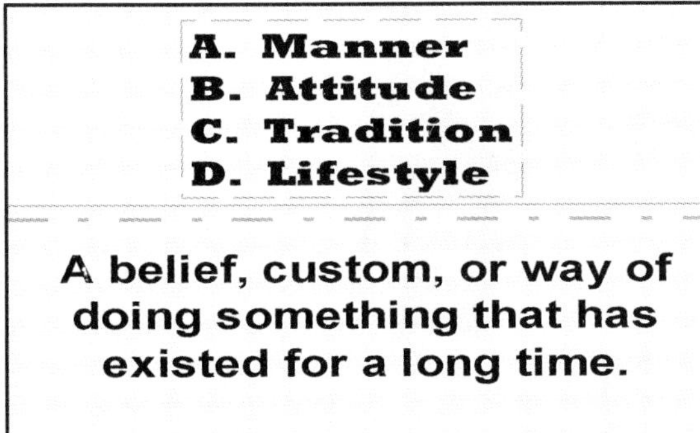

图 6-4 教师引导，自然过渡 1

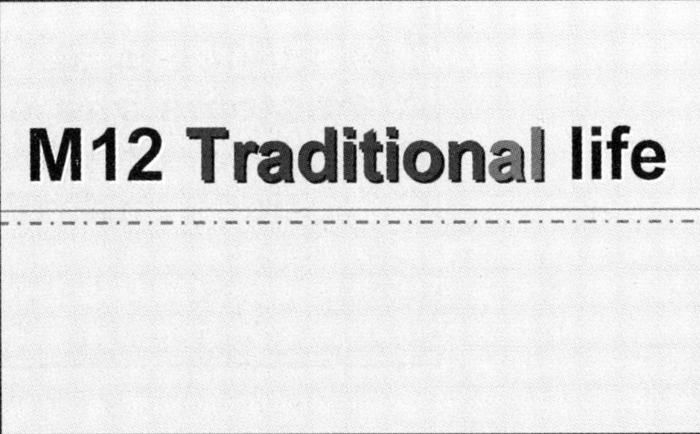

图 6-5 教师引导，自然过渡 2

Question：What does the English explanation mean in your mind?

【设计意图】衔接上一环节，引导学生自动进入模块主题"Traditional life"。

教师出示图 6-6。

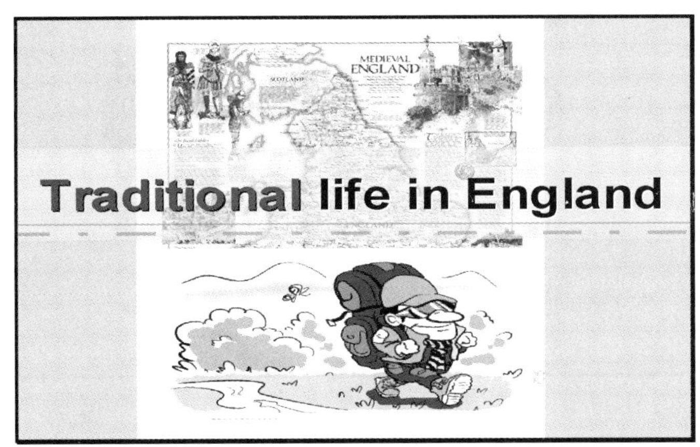

图 6-6 进入模块主题

Questions：

According to the map, would you like to tell us what traditional life we're going to learn today? (England)

Who always travel around the new place to experience different cultures? (visitor/ traveler)

【设计意图】充分考虑教材内容的需求，导入课文文本。学生根据自己的成长经历，思考旅行的意义，为后面进行中国和外国习俗文化和规则对比做好铺垫。

【与活力课堂评课模式的关联】活力课堂要有情感活力。教师在导入过程、输出过程和展现过程中联系生活中，使学生有话可谈，有词可用，积极表达自我感受。

教师出示图 6-7。

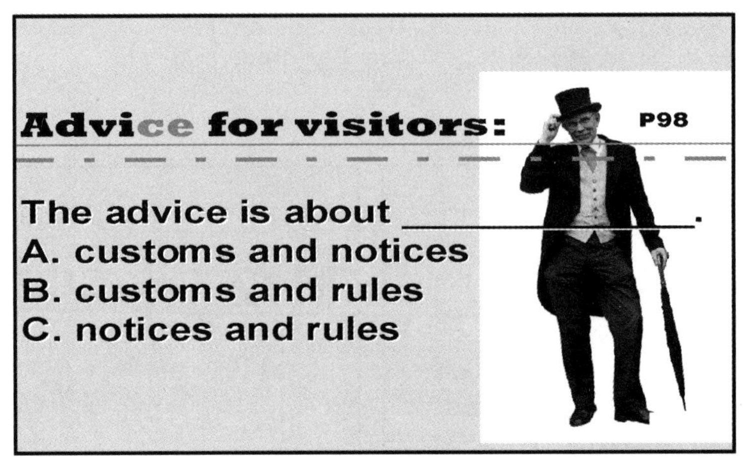

图 6-7 导入课文文本

【设计意图】训练学生的阅读技巧，使学生通过速读，找出文章大意，并开始无意识地将外国传统与中国传统进行比较。

教师出示图 6-8。

图 6-8 速读训练

【设计意图】学生再次阅读课文，找到以这几个英文字母开头相关的信息。目的是训练学生抓住课文细节的能力。教师充分考虑学生对课文的兴趣问题，以这样的教学形式呈现，能很好地抓住学生的注意力，引导学生动脑进行信息的深度挖掘。同时，答案是开放的，具有多样性的特点，学生有比较大的发挥空间，对文本材料的信息捕捉会更多，更具体，更富有想象力和创新力。

【与活力课堂评课模式的关联】活力课堂要有思维活力。教师的提问或任务是依据教学目标的层级设置的，由低到高，逐渐深入。学生对阅读策略的学习，从简单的大意到具体的细节，再到推理、归纳，这是对思维的递进式培养。

教师出示图 6-9、图 6-10。

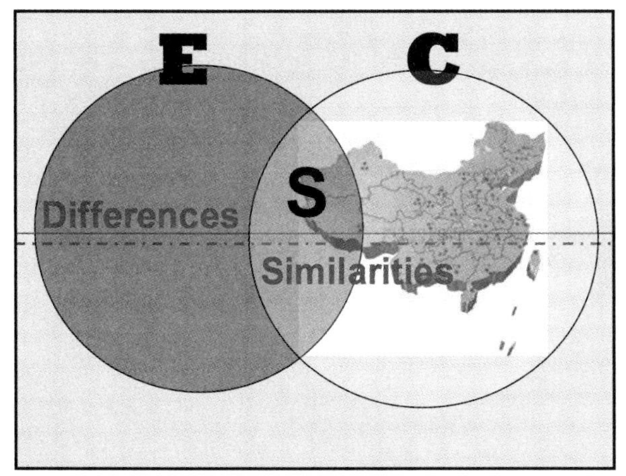

图 6-9 深度挖掘 1

图 6-10 深度挖掘 2

【设计意图】E 代表 England，C 代表 China。学生需凭借成长中的所见所闻、积累的常识找出中、英在风俗和规则上的相同之处和不同之处。

教师出示图 6-11。

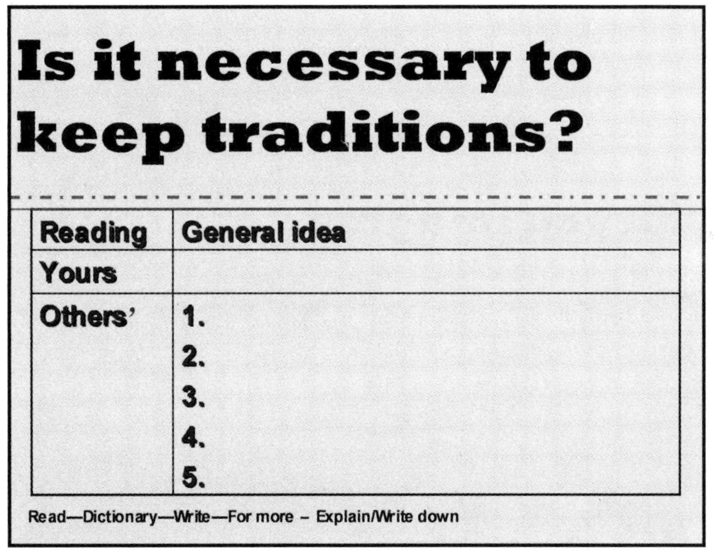

图 6-11 引导学生寻找新信息

【设计意图】每名学生均拿到了介绍中国传统生活的不同的阅读材料。教师要求学生记录别人的不同内容。学生交流得越多，获取的阅读信息就越多。学生在主动寻找新信息的同时，培养自主学习意识。

【与活力课堂评课模式的关联】活力课堂要有思维活力。教师为学生提供相应的材料或切入点，让学生以个体或小组合作的形式，去摸索、对比语言的区别、文化的区别。通过合作探究，总结相同点和不同点，学生落实本节课的教学目标，强化了学习成果，形成了自我探究意识。

教师出示图 6-12。

图 6-12　给出关键词，引导学生展开思考

【设计意图】教师给出关键词，引导学生展开思考，使学生明白既要保持传统又要发扬传统，培养学生的爱国主义情怀。

教师出示图 6-13。

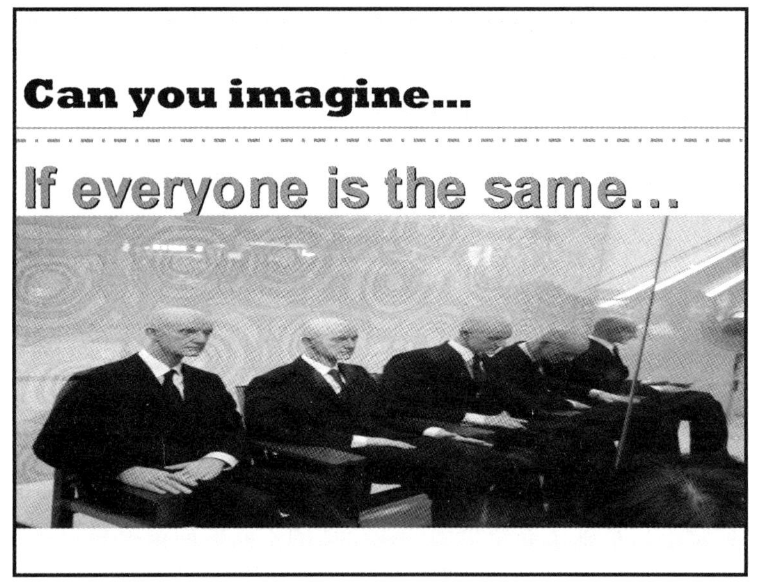

图 6-13　生成精彩语言

【设计意图】学习了不同的传统后，教师引导学生深入思考：如果大家都一样了，世界会怎么样？没有了传统的区别、肤色的区别等。学生在思考的同时加深了对传统的理解。

【与活力课堂评课模式的关联】活力课堂要有情感活力、语言活力。学生的思想品格与文化品格需要在情境中得到体现。教师带领学生了解不同国家的习俗，并进行了中西方文化的对比，使学生了解和尊重各自文化的精华，帮助学生培养跨文化的沟通能力。同时，在尖锐问题激发下，学生不断认识自我，形成积极的人生态度，加深对世界发展的理解，培养家国情怀。另外，在学生表达的过程中，教师给出及时的反馈和进一步追问，基于学生的表现与其进行互动，使学生生成精彩的语言，将语言活力成果展现出来。

教师出示图 6-14。

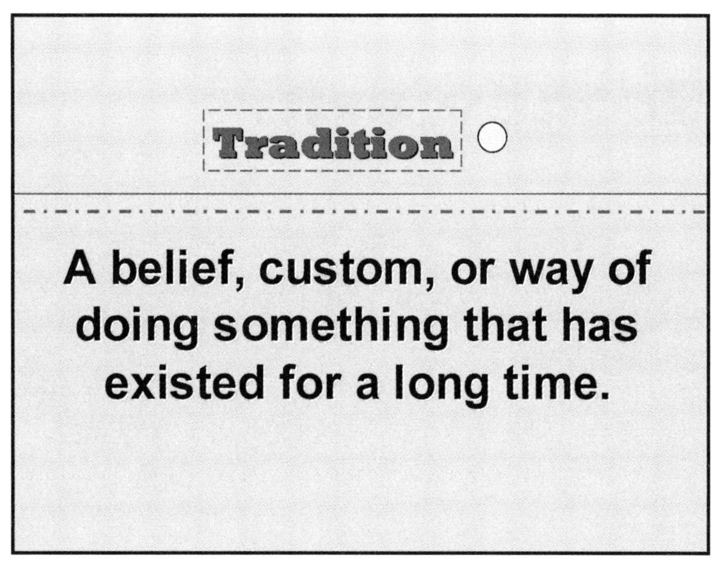

图 6-14　回归课堂核心

【设计意图】在学生思考后，教师引导学生再次回归课堂核心，根据英文解释重新理解什么是传统。如果有时间，学生可以利用词典对与“tradition”相关的短语进行查询和学习。

教师出示图 6-15。

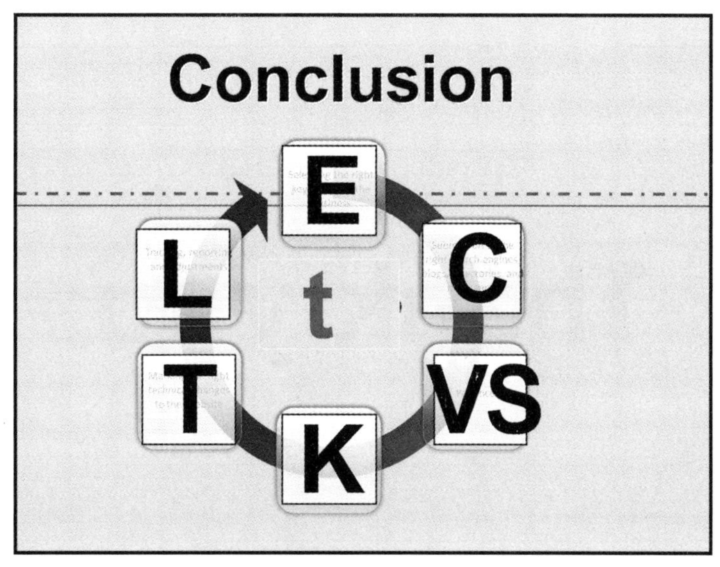

图 6-15　总结思路

【设计意图】教师总结本节课的思路，培养学生分析问题、总结问题的能力。这也是培养学生自主学习意识的一个重要方式。

【与活力课堂评课模式的关联】活力课堂要有思维活力。教师通过思维导图，启发学生对课文进行结构化分析，使课文的内在逻辑可视化，让思维看得见。学生慢慢形成搭建知识结构、厘清文章脉络、有序表达思想的习惯。

教师出示图 6-16。

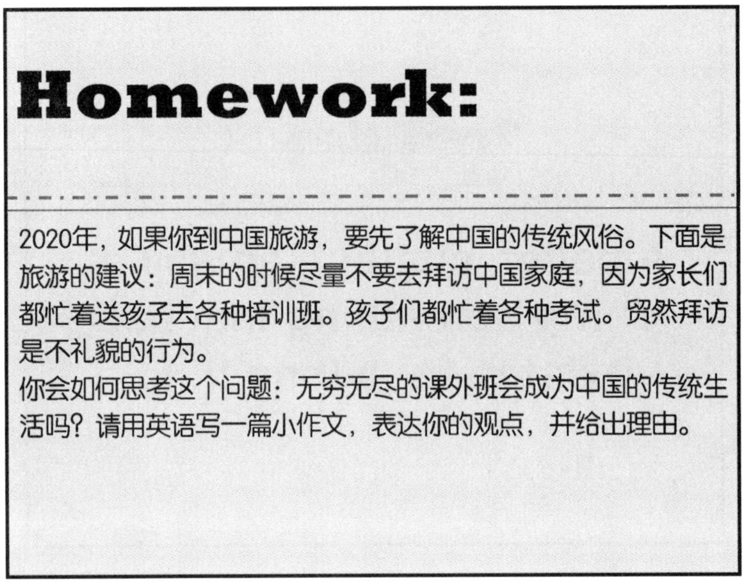

Homework:
2020年，如果你到中国旅游，要先了解中国的传统风俗。下面是旅游的建议：周末的时候尽量不要去拜访中国家庭，因为家长们都忙着送孩子去各种培训班。孩子们都忙着各种考试。贸然拜访是不礼貌的行为。
你会如何思考这个问题：无穷无尽的课外班会成为中国的传统生活吗？请用英语写一篇小作文，表达你的观点，并给出理由。

图 6-16　布置作业

【设计意图】希望学生能带着思考走出课堂，继续联系实际思考“传统”的意义。课后作业依然围绕“传统”展开，但更换了视角，培养了学生分析问题的能力。

教师出示图 6-17。

反馈和思考（将建议写下来，激励我们的成长。2012.12.12）
Thank you

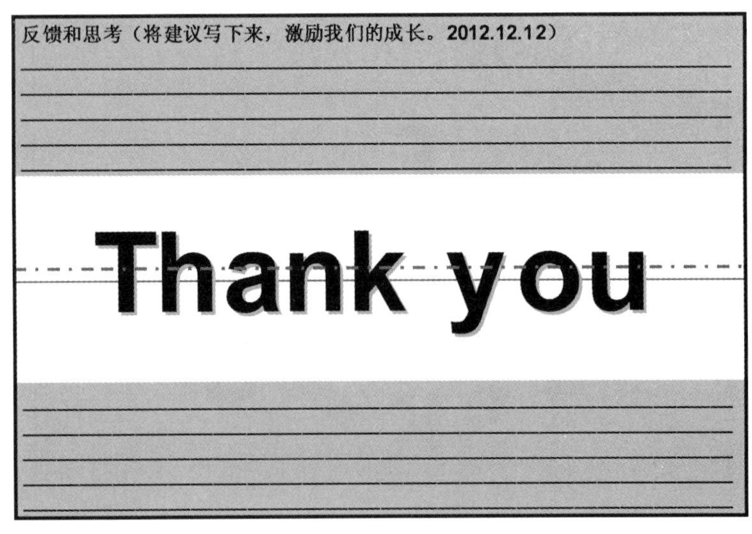

图 6-17　反馈和思考

【设计意图】教师课后收集课堂反馈意见，巩固课堂教学效果。

四、英语活力课堂评课模式下教学设计的反思

英语活力课堂从语言、资源、思维、情感四大维度回应了英语学科核心素养的培养。教师在进行课堂教学设计时，可以从更加根本的方面思考教学设计中的各种关系。叶澜教授在《教育的生命观》中提出“让课堂焕发生命活力”，只有学生有了满满的获得感，在语言习得中得到真正意义上的语言提升；教师有了厚厚的设计感，将语言流畅、输出有效、动态生成、素材多样、课件有效、学案合理、逐层递进、自主探究、逻辑思维、联系生活、尊重他人、培养品格等元素融入日常教学，我们的课堂才会成为学生生命成长的舞台。

北京师范大学附属实验中学　李和